本书受中央高校基本科研业务费专项资金资助

This book is supported by “the Fundamental Research Funds for the Central Universities”

在线品牌社区顾客管理

从顾客参与到顾客契合

邵景波　张君慧　陈正康　著

中国政法大学出版社

2023 · 北京

图书在版编目（CIP）数据

在线品牌社区顾客管理：从顾客参与到顾客契合/邵景波，张君慧，陈正康著. —北京：中国政法大学出版社，2023. 11
ISBN 978-7-5764-1187-4

Ⅰ. ①在…　Ⅱ. ①邵…　②张…　③陈…　Ⅲ. ①网络营销－品牌营销－营销管理　Ⅳ. ①F713. 365. 2

中国国家版本馆CIP数据核字(2023)第225511号

书　名	在线品牌社区顾客管理：从顾客参与到顾客契合 ZAIXIANPINPAISHEQU GUKEGUANLI CONG GUKECANYU DAO GUKEQIHE
出版者	中国政法大学出版社
地　址	北京市海淀区西土城路 25 号
邮　箱	bianjishi07public@163.com
网　址	http://www.cuplpress.com (网络实名：中国政法大学出版社)
电　话	010-58908466(第七编辑部) 58908334(邮购部)
承　印	北京鑫海金澳胶印有限公司
开　本	880mm×1230mm　1/32
印　张	9.875
字　数	220 千字
版　次	2023 年 11 月第 1 版
印　次	2023 年 11 月第 1 次印刷
定　价	48.00 元

前言
PREFACE

顾客管理一直属于市场营销领域的一个研究热点。20 世纪 90 年代以前，顾客管理研究的重点在于衡量顾客的交易价值对企业利润的贡献，钱包份额、RFM 模型等是这一时期学者们主要关注的学术构念和理论模型。随着企业营销实践的发展，仅仅关注顾客交易价值的顾客管理理论已经不能为企业提供有效的指导，21 世纪初，强调企业与客户间建立长期稳定关系，以及提高顾客满意度和忠诚度的关系营销理论发展成为学者们研究的主流方向。顾客参与理论进一步扩展了关系营销的范围，越来越多的企业逐渐意识到顾客消费行为发生了巨大变化，其主动性也越来越强，顾客会围绕品牌或企业进行的大量超出交易范围的行为，如在线讨论、发表评论或帮助其他顾客解决问题等。顾客不再只是企业的营销对象，而是企业的资源，可以对企业营销过程、消费过程和交付过程作出贡献。从 2006 年开始，聚焦顾客非购买行为及其背后心理和情感的顾客契合理论使顾客管理研究进入了一个新的阶段。当顾客对与企业的关系非常满意，并且产生情感联系时，顾客才会慢慢与企业发展到“契合”阶段。契合的顾客能够为企业带来非常高的价值贡献，美国盖洛普咨询有限公司（Gallup Consulting）公布的一项研究结果显示，完全契合的顾客和契合程度较高的顾客分别能够给企业利润带来 23% 和 7% 的增长，而不契合的顾客和积极疏离（Actively Disengaged）的顾客则会分别导致企业利润 1% 和 13% 的降低。顾客契合形成的不易和对企业的高度贡献引发了学者们的研究热情，并迅速发展成为顾客管理领域一个新的热点话题。

与此同时，网络技术的发展和一系列新媒体的出现促使线上顾客管理，相较于线下顾客管理，更加便捷，尤其是伴随移动互联网技术的快速发展以及消费者观念和行为习惯的改变，人们可以不受时间和地点的限制，只要有意愿可以随时随地参与其中，这大大提高了顾客与顾客间、顾客与企业间互动的频率。而在线品牌社区作为顾客间，以及顾客与企业间互动交流最为频繁的网络平台，其对企业价值提升的意义不言而喻，在线品牌社区情境下顾客管理研究也开始为学界所关注。

因此，本书聚焦于在线品牌社区的顾客管理，综合运用深度访谈法、问卷调查法和数据挖掘法获取数据，结合扎根理论法、网络志法、结构方程模型、模糊集定性比较分析法、双体制网络效应自相关模型和固定效应模型，对在线品牌社区顾客参与和顾客契合进行深入探索，以期为在线品牌社区企业的顾客管理策略提供理论指导。

本书得到国家自然科学基金项目（项目编号：71831005；72272045；71672048）的支持。全书由邵景波负责统筹规划，并制订详细的项目研究计划、案头调研及实地调研的调研内容、调研计划及调研提纲等，研究成果整理工作由张君慧和陈正康完成。具体来说，全书不同章节的分工如下：第一章，绪论（邵景波）；第二章，在线品牌社区顾客管理相关研究文献分析

（张君慧）；第三章，社会影响视角下在线品牌社区顾客参与行为形成机制（陈正康）；第四章，在线品牌社区好友关系网络对顾客参与活跃度的影响（陈正康）；第五章，在线品牌社区意见领袖对顾客参与活跃度的影响（陈正康）；第六章，在线品牌社区顾客契合形成机理（张君慧）；第七章，在线品牌社区不同效价顾客契合演化过程（张君慧）；第八章，在线品牌社区顾客契合对顾客购买意愿的影响（张君慧）。参考文献和附录分别由陈正康和张君慧整理完成。

在本书撰写过程中，得到了多位学者的帮助，他们为本书的撰写和完成发挥了重要作用。在此，感谢张明立教授对笔者的指点和教诲，感谢肖波教授给予的宝贵建议，感谢胡名叶为本书数据收集所做的工作，还要感谢乔莉雅在出版过程中的帮助。本书的出版与他们的付出是分不开的。

目　录

下 篇 顾客契合管理

第一章
绪　论

一、研究背景

随着社会媒体的蓬勃发展和市场竞争的不断加剧，以互联网为媒介的在线品牌社区成为企业维护顾客关系、实施营销策略的重要工具。在线品牌社区凝聚了一群对特定品牌有共同兴趣的顾客或潜在顾客，他们在社区中可以交流消费经验、咨询售后问题或分享兴趣爱好等。企业通过在线品牌社区可以了解顾客对产品或服务的评价和建议，帮助顾客解决产品或服务相关问题，并更好地识别顾客的潜在需求。也因此，越来越多的企业开始重视在线品牌社区的运营。在国内，在线品牌社区运营较为成功的小米公司，于 2010 年公司成立之初就创建了自己的在线品牌社区，社区功能版块包括产品发布、故障反馈、新功能建议、开发者交流等。通过这些功能版块，小米的顾客可以参与到 MIUI 手机操作系统的开发过程之中，同小米的员工讨论功能改进方案，提供测评报告，这使得小米和顾客的关系由单纯的生产消费关系上升到伙伴关系，角色的转换大幅提升了顾客对小米的信任，帮助企业培养了大量的忠实顾客。

从小米在线品牌社区的成功可以看出，一个成功的社区一定是活跃的，有一群忠实的顾客持续参与，进而持续产生内容贡献。然而，由于制度和管理措施的不完善，目前很多在线品牌社区面临着用户黏性低、生命周期短和在线品牌社区不活跃等问题，因此，如何增加用户参与的活跃度，提高用户参与的积极性，从而增加用户的黏性，提高用户体验，加强用户与企业的联系，进一步提升品牌价值和知名度，也是亟待在线品牌社区平台管理人员解决的问题。

在以在线品牌社区为背景形成的用户关系网络中，每一位成员/用户都是这些网络中的节点，他们之间相互联结，进行着互动与知识分享，这些互动行为除了会反映他们的意愿和行为，也对他们所处关系网络中的其他成员的行为有着很重要的感染作用。以前的研究学者将用户个体视为独立的，这不符合在线品牌社区中的现实背景，用户身处于在线品牌社区的社会互动网络中，其本身的参与行为会受到所在群体的干扰和影响。以往的研究也证实了用户的点赞行为会影响其朋友的点赞行为，这种影响作用被称作社会影响。基于此，本书将从社会影响的角度出发，探索在线品牌社区中用户的参与行为。

其次，参与的顾客之间会以好友关系为基础形成一个网络（如图 1-1）。同时，在在线品牌社区顾客参与的过程中，参与者会有发帖、跟帖、转发、点赞等互动行为，进而贡献大量的用户生成内容（User Generated Content，UGC），UGC 包含了参与者对产品或服务的使用经验、购买评论和兴趣交流等多种信息。顾客会基于兴趣在品牌社区中寻找相关的 UGC，并对某些 UGC 进行评论、知识分享等而产生互动行为，从而与 UGC 贡献者产生联系，这样顾客又会以 UGC 内容为连接形成网络（如图

1-2)。由此形成两种社会网络形式：基于好友关系的社会网络和基于 UGC 内容连接的社会网络，我们分别将其称为好友关系网络和 UGC 内容网络。顾客一方面会由于好友的使用或推荐参与某一在线品牌社区，另一方面会出于自身对某一产品或主题的兴趣寻找到相关品牌社区而参与其中，无论是哪种缘由让顾客参与到在线品牌社区之中，都会对顾客的参与行为产生影响。但在已有成果中，考虑顾客网络效应探讨在线品牌社区顾客参与的研究较为罕见。因此，本书试图探明在线品牌社区基于顾客好友关系和基于 UGC 内容连接的两种社会网络效应对顾客参与行为的影响。

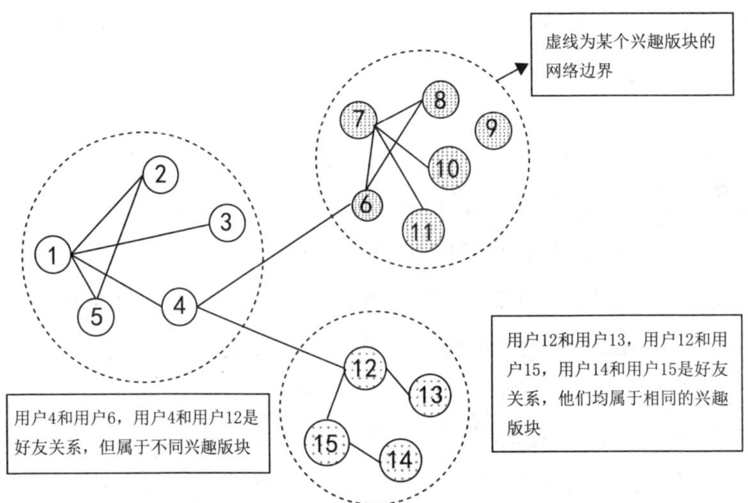

图 1-1 顾客契合中的好友关系网络构成形式

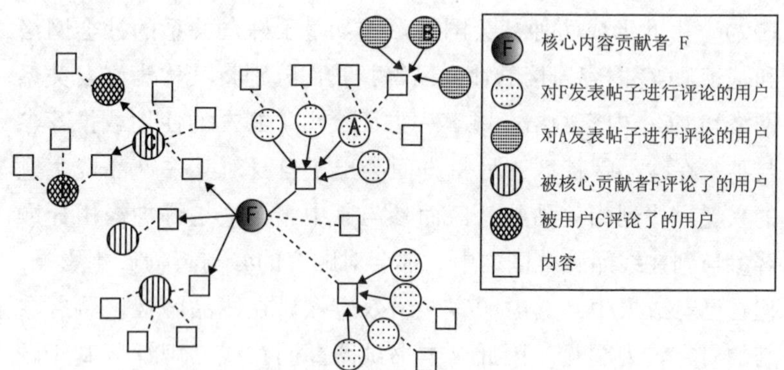

图 1-2　顾客契合中的 UGC 内容网络构成形式

随着顾客参与的深入，顾客不仅可以在在线品牌社区上进行在线讨论、发表评论或帮助其他顾客解决问题等，这些非购买行为还会促使顾客围绕企业或品牌产生一系列情感。对此，有学者于 2006 年提出了“顾客契合”（Customer Engagement）的概念，同时指出顾客契合是顾客在与某一服务组织的关系中所体现出来的生理、认知和情感水平（Patterson，Yu 和 de Ruyer，2006），此后关于顾客契合的研究不断涌现，研究论文的数量呈逐年上升的态势，美国营销科学学会（Marketing Science Institute）还将顾客契合列为未来的研究重点之一（Brodie 等，2011）。

然而，在线品牌社区顾客契合的形成并非一蹴而就，当顾客对与企业的关系非常满意，并且产生情感联系时，顾客才会慢慢地与企业发展到“契合”阶段，而契合的顾客能够为企业带来非常高的价值贡献。顾客契合形成的不易和对企业的高度贡献使得厘清在线品牌社区顾客契合形成机理尤为必要。因此，需要探明在线品牌社区中顾客契合受哪些因素驱动，以及在这些因素中，哪些直接发挥作用，哪些起到中介和调节作用。厘清这些驱动因素以及因素间的作用关系，也就找到了诱导消费者参与顾客契合，增加在线品牌社区成员数量以提升影响力的着力点和路径。但遗憾的是，近年来涌现的诸多顾客契合成因的成果，多是关注顾客契合的影响因素，探讨顾客契合形成的研究稀少，聚焦于在线品牌社区，探讨在线品牌社区顾客契合形成机理的研究更是罕见。

其次，在线品牌社区中的顾客契合既有正面的也有负面的，即存在着不同效价的顾客契合，正面的顾客契合对企业有积极影响，负面的顾客契合也会对企业造成消极影响（van Doorn等，2010）。如何激发和增加正面顾客契合，减少甚至避免负面顾客契合，以更好地发挥顾客契合的积极作用就成为学者和企业管理者共同关心的一个课题。因此，需要清楚在线品牌社区中不同效价顾客契合的演化过程，厘清不同效价（正面和负面）顾客契合演化的阶段划分，以及每个阶段顾客的心理机制和行为表现。只有了解在线品牌社区中不同效价顾客契合的演化过程，企业才可能扮演好自身在其中的角色，以匿名或非匿名的方式与顾客进行有效的沟通、互动，在观察顾客间相互学习、分享、交友、合作创新获取信息的同时，以意见领袖的身份倡导积极的、正面的顾客契合，同时提高在线品牌社区的活跃度。在此方面，学者Brodie等（2013）针对新西兰一家健身公司在线社区的顾客进行了顾客契合演化过程的研究，但在其研究中没有探讨不同效价顾客契合演化过程的差异，而参与正面契合和负面契合的顾客其心理机制和行为表现是不同的。

最后，还需要明确在线品牌社区中顾客契合的可能结果。只有明确了结果，企业才有可能以结果为指针，制定并完善在线品牌社区的“游戏规则”或顾客契合管理策略，知晓其在在线品牌社区上的资源投入是否合理，为有限资源的合理配置提供指引。顾客契合发生于顾客与企业（品牌）及其他顾客的互动过程之中，伴随着这一过程，顾客对企业（品牌）的认知、情感和行为等会发生变化，其结果是多方面的。很多学者在各自的研究中发表了关于顾客契合结果的观点（例如，Jaakkola 和 Alexander，2014；韩小芸和袁静，2013；韩小芸和余策政，2013；王芳、张辉和牛振邦，2015），但这些研究均是将顾客契合作为单一原因属性，分析其对结果变量的作用，而在现实世界中，顾客契合是与众多因素交叉重叠对结果变量施加影响，因而有必要对现有研究范式进行重新审视，从新的视角探讨在线品牌社区顾客契合的结果问题。

综上所述，本书聚焦于在线品牌社区的顾客管理，基于使用与满足理论、社会认同理论、调节匹配理论和构型理论，综合运用深度访谈法、问卷调查法和数据挖掘法获取数据，结合扎根理论法、网络志法、结构方程模型、模糊集定性比较分析法、双体制网络效应自相关模型和固定效应模型，分析在线品牌社区社会影响、好友关系网络和 UGC 内容网络对顾客参与的影响，在此基础上，进一步研究在线品牌社区顾客契合的前因、演化与结果，在丰富顾客契合和在线品牌社区领域研究成果的同时，为中国情境下企业在线品牌社区的顾客管理实践提供有价值的参考。

二、研究目的

本课题拟以国内外已有的相关研究成果为基础，通过质化研究、模糊集定性比较分析、社会网络分析、计量模型等方法，实现如下目标。

（1）明确在线品牌社区顾客参与行为的形成机制。聚焦于在线品牌社区顾客契合的行为表现之一顾客参与行为，基于社会影响理论对在线品牌社区中顾客参与行为的产生机制进行探索，识别该机制中发生作用的个人动机因素和社会影响变量，进而构建出在线品牌社区顾客参与行为的产生模型。

（2）明确在线品牌社区好友关系网络对顾客参与活跃度的影响。从内聚力和结构对等两个方面，讨论好友关系网络下社会影响对在线品牌社区用户参与活跃度的影响，提出研究假设，并采用双体制网络效应自相关模型进行实证检验。

（3）明确在线品牌社区意见领袖对顾客参与活跃度的影响。关注在线品牌社区中最有社会影响力的一类用户——意见领袖，探索意见领袖的数量和所贡献内容的质量对在线品牌社区整体活跃度的刺激作用和带动效果，构建了相关理论模型，并应用固定效应模型进行实证检验。

（4）明确在线品牌社区顾客契合的形成机理。在清晰界定顾客契合概念的基础上，通过扎根理论研究，厘清在线品牌社区顾客契合形成中的直接驱动因素、中介因素和调节因素，在此基础上构建在线品牌社区顾客契合形成机理模型，并针对不同类型产品验证理论模型的可操作性和可信度，明确其适用范围，最终建立顾客契合形成机理模型。

（5）明确在线品牌社区不同效价顾客契合的演化过程。通过网络志研究分析出在线品牌社区不同效价顾客契合演化的阶段划分，以及每个阶段顾客的心理机制和行为表现，厘清不同效价顾客契合演化过程的差异。

（6）明确在线品牌社区顾客契合维度对顾客购买行为的影响。基于构型理论，分析出在线品牌社区顾客契合各维度和其他原因属性对顾客购买行为的影响，提出相关命题，并运用模糊集定性比较分析法，针对不同类型产品检验命题，明确能够导致相同结果的等价构型组合，区分导致较多和较少购买行为的构型组合的异同。

三、在线品牌社区顾客管理概述

（一）在线品牌社区

“社区”即一群有着共同的语言、兴趣爱好或是风俗文化的人因共同的归属感聚集在一个特定的区域，由此形成的一种特殊的社会关系。在现实生活中，社区的类型多种多样，按功能来分可以分成政治社区、经济社区、文化社区等多种类型。随着这个概念的发展和渗透，其应用范围逐渐扩大，各大企业也逐渐为自己的某种产品或某个品牌建立了专属的“品牌社区”。Muniz 和 O'Guinn（2001）指出，品牌社区是指由一群品牌爱好者之间结构化的社会关系所形成的专业化、没有地理空间限制的社区，其核心关键是品牌化的产品（服务），这也是品牌社区属于专业化社区的原因。品牌社区不是具有同质化生活方式个体的细分群体，不是消费集群（Consumption Constellations），也不是消费者间或接触的商业空间，实际上，品牌社区是围绕一个品牌产品（服务）而形成的自由选择、没有地理界限、成员间互相分享情感的商业社会集体。

后来，随着信息技术的不断发展，传统社区中时间与空间的界限逐渐被打破，越来越多的人使用在线虚拟的社区进行互动。在线社区（Online Community），又可以称为虚拟社区（Virtual Community），是指一群具有真实存在关系的个体所形成的社会团体，该团体能够对其中每个个体的包含购买行为在内的诸多行为产生影响（Kozinets，2002）。在线社区具有四个典型特征：第一，在线社区是基于互联网产生和发展的，这是它与其他现实社区的根本区别；第二，在线社区脱离了成员参与的在线社区无法生存发展；第三，在线社区中的成员通过互动交流实现彼此间知识和信息的传递；第四，在线社区中的成员互动交流能够形成社会人际关系。对于消费者而言，消费者既可以通过在线社区浏览其他消费者所发表的信息，也可以与其他消费者进行沟通交流，讨论彼此感兴趣的话题，从而在虚拟社区中了解更多的关于产品和技术的相关信息，建立社会关系，解决问题等。对于企业而言，通过使用消费者聚集的虚拟社区，可以以更低的成本在更广阔的范围内吸引消费者，将分散的消费者聚集在一起，从而更好地对消费者进行高效的商品营销。企业在参与虚拟社区的同时，可以积累到更多的关于购买习惯和产品偏好等有价值的来自消费者的一手资料，那么企业就可以更准确、更及时地识别消费者的需求，掌握消费者偏好的动态变化，从而能够针对不同类型的消费者提供个性化的产品。通过与消费者的及时交流沟通，可以让消费者更加了解企业和商品信息，从而提高消费者的满意度和忠诚度。因此，虚拟社区是一个能够为消费者和企业提供相互交流沟通，拥有强大营销价值的平台，对企业和消费者而言，都有非常大的参与价值。

在虚拟社区和品牌社区不断发展的情况下，两种形式的结合产生了一种新的社区形式，即虚拟品牌社区（Virtual Brand Community，VBC）。截至目前，学者们对在线品牌社区概念的表述虽然不同，但内涵基本一致，认为在线品牌社区是以计算机网络为基础，使用某一品牌的消费者所建立的以讨论品牌相关信息、分享品牌使用经验以及互相提供帮助为主要诉求的网络论坛或社区（例如贺爱忠和李雪，2015；马双和王永贵，2015）。它既可以由企业自主建立，也可以由品牌爱好者建立，还可以由第三方建立，例如，新浪网的汽车品牌社区、联想电脑品牌社区、小米在线社区等。参与成员可以通过分享交流关于该品牌的知识和经验进行互动，从而得到关于该产品的信息。成员在参与过程中同样可以获得友谊和社会支持，从而产生社区归属感。品牌论坛是虚拟品牌社区的一种表现形式，如DELL社区、华为花粉俱乐部、小米手机论坛等。成员通过发帖、浏览其他人的帖子来参与社区活动。

随着互联网的迅速发展，虚拟品牌社区也得到了快速发展，越来越多的消费者开始参与虚拟品牌社区，同样越来越多的企业开始建立并且维护属于他们自己的虚拟品牌社区。然而，由于制度和管理措施的不完善，目前很多虚拟品牌社区面临着用户黏性低，生命周期短和虚拟品牌社区不活跃等问题，因此，如何促进虚拟品牌社区的快速健康发展，增强用户的忠诚度，是一个非常值得关注的问题。当前，中国网民的规模越来越大，如何将普通网民变为忠诚的虚拟品牌社区用户，如何增加顾客参与的活跃度，提高顾客参与的积极性，从而增加用户的黏性，提高用户体验，加强用户与企业的联系，进一步提升品牌价值和知名度，也是亟待虚拟品牌社区平台管理人员解决的问题。

（二）顾客参与

顾客参与的概念来自关系营销领域，Vargo（2009）认为顾客参与扩展了关系营销的范围，可以对企业营销过程、消费过程和交付过程作出贡献，顾客不再只是企业的营销对象，而是企业的资源。目前对于顾客参与的界定存在多种观点，Wilson（2010）认为顾客参与是顾客对品牌的认知和情感承诺。Algesheimer 等（2005）认为顾客参与是顾客基于一定的功能、娱乐或社交动机，与社区成员进行的互动或合作活动。Mollen 和 Brodie 等（2011）则将顾客参与定义为，顾客在一个组织中的投入程度，包括行为、认知和情绪三个方面。可以看出，这些定义有的是基于心理层面，有的是基于行为层面，还有的包含了心理和行为两个层面。虽然心理层面的顾客参与可以促进顾客自身对品牌或社区的信任和承诺，但是对于两方或多方互动的个体来说，在社区中发表的文字、图片或视频等信息是在线品牌社区这一虚拟环境下顾客建立关系的唯一参考。因此，本研究涉及的顾客参与仅限于行为层面，是指顾客围绕品牌或企业进行的，超出交易范围的行为表现。这种行为表现可以有多种形式，如在线讨论、发表评论或帮助其他顾客解决问题等。

（三）顾客契合

1. 顾客契合的概念

本研究对顾客契合概念的已有研究成果进行了梳理和比较（如表 1-1 所示）。可以看出，目前国内外学者们对顾客契合的概念界定主要存在着两个方面的差异化观点。

一是研究视角方面。有的学者从心理视角对顾客契合进行了探讨，指出顾客契合属于一种心理状态（如 Brodie 等，2011；Brodie 等，2013；So，King 和 Sparks，2014；Vivek 等，2014）。有的学者从行为视角对顾客契合展开研究，认为顾客契合的本质是顾客的行为表现（如 van Doorn 等，2010；Javornik 和 Mandelli，2012；Verleye，Gemmel 和 Rangarajan，2014；Wei，Miao 和 Huang，2013；Kumar 等，2010；Jaakkola 和 Alexander，2014）。例如，van Doorn 等（2010）认为顾客契合行为是指顾客在某些激发要素的驱动下对某一品牌或厂商产生的除消费外的行为表现，如传播口碑、推荐、帮助其他消费者、撰写博客、发表评论等。这一定义明确指出了顾客契合行为的发出者、对象、判定标准。此外，还有学者综合两个视角认为顾客契合是顾客出于某种动机而关注某企业或品牌及由此产生的情感和非交易性行为（如 Patterson，Yu 和 de Ruyer，2006；韩小芸和袁静，2013；王高山、于涛和张新，2014）。

表 1-1　顾客契合概念比较

	作者	概念	定义	是否引用
心理视角	Brodie 等（2011）	顾客契合	顾客与客体在服务关系过程中互动的和共创的体验所形成的心理状态	—
	Chathoth 等（2014）	顾客契合	顾客与客体在服务关系过程中互动的和共创的体验所形成的心理状态	Brodie 等（2011）
	So，King 和 Sparks（2014）	顾客契合	顾客与客体在服务关系过程中互动的和共创的体验所形成的心理状态	Brodie 等（2011）
	Cabiddu，De Carlo 和 Piccoli（2014）	顾客契合	顾客与客体在服务关系过程中互动的和共创的体验所形成的心理状态	Brodie 等（2011）
行为视角	Kumar 等（2010）	顾客契合	顾客与企业、其他顾客和潜在顾客之间的互动，既包含购买行为也包含非购买行为	—
	van Doorn 等（2010）	顾客契合行为	由于受到激励性因素的影响，顾客对某一品牌或企业超越购买行为之外的行为表现	—

续表

	作者	概念	定义	是否引用
行为视角	Javornik 和 Mandelli（2012）	顾客契合	由于受到激励性因素的影响，顾客对某一品牌或企业超越购买行为之外的行为表现	van Doorn 等（2010）
	Wei，Miao 和 Huang（2013）	顾客契合行为	由于受到激励性因素的影响，顾客对某一品牌或企业超越购买行为之外的行为表现	van Doorn 等（2010）
	Jaakkola 和 Alexander（2014）	顾客契合行为	由于受到激励性因素的影响，顾客对某一品牌或企业超越购买行为之外的行为表现	van Doorn 等（2010）
心理和行为视角	韩小芸和袁静（2013）	顾客契合	顾客出于某种动机而关注某企业或品牌及由此产生的情感和非交易性行为	Brodie 等（2011）和 van Doorn 等（2010）
	王高山、于涛和张新（2014）	顾客契合	顾客契合是顾客根据其需要、兴趣和消费体验等因素从心理上对某品牌的亲近、依赖、忠诚及保持长期关系的意愿，在行为上表现为参与一系列与该品牌有关的活动	—

可以看出，学者们基于不同视角对顾客契合概念理解存在差异。回顾顾客关系理论中另一个非常重要的概念顾客忠诚可以发现，早期学者们对顾客忠诚的研究起源于对顾客重复消费行为的观察（如张新安和田澎，2007），因此早期研究的侧重点也大多是行为，但是随着理论的发展，仅仅关注于行为的顾客

忠诚理论已经不能有效地指导企业的营销实践活动，在某些情况下甚至给企业带来错误的指导，此时行为和心理并重的顾客忠诚理论逐渐得到学术界和企业界的普遍认可。这是由于任何行为的发生背后都伴随着相应的心理基础，而行为的发生又会反过来对心理起到强化作用，二者紧密联系，只关注行为表现而忽略心理机制很可能是短视的，顾客契合如是。本研究倾向于韩小芸和袁静（2013）在中国情境下对顾客契合的研究中界定概念的思路，即沿用 Brodie 等（2011）和 van Doorn 等（2010）的观点，从心理和行为两个角度综合界定顾客契合。

二是行为表现方面。大多数学者认为顾客契合的行为表现为非购买行为，但也有学者持有不同的观点，认为顾客在与企业（品牌）及其他顾客互动的过程中，购买行为和非购买行为都会自然而然地发生，激发购买行为的因素也可能同样激发顾客的非购买行为，因此顾客契合行为应该既包含购买行为又包含非购买行为（如 Kumar 等，2010；Kaltcheva 等，2014）。针对这一分歧，我们可以追溯顾客契合概念产生和发展的背景。Patterson，Yu 和 de Ruyer 于 2006 年首次明确定义了顾客契合的概念，此后，学者们开始了对顾客契合相关问题的探讨，关注的重点都是顾客与企业（品牌）及其他顾客的互动。2009 年在德国召开了主题为“客户与企业间的无缝对接管理”（Managing the Interface Between Firms and Customers）的第三届思想领导会议，会议集聚了消费者行为研究领域的众多学者，学者们针对之前顾客契合的相关研究进行了总结和回顾。会上有学者指出，目前营销学界普遍关注的是顾客交易行为，而随着网络信息技术的发展，顾客可以通过社交媒体等多种方式与企业和其他顾客实现更加快捷便利的沟通交流，对此类非购买行为的忽视可能会给企业带来意想不到的严重后果，因此应该给予顾客契合以足够的重视。可以看出，顾客契合概念之所以被学者们提出并引发关注，是源于网络信息技术环境下产生了更多的对企业存在影响的非购买行为。相较于过去，对顾客非购买行为的忽视可能导致对顾客终身价值更大程度的低估。换言之，顾客契合这一概念产生之初，就是为了更明确、更深入地探讨顾客的一系列非购买行为，因此在本研究中关于顾客契合的探讨仅针对非购买行为以及背后的情感因素。

综上，本研究认为，顾客契合是顾客出于某种动机而关注某企业或品牌及由此产生的情感和非交易性行为。

2. 顾客契合与其他相近概念的区分

在以往市场营销领域的研究中，有几个构念与顾客契合的含义比较相近，容易产生混淆，如顾客参与、顾客投入、顾客公民行为。因此，为了更好地理解顾客契合的内涵，接下来将对这几个构念与顾客契合进行区分，明确它们之间的联系和区别。顾客契合与类似概念的比较如表 1-2 所示。

表 1-2 顾客契合与相近概念的比较

概念	定义	与顾客契合的区别及联系
顾客参与（Participation）	顾客投入新产品开发（NPD）过程的广度和深度。 顾客成为服务生产的要素	顾客契合的行为表现
顾客投入（Involvement）	个体基于其目标、价值观和自我概念而感知的与客体的相关性	顾客投入是顾客契合的前提因素，仅仅是消费者行为学的研究领域

续表

概念	定义	与顾客契合的区别及联系
顾客公民行为（Customer Citizenship Behavior）	顾客自发的、服务程序要求之外的、对企业有利的行为	某些顾客公民行为如帮助其他顾客，也是顾客契合的行为表现。顾客契合可能对企业有利，也可能损害企业利益

（1）顾客参与和顾客契合。

顾客参与指顾客参与服务的生产和提供过程的程度。现有文献中对顾客参与的研究仅仅局限于顾客与企业的交易过程。顾客可以参与整个决策制定过程，决定购买前、交易过程中或交易完成后。交易是顾客参与的前置条件。交易环境中的顾客参与涉及顾客的行为。如果在体验环境下探讨顾客的参与问题，则应该考虑反映顾客行为结果的新的维度。Margolin（2002）指出，体验包含操作维度和反映维度。操作维度指消费者利用产品的方式，而反映维度则强调消费者思考产品并赋予其含义的方式。顾客参与把交易作为前提条件，顾客契合关注顾客的体验而非交易，这种体验可能有实际交易的发生也可能没有实际交易的发生。此外，顾客参与只关注参与的行为维度，而顾客契合不仅关注参与的操作维度（行为），还关注参与的反映维度。契合的顾客不仅积极与企业交往，而且在交易前积极准备，交易后反省自己的行为。顾客参与是顾客契合的前置变量（Brodie 等，2011）。

（2）顾客投入与顾客契合。

顾客投入是消费者行为学中的一个重要概念。消费者通常被看作是理性的，他们积极搜寻信息，以作出明智的决定。但是在许多情况下，消费者并没有投入积极的信息搜寻和替代品评价中。Zaichkowsky（1985）将投入定义为个人因其价值观、目标和自我概念而对某客体感兴趣及与其关联程度。个体因素（个体的价值观等）、客体因素（客体的差异性及引发不同兴趣的特征）和情境因素（增强个体与客体相关性的因素）等均会影响个体的投入程度。由此可见，顾客投入主要是一种认知的、情感的或动机概念，表明一种心理状态或是个人感知的相关性。而顾客契合包含认知、情感、行为三个组成成分，包含顾客与企业或品牌之间一种积极的、互动的关系，寻求与品牌契合的顾客不仅希望获得功能性价值，而且希望获得满意的体验价值。可见，顾客契合的含义范围更广泛。

（3）顾客公民行为与顾客契合。

Groth（2005）把顾客行为分为顾客合作生产行为和顾客公民行为。前者是服务传递要求的行为，是顾客的“角色内行为”；而顾客公民行为是顾客自发的、服务程序要求之外的行为，这些行为对提高企业绩效和促进企业的有效运行产生积极作用，是顾客的“角色外行为”，包括推荐企业产品和服务、向企业提供反馈、帮助其他顾客三个维度。由此可见，顾客公民行为也属于顾客的非交易性行为，但仅仅包含行为成分，而顾客契合含义更广，包含认知、情感和行为三个成分。此外，顾客公民行为是对企业有利的行为，而顾客契合行为可能对企业有利，也可能损害企业的利益。

3. 顾客契合维度

本研究对顾客契合维度的已有研究成果进行了梳理，如表1-3所示，可以看出，学者们对于顾客契合维度构成的观点存在差异。

表 1-3 顾客契合维度的相关研究

作者	维度	
	维数	内容
van Doorn 等（2010）	单维	非购买行为
Javornik 和 Mandelli（2012）	单维	非购买行为
Verleye，Gemmel 和 Rangarajan（2014）	单维	非购买行为
Wei，Miao 和 Huang（2013）	单维	非购买行为
Jaakkola 和 Alexander（2014）	单维	非购买行为
Kumar 等（2010）	二维	购买行为、非购买行为
Brodie 等（2011）	三维	认知、情感、行为
Brodie 等（2013）	三维	认知、情感、行为
韩小芸和袁静（2013）	三维	认知、情感、行为
Patterson，Yu 和 de Ruyer（2006）	四维	吸收、奉献、热情和互动
So，King 和 Sparks（2014）	五维	热情、注意、吸收、互动和识别

目前比较有代表性的关于顾客契合维度的观点有四个，其提出者分别为：Patterson，Yu 和 de Ruyer（2006）；van Doorn 等（2010）；Brodie 等（2011）；So，King 和 Sparks（2014）。其中，van Doorn 等（2010）从行为视角对顾客契合概念进行了界定，认为顾客契合的维度也仅仅包含行为，后续 Javornik 和 Mandelli（2012）、Wei，Miao 和 Huang（2013）、Verleye，Gemmel 和 Rangarajan（2014）的研究也均沿用此观点。而 Patterson，Yu 和 de Ruyer（2006），Brodie 等（2011）和 So，King 和 Sparks（2014）虽然均是以社会科学和管理学领域中关于契合的观点为基础，探讨了顾客契合的维度，但他们的研究结论却有不同，

Brodie 等（2011）认为顾客契合应该包含认知、情感和行为三个维度，而 Patterson，Yu 和 de Ruyer（2006）认为顾客契合包含吸收、奉献、热情和互动四个维度，So，King 和 Sparks（2014）则认为顾客契合应该包含热情、注意、吸收、互动和识别这五个维度，虽然后两者都是综合心理和行为两个视角对顾客契合进行的探讨，但也没有得出较为一致的结论。

本研究关于顾客契合概念的界定是参考韩小芸和袁静（2013）在中国情境下对顾客契合的研究中界定概念的思路，即沿用 Brodie 等（2011）和 van Doorn 等（2010）的观点，从心理和行为两个角度综合界定顾客契合。因此，顾客契合的维度也参考韩小芸和袁静（2013）的研究结果，认为顾客契合包含认知、情感和行为三个维度。

第二章

在线品牌社区顾客管理相关研究文献分析

一、在线品牌社区的相关研究

“社区”即一群有着共同的语言、兴趣爱好或是风俗文化的人因共同的归属感聚集在一个特定的区域，由此形成的一种特殊的社会关系。在现实生活中，社区的类型多种多样，按功能来分可以分成政治社区、经济社区、文化社区等多种类型。随着这个概念的发展和渗透，其应用范围逐渐扩大，各大企业也逐渐为自己的某种产品或某个品牌建立了专属的“品牌社区”。对于“品牌社区”这个概念，Muniz 和 O’Guinn 以市场社群为基础给出的定义为：以使用同种品牌的消费者间的社会关系为基础的一整套特定的、非地理意义上的社区。

在线品牌社区是在 20 世纪 90 年代虚拟社区概念和 21 世纪初品牌社区概念提出之后出现的一个新概念，随着网络的发展，传统品牌社区中时间与空间的界限逐渐被打破，一个品牌社区里的成员并不一定都相互熟知，而是靠着一种由共同的兴趣而产生的归属感走到一起，这种基于网络的发展而产生的品牌社区就是在线品牌社区。在线品牌社区（如李先国、陈宁颉和张新圣，2017；彭晓东和申光龙，2016）又称在线品牌社群（如赵建彬、景奉杰和余樱，2015；周志民和吴群华，2013）和虚拟品牌社群（如林少龙、林月云和陈柄宏，2011；刘新和杨伟文，2012）。

在线品牌社群本身具有低成本和高效率的特点，能够在不受时间与空间的限制下为企业、品牌和消费者三者之间提供一个专业的互动平台。正因如此，在线品牌社区自被提出开始就备受关注，学者们就相关问题进行了广泛深入的探讨，并取得了大量的成果。通过文献梳理可以看出，目前有关在线品牌社区的研究主要从以下两个方面进行：一是在线品牌社区顾客参与动机和意愿；二是在线品牌社区中成员情感和行为。

（一）在线品牌社区顾客参与动机和意愿

在线品牌社区的参与者不仅包括社区成员，还有大量的访客，他们参与在线品牌社区时具有不同的动机和意愿。

对于社区成员来说，Tsai，Huang 和 Chiu（2012）以我国台湾地区的汽车在线品牌社区为例，研究发现成员参与在线品牌社区的动机可以分为个体、群体和关系三个层面，个体层面的动机包含外倾性和对归属感的需要，群体层面的动机包含品牌社区认同和感知社区规模，关系层面的动机包含成员之间信任和对品牌关系的满意度；温飞和沙振权（2011）的研究发现互动价值对社区参与具有积极的影响，畅快体验和品牌认同在这一关系中分别起到中介作用和调节作用；吴思、凌咏红和王璐（2011）的研究证实了在线品牌社区成员的情感信任对发布意愿具有较大的影响，认知信任则对获取意愿的影响更大。在线品牌社区既可以由品牌爱好者建立，也可以由企业建立。对于不同发起者创立的社区，成员参与的动机可能不同，因此，Casaló，

Flavián 和 Guinalíu（2010）针对企业发起建立的在线旅游社区进行研究发现感知有用性、感知易用性、认同、主观规范和感知行为控制能够显著影响成员的参与意愿。

此外，学者们还尝试从时间序列角度动态监测成员参与行为的持续性。例如，Baldus，Voorhees 和 Calantone（2015）通过6 项实验提取出了顾客持续参与在线品牌社区的 11 项动机；贺爱忠和李雪（2015）以小米手机社区为例，将成员参与社区划分为初级参与阶段、逗留参与阶段和持续参与阶段三个阶段，并分别探讨了每个阶段的具体动机；马双和王永贵（2015）以魅族社区和苹果社区为例，研究发现在在线品牌社区的长期持续发展中，情感承诺能够更强地促进参与意向，而算计承诺更强地促进实际参与行为；梁文玲和杨文举（2016）从社会环境视角出发，分析了信息质量对用户持续参与在线品牌社区的影响。

对于社区访客来说，Shang，Chen 和 Liao（2006）通过对苹果电脑在线社区的研究发现社区潜伏者的主要目的是获取品牌产品功能、性能等方面的信息，而非情感需求；Zhou 等（2013）研究发现在线品牌社区的访客通过浏览帖子可以获得信息价值和感知社会价值，进而影响其参与在线品牌社区的意愿。

（二）在线品牌社区中成员情感和行为

在线品牌社区作为维系顾客关系的一种重要手段，在受到企业日益青睐的同时，也引发学者们对社区成员情感和行为的较多关注，并取得了较丰富的成果。

在社区成员情感的研究方面，对成员忠诚度的关注较多。例如，周志民、郑雅琴和张蕾（2013）从强弱连带整合视角出发构建了在线品牌社区强弱关系数量对品牌忠诚影响的概念模型；Kuo 和 Feng（2013）以我国台湾地区的汽车在线品牌社区为例分析了社区成员之间的互动对感知收益、社区承诺以及品牌忠诚的影响；黄敏学、廖俊云和周南（2015）以小米社区为例研究不同社区体验成分对品牌忠诚的影响机制；柏喆、刘波和马永斌（2015）同样以小米社区为例构建了在线品牌社区特征对消费者忠诚影响的理论框架。而另一个研究热点是社区成员满意度，例如，景奉杰、赵建彬和余樱（2015）构建了在线品牌社区上顾客间互动、顾客情绪和购后满意度的关系模型；王永贵和马双（2013）剖析了在线品牌社区顾客的实用需求和享乐需求对社区满意的差异性影响。此外，一些学者还在针对在线品牌社区的研究中，分别探讨了社区成员的品牌依恋（如 Zhou 等，2012）、品牌认同（如 Black 和 Veloutsou，2017）、品牌信任（如 Laroche 等，2012；Jung，Kim 和 Kim，2014）、品牌关系（如 Hsieh 和 Wei，2017；吴麟龙和汪波，2015）、品牌态度（如汪旭晖和李璐琳，2015）、品牌承诺（如 Kim 等，2008）、顾客感知支持（如王秀村和饶晨，2015）、品牌福音（Brand Evangelism，如 Scarpi，2010）等的影响因素。

在社区成员行为的研究方面，很多学者都对社区中的顾客公民行为表现出浓厚的兴趣。例如，江若尘和徐冬莉（2012）通过深度访谈等方法开发了在线品牌社区公民行为测量量表；马双和王永贵（2014）在魅族论坛和苹果论坛上获取数据，探讨了不同的知识获取方式对在线品牌社区公民行为以及品牌认同的影响；赵建彬和景奉杰（2015）通过对酷比魔方社群的研究分析了网络嵌入性对在线品牌社区公民行为的影响；常亚平、陆志愿和朱东红（2015）基于社会交换理论探讨了在线品牌社区上顾客公民行为的影响机制，结果发现在线社会支持能够通过关系质量的中介作用进而影响顾客公民行为。同时，在线品牌社区中的知识共享行为也是近些年学者们研究的重点。例如，Chang 和 Chuang（2011）基于社会资本理论分析了在线社区中信任、认同、互惠对知识分享行为的影响，以及知识分享行为对个体声誉和利他主义的影响；张敏、郑伟伟和石光莲（2016）从博弈论的视角出发，分析了虚拟学术社区中用户间信任在动态、静态博弈中的作用机制，以及对用户知识共享策略选择的影响；Hau 和 Kang（2016）研究了在线社区上领先用户与创新相关知识分享之间的关系，以及这一关系过程中社会资本和用户对知识分享行为的感知控制度的调节作用。

此外，许多学者还就在线品牌社区成员的新产品采纳（如 Gruner，Homburg 和 Lukas，2014）、购买意愿和行为（如 Adjei，Noble 和 Noble，2010；Goh，Heng 和 Lin，2013；Lee，Reid 和 Kim，2014）、创新行为（如赵建彬和景奉杰，2016；王莉、袁胡艺欣和李沁芳，2017）、价值共创行为（如申光龙、彭晓东和秦鹏飞，2016）、知识分享行为（如周志民、张江乐和熊义萍，2014）等进行了广泛的讨论。

二、顾客参与的相关研究

（一）顾客参与的概念

早期的经营哲学普遍认为，顾客是位于企业之外的被动的购买者，但伴随着经济全球化和社会网络化以及服务业的快速发展，越来越多的企业逐渐意识到顾客的消费行为正在发生着巨大的变化，其主动性也越来越强，因此以企业为中心且完全没有考虑到顾客参与能够创造价值的传统规模化生产模式已远不能满足新的市场竞争环境。以顾客（用户）参与为课题的研究逐渐成为营销学领域中的热门研究话题。

对顾客参与这个概念的研究可以追溯到 20 世纪 70 年代末期，Chase 被认为是最早对顾客参与进行研究的学者，他提出了“顾客接触”的概念。随后 Lovelook 和 Young（1979）在其著作 *Look to consumers to increase productivity* 中开始将顾客作为一种可以提升服务生产效率的要素进行研究。在随后的几十年中，越来越多的学者开始对这个概念进行深入的研究。如 Prahalad 和 Ramaswamy（2000）从价值共创（Value Co-creation）这个视角出发，在其著作 *Co-opting customer competence* 中对顾客参与进行了研究，表明价值是由顾客和企业共同创造的，企业应该让消费者全面地参与到价值链创造的环节中，并提出“价值共创的核心思想是引导顾客积极参与”的观点。van Doorn 等（2010）则是从行为角度对顾客参与作出了新的定义，认为企业与顾客的关系主要集中于行为层面的关系，顾客参与行为甚至超越了交易本身，并提出可将顾客参与行为（CEB）作为衡量顾客指标的一个重要因素。

除了对概念本身进行界定和研究，也有很多学者以此为基础，在基于顾客参与的前提下，对营销学中的其他概念进行了研究。例如，望海军和汪涛（2007）构建了顾客参与、感知控制和顾客满意度这三者之间的关系模型，讨论了三个变量间的因果关系，得出了“在满足顾客感知控制的同时，应该设法提高顾客参与程度才能获得高度的顾客满意”的结论。Holland 和 Baker（2001）在其著作 *Customer participation in creating site brand loyalty* 中，重视网络与电子商务的发展，基于电子商务市场模型（E-Business marketing model）中的顾客参与，研究出了在卖家、买家、产品和服务都融合在一体的虚拟市场中如何对顾客忠诚进行测度的新方法。

在线品牌社区中用户参与的方式最主要的是知识共享行为，本部分主要是从知识共享的角度对用户参与行为的影响因素进行汇总。其中 Javadpour 和 Samiei（2017）指出，在线社区能够成功的关键因素是成员在社区中积极主动地进行信息分享活动，并认为可以采用参与度这一测量标准来作为考察在线社区运营成功与否的指标。在线社区的参与度可以用参与社区成员的数量（人气）以及在社区中发布信息的数量（信息流）来反映。对于在线社区而言，如果社区中的内容或者知识比较丰富，那就很大程度上保证了在线社区的价值。同样，在线品牌社区也是由消费者贡献的口碑信息所构成的平台，由此可以看出，在线品牌社区中知识共享行为的重要地位。

由于信息技术的发展和普及，企业内部使用了诸如知识管理系统等管理软件。伴随而来的是虚拟团队组织的产生，这使得传统上关于知识共享的研究也从传统的线下环境转变为线上虚拟环境，相关研究视角也从过去的多关注个人和社会两个方面内容，增加到现在学者们对个人、社会和技术环境三个方面的研究。而从企业外部来看，在线品牌社区为企业进行虚拟环境下的协作生产提供了重要的途径。通过在线品牌社区，企业不仅可以将自己的顾客群体聚集起来，还可以融合一些供应商等产业链相关人员，促进了企业将自身所具有的产品相关信息向顾客和供应商的传递，同时顾客和供应商也可以在社区中以多媒体的形式向企业共享知识，这为组织内各个部门的协作生产，以及组织间的虚拟合作打下了一定的基础。

Fuller 等（2004）在开发新产品的过程中引入在线品牌社区，为了能够保证在线品牌社区中的用户尽可能地参与到新产品开发的过程中，提高社区内知识和信息的自由流动是最有效的。除此之外，在线品牌社区中的知识共享行为可以帮助企业实现巨大的商业利润。Koh 和 Kim（2004）以韩国著名的视频分享网站 Freechal 社区中的 3450 名用户为研究对象，通过调查问卷的方式对社区中的成员进行了数据采集，研究结果表明，在线社区中的视频共享行为处于一定水平时，可以刺激社区中的成员更积极地参与网站中的知识共享行为，以及提高网站中视频的质量，最终帮助社区服务提供商产生更多的盈利。

以往的学者提出，在线社区中人们的参与程度是有区别的，他们根据成员参与程度的不同将在线社区中的所有用户划分为三种类型：潜水者（Lurker）、一般贡献者（General Contributor）和意见领袖（Opinion Leader）。具体来说，潜水者是指在在线社区中只是浏览别人的内容，从来不或者是很少贡献内容的用户；有研究者调查发现，这类人群占到了在线社区中人数的 60%以上。一般贡献者是指在在线社区中不仅浏览他人的内容，也会参与一些社会互动，如在社区中回答其他人的问题，或者主动发布自己原创的帖子共享一些信息的这部分用户。意见领袖是指在在线社区中与其他成员存在较强的联系，在社区中的社会网络中处于中心位置的成员，而且他们属于专家型消费者，他们在特定领域有专业知识和较为丰富产品使用经验，既能够分享专业化的知识，又能够对其他成员提出的问题提供有针对性的解答。当然我们也要考虑到，对于不同类型的社区成员，影响其参与在线社区的因素也不尽相同。毛波和尤雯雯（2006）以知识共享型社区为例，对社区中的成员的不同特征进行了分类，提出五类用户角色：领袖用户、呼应用户、学习用户、浏览用户、共享用户，同时指出对于在线社区来说，研究促进浏览用户和学习用户主动参与社区进行知识共享行为的方法和手段是今后一个重要的研究方向。

（二）顾客参与的影响因素

由于用户参与行为在在线社区中的重要地位和价值，众多学者结合不同理论研究了影响用户参与在线社区的相关因素。Bock 等（2005）使用理性行为理论和动机理论，分别从个体和所处环境两个方面对组织中个体参与意愿的影响效果进行了研究。研究发现，个体因素方面，个体的内在动机如自我价值感可以积极影响感知社会规范，进而影响用户的参与意愿产生；个体的外部动机如物质奖励和互惠关系通过显著影响用户的态度而影响到用户的参与意愿。环境因素方面，社区中融洽的社会交往环境，也就是组织氛围，可以显著影响用户参与意愿，同时，虚拟社区良好的技术平台可以提高用户的体验感，也显著影响了用户参与意愿。在 Bock 等提出的个人因素和环境因素的基础上，Ye 等（2006）补充了知识因素对在线社区中的知识共享行为的影响作用。首先，他们提出在个人因素方面基于自我概念的动机会显著提升用户在社区中进行知识共享的意愿，包括个人形象、对社区的承诺、帮助他人的满足感以及知识的自我效能等。其次，在环境方面，Ye 等（2006）概括了影响用户知识共享意愿的三个因素：社区信任、平台的有用性以及共享知识的社会规范。最后，在知识因素方面，该作者提出知识的价值负向影响了用户进行知识共享的意向，也就是说，用户对于知识价值越高的内容越不愿意进行分享。

此外，还有学者将社会资本理论与在线社区用户参与意愿的研究进行结合。Wasko 和 Faraj（2005）发现用户在社区中的社会资本可以影响在线社区中的知识共享行为，并通过实证研究证实，相比关系维和感知维的社会资本，结构维的社会资本（社会交互连接）对知识共享意愿的影响最大，关系维的社会资本次之，充分说明了社会资本对促进在线社区知识共享意愿存在重要的影响。Chiu 等（2006）建立了在线社区知识共享的理论模型，通过实证研究发现，与个人不相关的结果期望对共享知识不存在影响，社会资本的感知维，如共有的语言和愿景对共享知识的数量没有影响，对共享知识的质量存在显著影响。国内学者周涛和鲁耀斌（2008）基于 Chiu 等人的研究模型，探索了中国移动在线社区中的社会资本因素对用户生成内容的发布和获取的影响作用，研究结果发现，关系维社会资本中的信任和认同感两种因素，同时影响了在线社区中用户对信息的获取和发布意愿，但是互惠关系只影响了信息获取的意愿；结构维的社会资本正向影响发布信息的意愿，认知维的共同愿景同时影响在线社区中用户对信息的获取和发布意愿，而共同的语言也只显著影响信息获取的意愿。

赵越岷等（2010）发现，社区归属感、自我效能、利他主义和形象声望对信息共享行为存在正向的影响。也有学者从社会认知理论的角度对在线社区中知识共享的影响因素进行研究，赵玲等（2009）提出，个人因素、物理环境因素和社会环境因素是影响在线社区内知识共享的主要因素。个人因素包含动机和人口统计学特征。环境因素包括物理环境因素和社会环境因素，物理环境因素主要是指客观存在的外在环境，例如信息、社区等；而社会环境因素是指用户所面临的社会关系的背景，如社会资本、来自他人的影响等，需要说明的是，不同于现实世界中的熟人关系，在线社区的社会关系是基于陌生人建立的互动关系。可以看出，赵玲等人的观点较为全面地反映了在线社区参与行为的影响因素，但是在线品牌社区是基于消费者对某一品牌的喜爱而成立的在线社区类型，其本身自带品牌的特殊印记，因此，在赵玲等人观点的基础上，Aksoy 等人（2013）提出了品牌相关因素，包括品牌认同（brand identification）和品牌象征（brand's symbolic function）的内容。

总结以上学者们的研究现状，本研究将分别对影响在线品牌社区用户参与行为的因素进行总结，为了更加清晰地描述每一类因素的内容，本研究将以表格的形式对因素进行分类列出，如表 2-1 所示。

表 2-1　影响在线品牌社区用户参与行为的因素

<table>
<tr><th colspan="3">维度</th><th>内容</th></tr>
<tr><td rowspan="8">环境因素</td><td rowspan="3">物理环境因素</td><td>信息方面</td><td>知识的类型、知识感知价值</td></tr>
<tr><td>技术方面</td><td>技术的先进性和可靠性，隐私和安全保障</td></tr>
<tr><td>社区方面</td><td>社区规模、社区类型、发展阶段、内部规则设置、线下活动、社区的有用性和易用性</td></tr>
<tr><td rowspan="5">社会环境因素</td><td>结构维的社会资本</td><td>社会交互连接</td></tr>
<tr><td>关系维的社会资本</td><td>信任、社会规范和社会认同</td></tr>
<tr><td>感知维的社会资本</td><td>共同的语言、共同的愿景</td></tr>
<tr><td>来自他人的影响</td><td>感知的回应、其他成员的倾诉</td></tr>
<tr><td>来自结果的影响</td><td>过去成功的经验</td></tr>
</table>

续表

维度			内容
个人因素	动机	内在过程动机	帮助他人的成就感、兴趣、满意
		实用性动机	互惠、外部奖励、编辑的投入
		基于自我概念的外部动机	个人形象、他人的认可
		基于自我概念的内在化	自我效能、进取精神
		目标内在化	社区归属感、社区责任感、团体规范
	个人特征		外（内）向型性格
	人口统计学特征		地域、性别、年龄、工作经历、学历等
品牌因素	品牌认同		感知品牌与自我功能、兴趣和自我表达的联系
	品牌象征		品牌意义与自我形象的一致性

三、顾客契合的相关研究

顾客契合是2006年才提出的一个新概念，发展至今，虽然只有十多年，但其理论的新颖性和前瞻性，尤其是对营销实践的指导价值，引发了学者们的高度关注并迅速成为营销领域的一个研究热点。通过梳理文献可以发现，目前有关顾客契合的研究在角度、重点和目的上存在较大差异，国内外学者的研究主要集中在以下几个方面：一是对顾客契合概念和维度的研究；二是对顾客契合影响因素的研究；三是有关顾客契合演化的研究；四是关于顾客契合结果的研究。

（一）顾客契合的概念和维度

顾客契合的定义可以追溯到2006年美国广告研究基金会（Advertising Research Foundation）、美国广告公司协会（American Association of Advertising Agencies）和美国广告主协会（Association of National Advertisers）合作开展的一项研究，该研究给出了一个比较宽泛的契合概念，认为契合是基于周围环境而创造一种品牌理念。后续美国经济学人智库（Economist Intelligence Unit）、尼尔森媒体研究公司（Nielsen Media Research）以及包括盖洛普咨询有限公司（Gallup Consulting）在内的一些咨询机构纷纷尝试对顾客契合进行界定，虽然它们给出的顾客契合定义不够明确，但是关注的重点均是顾客与企业（品牌）及其他顾客之间的互动。

与此同时，学者们也开始注意到并尝试对顾客契合的概念进行研究，最早关注并明确界定顾客契合概念的学者是Patterson，Yu和de Ruyer（2006），他们借鉴组织管理学中有关员工契合的观点，将顾客契合描述为顾客在与某一服务组织的关系中所体现出来的生理、认知和情感水平。该定义同时勾勒了顾客的心理和行为。此后，van Doorn等（2010）仅从行为视角出发，认为顾客契合是由于受到激励性因素的影响，顾客对某一品牌或企业超越购买行为之外的行为表现，这些行为表现既可以是正面的，如在微博上发表一条正面的品牌信息，也可以是负面的，如组织抵制企业的公共活动。该观点得到了后续许多学者的认同（如Ashley和Tuten，2015；Javornik和Mandelli，

2012；Verhoef，Reinartz 和 Krafft，2010；Verleye，Gemmel 和 Rangarajan，2014；Wei，Miao 和 Huang，2013）。但也存在着不同的声音，Brodie 等（2011）就认为 Patterson，Yu 和 de Ruyer（2006）对顾客契合的描述过于具体，容易限制顾客契合在不同环境下的普遍适用性；而 van Doorn 等（2010）的研究又过于狭隘，仅仅关注于顾客非购买行为表现，因此，在总结前人研究的基础上，参考服务主导逻辑和组织行为理论中 Macey 和 Schneider（2008）等学者的观点，Brodie 等（2011）提出了一个在大多数环境下都能适用的顾客契合概念，认为顾客契合是顾客在与具体服务关系中其他利益相关者互动、共创顾客体验的过程中产生的一种心理状态。此后很多学者对顾客契合的研究均借鉴或沿用这一概念（如 Brodie 等，2013；Dessart，Veloutsou 和 Morgan-Thomas，2015；Gangale，Mengolini 和 Onyeji，2013；Calder，Isaac 和 Malthouse，2015；So，King 和 Sparks，2014）。国内也有学者综合 van Doorn 等（2010）和 Brodie 等（2011）的观点认为顾客契合是顾客出于某种动机而关注某企业或品牌及由此产生的情感和非交易性行为（例如，韩小芸和余策政，2013；韩小芸和袁静，2013）。更值得一提的是，Kumar 等（2010）还提出了与上述学者均有所不同的顾客契合概念，他们认为 van Doorn 等（2010）提到的激励性因素的影响同样可能激发顾客的购买行为，并且顾客在与企业接触以及互动的过程中，购买行为是自然而然发生的，所以顾客契合应该同时包含购买行为和非购买行为，后续也有一些学者在研究中表现出对该观点的认同（如 Kaltcheva 等，2014；Kumar 和 Pansari，2016）。

在顾客契合维度方面，最早明确提出顾客契合概念的 Patterson，Yu 和 de Ruyer（2006）认为顾客契合包含专注、奉献、精力充沛和互动四个维度。后续以 van Doorn 等（2010）为代表从行为视角理解顾客契合的学者们认为顾客契合的维度仅仅包含行为。认同 Brodie 等（2011）关于顾客契合概念观点的学者们，则对顾客契合维度各持己见。例如，Brodie 等（2011）认为顾客契合应该包含认知、情感和行为三个维度，当环境、利益相关者发生变化时，顾客契合三个维度的相对重要性也会发生变化；So，King 和 Sparks（2014）在对酒店业和航空业顾客契合的研究中曾指出，顾客契合包含热情、注意、吸收、互动和识别五个维度；Vivek 等（2014）基于扩展关系隐喻理论和服务主导逻辑提出顾客契合包含有意识的关注、热情参与和社会联系三个维度。而 Kumar 等（2010）认为顾客契合包含顾客购买、顾客推荐、顾客影响和顾客知识四个维度。

（二）顾客契合的影响因素

在顾客契合影响因素的研究方面，以 van Doorn 等（2010）的研究成果最具代表性。van Doorn 等（2010）认为顾客契合的影响因素可以分为三类，即顾客相关因素、企业相关因素和环境相关因素，后续学者探讨的顾客契合影响因素，多数可以划归到这三类因素之中，每一大类因素又都包含很多具体因素。

其一，在顾客相关因素中，韩小芸和余策政（2013）指出顾客投入、顾客心理授权、顾客心理所有权等个人心理因素对顾客契合具有正向的影响；Sarkar 和 Sreejesh（2014）指出品牌妒忌能够正向影响顾客契合，品牌至爱则通过品牌妒忌的中介作用间接影响顾客契合；De Vries 和 Carlson（2014）以 Facebook 作为研究对象结果证实共创价值、社会价值、使用强度和品牌实力能够正向影响顾客契合；Zhang，Kandampully 和 Bilgihan（2015）认为社区归属感、品牌资产和货币激励可以驱动在线合作创新社区中的顾客契合；Verhagen 等（2015）发现认知收益、社会整合收益和享乐收益能够影响顾客契合意愿；韩小芸和袁静（2013）指出社会资本中的结构资本和认知资本对顾客契合有直接的正向影响；Demangeot 等（2016）以网站上的顾客契合（Website Customer Engagement）为研究对象分析了信息探索潜力、经验探索潜力和意义建构潜力对顾客契合的正向影响；Harrigan 等（2017）针对旅游行业社交媒体上的顾客契合分析了顾客参与对顾客契合的影响；而顾客个体特征（如年龄、性别、性格和专业知识背景等）差异也会影响到顾客进行契合行为的意愿和程度。

其二，在企业相关因素中，van Doorn（2010）认为品牌特征（如品牌资产、品牌声誉等）会影响顾客对企业品牌（产品）的认知，从而影响顾客契合行为；Borle 等（2007）的研究发现参与顾客满意度问卷调查这种微不足道的营销策略就可以提高顾客与企业之间的契合程度，而企业中的传统主义能够影响管理结构和文化进而造成顾客契合在企业中几乎无立足之地。

其三，在环境相关因素中，行业环境作为外部因素会对顾客契合行为产生影响，van Doorn 等（2010）指出企业竞争对手制定的营销措施能够改变顾客对公平和分配公正性的感知，进而影响顾客契合行为；企业所处的政治、经济、社会文化和科技等宏观环境因素可能也会对顾客契合行为产生影响。此外，某些特定平台的相关因素也会对该平台上的顾客契合产生影响，Wirtz 等（2013）认为在线品牌社区规模、在线品牌社区管理模式、会员有效期的长短等在线品牌社区相关因素能够对在线品牌社区顾客契合施加影响。

此外，还有一些学者在研究中探讨了顾客契合的某些行为表现的影响因素。顾客契合的行为表现可以划分为人际交流和价值共创两类，其中人际交流类顾客契合包括口碑传播、推荐、基于网络的病毒营销活动、联盟营销等，而价值共创类顾客契合包括新产品开发过程中的顾客参与、产品生产合作、顾客对产品（服务）的反馈意见等。已有研究对个别行为表现的影响因素进行了揭示。例如，人际交流类顾客契合行为表现之一的口碑传播，会受到品牌信任（如谢毅和彭泗，2014）、感知控制（如杨强、张宇和刘彩艳，2014）、顾客参与创新（如张德鹏等，2015）、服务补救（如杨强、武一波和张宇，2015）等因素的影响；价值共创类顾客契合行为表现之一的顾客参与新产品开发会受到顾客依赖（如汪涛、崔楠和芦琴，2009）、关系质量（如张欣、姚山季和王永贵，2014）、跨国协作（如 Griffith 和 Lee，2016）、顾客需求异质性（如 Cui 和 Wu，2016）等因素的影响，而顾客对产品（服务）的反馈意见则会受到价值取向（如范秀成、赵先德和庄贺均，2002）、顾客自我威胁认知（如彭军锋和汪涛，2007）、群体压力（如陈可和张剑辉，2014）等因素的影响。

（三）顾客契合的演化

顾客契合会经历从无到有的发展过程，影响顾客契合的上述诸多因素都会在这一过程中发挥作用，但单独关注这一过程或形成机制的学者并不多，Porter 等（2011）从企业视角出发认为形成顾客契合，企业需要经历知晓顾客需求、促进参与、激发合作三个阶段。Bowden（2009）认为企业新顾客和现有顾客具有不同的契合路径，因而通过理论分析构建了一个能够区分两类顾客群体的不同的契合路径图。还有一些学者认为顾客契合的全过程是连续的，也因此将顾客契合的形成与其后的演化一并进行了研究，如 Brodie 等（2011）在研究中指出，顾客从“无契合”逐渐发展到“中度契合”再到“高度契合”，是一个不间断的过程。此后，Brodie 等（2013）采用网络志的方法选取新西兰一家健身公司（Vibra-Train Ltd）在线品牌社区的顾客为样本进一步研究发现，在线品牌社区顾客契合可以划分为分享、共同研发、社交、倡导和学习五个子循环过程，并且指出顾客契合并非一定按部就班遵循这五个发展过程，可能会跳过其中一个或几个阶段循环发展。Sashi（2012）进一步研究发现该过程可以划分为联系、互动、满意、保留、承诺、倡导、契合七个阶段，最后一阶段的契合又可以反过来影响第一阶段的联系，从而形成一个闭合的循环回路，而这一带有反馈环节且循环闭合的特性给企业顾客契合管理带来了挑战。

（四）顾客契合的结果

关于顾客契合的结果，van Doorn 等（2010）曾给出较有代表性的观点，认为顾客契合不仅可以对契合各方产生影响，还能够对其他企业（品牌）以及它们的顾客产生影响。对于契合各方来说，Birkinshaw，Bessant 和 Delbridge（2007）的研究证实了契合的顾客不仅可以为企业提供新产品设计开发的建议，还可以参与新产品大规模上市前的测试，因此，顾客契合成为企业获取顾客知识的一个重要来源；韩小芸和余策政（2013）的研究结果表明顾客契合对顾客忠诚存在影响，韩小芸和袁静（2013）的研究还证实了顾客契合对企业品牌资产的三个维度——品牌态度、品牌伦理、品牌意识均能够产生影响；Marbach，Lages 和 Nunan（2016）则分析了顾客契合对顾客感知价值的积极影响；王芳、张辉和牛振邦（2015）以高校图书馆为例，研究发现顾客契合正向影响用户——图书馆关系质量；Cheung 等（2015）

针对网络游戏行业的研究结果发现，无论是心理层面还是行为层面的顾客契合都会对网络销量产生正向的影响；Zhang 等（2017）以新浪微博作为研究对象，分析了顾客契合对顾客价值创造、黏着度（Stickiness）和口碑传播的影响。对于其他企业（品牌）以及它们的顾客来说，在当今这种数字化时代，相互契合的企业与顾客的行为几乎可以认为是高度透明的，而竞争对手双方信息的可视化会进一步加剧行业竞争。此外，van Doorn 等（2010）还指出顾客契合可能会对消费者福利、经济（社会）剩余、监管等因素产生影响。除了上述影响，顾客契合还可以在一些构念之间的关系中起到中介作用，如王高山、于涛和张新（2014）的研究认为顾客契合在电子服务质量和用户持续使用电子商务网站的关系中起到中介作用；Greve（2014）则论证了顾客契合在品牌形象和品牌忠诚关系中的中介作用。

一些学者还在研究中对顾客契合的某些行为表现的结果进行了探讨。例如，在口碑传播方面，郭国庆等（2010）分析了口碑传播对消费者品牌转换意愿的影响，以及主观规范在这一过程中的中介作用，Hennig-Thurau，Wiertz 和 Feldhaus（2015）以 Twitter 作为研究对象分析发现微博类的口碑传播能够传播产品购买后消费者的质量评估，进而影响产品采纳行为；在价值共创方面，张婧和邓卉（2013）在提取出品牌价值共创八个维度的基础上进一步证实了品牌价值共创对顾客认知以及品牌绩效的影响，杨学成和涂科（2016）聚焦于共享经济背景下的优步公司，识别出了共享经济平台上价值共创的关键影响因素，并描绘出了顾客与企业的价值共创过程；在顾客参与产品研发方面，戴智华等（2014）刻画了客户参与在新产品开发不同阶段的表现，并进一步揭示了面向新产品开发的客户参与在各阶段对企业技术创新绩效的影响机制，Chang 和 Taylor（2016）基于知识管理理论，采用元分析证实了在新产品开发的不同阶段顾客参与的作用也是不同的，其中，新产品构思和发行阶段的顾客参与不仅能够直接提升新产品绩效，还可以间接加速新产品上市时间，而研发阶段的顾客参与却会延缓产品上市时间，并且负面影响产品绩效。

值得一提的是，Kumar 等人（2010）在提出顾客契合既包含非购买行为也包含购买行为的观点的同时，还提出了顾客契合价值的概念，认为顾客契合价值是顾客购买行为和非购买行为所带来的价值，是顾客契合最直接的结果。

事实上，顾客与企业（品牌）及其他顾客的互动是一个连续的过程，顾客契合的影响因素和结果之间并没有明确的界限，在顾客契合这一动态迭代过程中，前一阶段顾客契合的结果在下一阶段可能就会变成影响因素，从而形成一个闭环，这就使得某些构念如顾客承诺和信任，有的学者认为它们是顾客契合的结果（如 Brodie 等，2011），而有的学者则认为它们能够对顾客契合产生影响（如 Grégoire，Tripp 和 Legoux，2009），关于顾客契合与顾客忠诚之间关系的研究也存在着类似的不同观点（如 So，King 和 Sparks，2014）。

四、社会影响的相关研究

（一）社会影响的来源及发展

现实生活中，社会影响的现象非常多，社会影响的含义是指个体的情感、意见或行为等受到了其他人的影响而发生改变的现象。社会影响理论的研究最开始来自 Asch（1953）的从众研究和 Sherif（1936）的社会判断研究。他们将社会影响划分为两类：信息型社会影响和规范型社会影响。其中，规范型社会影响（normative social influence）是指人们想获得组织的正面期望或者为了响应他人而影响了自己的行为，而信息型社会影响（informational social influence）是指人们由于社会意见的不统一或者信息的不确定性而产生的接受自己信任的人影响的现象。心理学教授 Deustch 和 Gerard（1955）认为社会影响产生的主要原因是人们希望自己获得他人的认可和喜爱。紧接着，Kelman（1958）在研究社会影响的过程时，提出了人们接受社会影响的三种过程：顺从效应、认同效应、内化效应。这三种效应之间并不是递进关系，而是一种平行关系。顺从效应是指个人接受影响从而获取他人或者群体的支持，但这其实只是一种外在的影响，个体只不过是在表面上表现出与大众的一致；认同效应则发展成了一种心理状态，通过社会认可来体现，即通过社会认可来表现个人被他人或是团体所认同，使个人不再是唯一的个体，而是集体中的一员；而最后的内化效应则是使这种影响真正地内在化，使个体从外在表现到内心情感全部接受了某种观点或行为。此外，Kelman（1958）在其研究中，还将这三种形态的社会影响与 Deustch 和 Gerard（1955）的社会影响理论相结合，认为顺从效应属于信息型社会影响，其他两种效应属于规范型社会影响。

Latané（1981）提出了三个有别于 Kelman（1958）社会影响理论的作用机制，他认为，社会影响是由影响力、即时性和影响范围这三个因素共同作用的结果，这三个因素同时也是判定一个个体是否能够成为社会影响的源头的基本要素。也有学者持有其他因素的观点，Cialdini（2001）提出了决定社会影响施加影响者对接受影响者作用的六个因素：互惠性、一致性、社会认同、权威性、喜爱程度、稀缺性。喜爱程度是指人们更容易被他们所喜爱的人说服。资源的稀缺性是指人们更愿意接受自己所稀缺的需求，受影响的程度也同样会更高。

在后来对社会影响理论的研究中，为了更好地解释社会影响的作用机制，Latané（1981）于1996年在自己原有理论的基础上开创性地提出了动态社会影响理论（dynamic social influence theory）。该理论认为社会可以分成三种类型的几何形态：网格型、家庭型和带状，并认为无论个体处于哪一种社会形态，都不会改变其在群体中产生影响或接受影响的行为模式，群体是随着时间动态变化的，而群体中的个体的行为也是变化的。处在相同群体的人的行为会越来越相似，反过来，个体在选择交流对象的时候，更愿意与自身有相似经历或者相同观念的人交流，使得同质性水平高的个体也逐渐聚集在一起。与其他学者的理论不同，Burt（1987）在社会网络理论的基础上对个体层面社会影响的方式进行了研究，并提出了两种最基本的社会影响力：内聚力和结构对等。

（二）社会影响的应用

社会影响的应用范围广泛，涉及许多领域。在投资领域，研究者发现人们的投资决策受到两个方面的社会影响，一是别人拥有的资产规模带来的人们期望获得同样资产收益的影响，二是别人作出的投资决策带来的效仿效应产生的社会影响，这两种影响在投资决策时同时存在（Bursztyn 等，2014）。在网络社交领域，研究者发现在付费服务的购买上，好友使用购买付费服务可以促使其自身购买的可能性达到60%以上，但随着用户好友规模的增加，这个概率增长的边际效应是递减的（Bapna 和 Umyarov，2015；Hasan 和 Bagde，2015）。在赌博领域也发现，一个人在赌场中的下注额度会受到朋友的影响（Park 和 Manchanda，2015）。

以上这些社会影响都是发生在个人层面，组织层面的社会影响依然存在。医疗机构在治疗感冒中采用抗生素的指标，会受到其他机构使用数量的影响（Kwon 和 Jun，2015）。企业制定财务决策，受处在同一个行业中的其他公司的财务政策影响，特别是在同行业其他公司财务执行得很成功的情况下，影响作用更大（Leary 和 Roberts，2014）。

（三）社会影响的测度

社会影响的测度就是测量一个节点可以影响他人的社会影响力的大小，一个人对其他人的态度、观点和行为影响的程度越大，那么这个人的社会影响力就越大。社会影响的测度非常重要，因为通过测度可以将社会影响力应用到实践活动中。所以，对于社会影响测度方面的研究获得了大量研究人员的重视，也是当前研究的热点。当前关于社会影响力的测量方法主要包括三类：基于用户交互信息的方法、基于用户行为的方法以及基于网络拓扑的方法。

基于用户交互信息的方法主要测度信息内容的传播范围和时间。在有关 Twitter 的两项研究中：Bakshy 等人（2011）通过信息扩散的树结构来计算用户的社会影响力，Romero 等人（2011）通过分析流行标签在传播范围和时间上的特点来计算用户的社会影响力。同时，有学者观察到用户的影响力随时间递减（Kempe 等，2005）。也有学者把话题作为影响力度量的指标来挖掘用户的社会影响力，提高了测量的准确性。为了分析用户的社会影响力，Tang 等人（2009）提出了一种在同质和异质网络环境下都适用的话题因子图 TFG 模型，该模型统一包含与话题影响力分析相关的信息。在此基础上，Liu 等人（2012）借鉴 Tang 等人（2009）的观点对基于话题的社交影响力进行应用研究。同时，Weng 等人（2010）首先应用文本分析方法从用户生成信息中提取话题，然后计算话题相似度，并与网络结构指标相互组合度量用户的社会影响力。综合来看，基于用户交互信息的方法对数据量的要求巨大，使得基于用户交互信息的方法的实际操作效率不高，同时还忽略了其他影响用户社会影响能力的指标，如自身属性。

基于用户行为的方法主要考虑用户在网站中的转发、交友、评论等参与行为（Yang 和 Leskovec，2010）。假设一个人的行为引起了某一团体中许多人的关注和模仿行为，那么这个人在该团体中具有较大的影响力。例如，利用用户创建网络日志行为的传播频率指标（Goyal 等，2010），利用用户的交友行为构建图模型 NTT-FGM 来预测（Tan 等，2010）。还有学者结合其他方法，采用几个方面的指标，结合用户的转发行为来度量用户的社会影响力（Cha 等，2010）。国内学者毛佳昕等人（2014）也同样结合网络结构和用户行为两个方面的信息度量了用户的社会影响力。综合来看，基于用户行为的方法的缺点是关于用户行为的数据往往涉及用户隐私，数据较难获取。

基于网络拓扑的方法对社会影响力的测度直接且简单，测量效果与基于用户交互信息的方法、基于用户行为的方法相比也可以令人接受。该类方法考察最多的指标是节点度（Freeman，1978）、节点间最短路径（Newman，2005）、网络结构相似性以及网络可达性等，这些指标都在一定程度上反映了节点的社会影响力。节点间最短路径具体又包括介数中心度和紧密中心度两种方式，紧密中心度主要用来测量节点对他人的间接影响力

(Sporns, 2013), 介数中心度主要用来测量用户在信息传播中的影响力（Jeh 和 Widom, 2002）。SimRank 算法是用来计算结构相似性的方法，该算法通过构建二部图，能根据对象与其他对象的关系来测量结构相似性，适用于任何拥有对象到对象关系的领域（Tang 等，2008）。值得补充的是，也有学者使用用户属性相似性，比如性别、年龄、学历等（Bonacich, 2007）。最后，基于网络可达性的方法的基本原理是节点的影响力与它周围节点的影响力密切相关，通常采用随机游走的基本思想，包括特征向量中心度（Katz, 1953）、Katz 中心度（Page 等，1999）以及 PageRank（Kim 等，2013）算法。基于网络拓扑的方法的优点是操作简单，应用性强；缺点是该类方法忽略了节点本身及用户间交互程度的差异。

上　篇

顾客参与管理

第三章

社会影响视角下在线品牌社区顾客参与行为形成机制

一、研究问题描述

在线品牌社区的价值主要体现在为社区用户提供所需要的信息和知识，从而获得持续的流量和顾客参与。对于在线社区来说，其顾客参与的程度和规模都不尽相同，有的社区网站拥有较大的用户规模和较高的用户参与的积极性，如星巴克社区；而有的社区网站顾客参与不足，顾客不愿意在社区中贡献信息或者知识。据美国市场研究公司 Forrester Research 的统计数字，65%的在线社区在 1 年内会消亡。顾客参与不足已成为困扰大部分在线社区管理的最大问题。企业在运营在线品牌社区时，既要投入一定的人力、物力，也要投入不少的资金，所以在线品牌社区运营成功与否对企业来说尤为关键。因此，在线品牌社区的管理人员需要深入分析顾客参与行为的过程与产生机制，从而才能采取有效的管理措施提升用户的参与度和忠诚度，提高在线品牌社区的自身价值。现有的研究通常基于信任和社会认知理论，或者采用技术采纳模型关注单个用户，对在线品牌社区中的用户的参与意愿进行分析（Koh 等，2007；Hsu 等，2007；Ridings，Gefen 和 Arinze，2002；Hsu 和 Lu，2007），这些研究发现，感知有用性、感知易用性和信任等因素能够影响顾客参与社区的意愿。然而，在线品牌社区是由对该品牌有共同兴趣的成员所组成的，其中单一成员的参与意愿同样会受到与成员以及整个社区相关的因素的影响。因此，在研究顾客参与行为时，需要将这些社区作为一个整体来考虑，探索社区整体对单一用户的影响。本章关注的研究问题包括两个方面：一个是有哪些外界因素影响着顾客参与意愿的形成和改变？另一个是其影响的过程是怎样的？

二、理论基础

（一）社会影响理论

学者们从不同的角度对社会影响进行了研究，也根据各自的研究内容和研究目的对社会影响这一概念进行了界定，主要包括类别、过程、网络等视角。

哈佛大学的社会心理学教授 Kelman 从类别的角度界定了社会影响的过程，认为社会影响并不是没有区别的，其过程主要包括顺从、认同和内化三者的作用机制，并认为个人行为态度的改变是通过这三种机制来实现的（Kelman，1958）。这一观点在社会影响理论中有着深远的影响，至今众多中外学者都依旧沿用这一观点，并应用这三种社会影响机制进行学术研究。例如，中国学者黄彦婷等人（2013）在 Kelman 理论的基础上，基于社会影响理论构建了知识共享意愿形成过程的模型，通过问卷调查法研究发现，互惠关系通过认同机制促进了知识共享意愿的形成，组织信任文化通过内化机制显著影响了知识共享意愿，而物质奖励通过顺从机制影响知识共享意愿产生的结果不显著。1981年，Latané（1981）深化了社会影响理论，并在他的研究中，将社会影响定义为存在于人类生活中的一种常见的社会心理现象。他认为无论是人还是动物，他们的行为、情感甚至是思想都会或多或少地受到他人的影响并发生改变。

在接下来几十年的发展中，虽然社会影响理论被不断地发展和深化，但是对于社会影响这一概念的界定却逐渐趋于一致。Hsu和Lu（2004）在其研究中，将社会影响定义为社会外部因素对个体行为的影响，并表示社会影响有两种不同的存在方式，即社会规范（social norms）和从众（critical mass）。这一观点为Lin和Lu（2015）所认同并在其研究中引用，他们表示社会影响理论可以被广泛地用来解释人的行为，他人的态度和观点在一定程度上可以影响个人的决策。黄彦婷等人（2013）虽然在研究中应用的是最早由Kelman提出的社会影响理论，但他们对于社会影响这一概念的界定却与其他众多国内外学者在本质上保持着基本一致。在其研究中，他们将社会影响定义为个体或社会环境的外在作用对个体行为的导向作用，认为社会影响是指在某种特定方向上对个体的思想、行为、态度等方面产生影响。

综上所述我们可以发现，众多国内外学者在对社会影响这一概念进行界定时，都强调了社会外部因素或外界作用对于个体的影响，这种外部因素可能来自个人层面也可能来自组织层面，而对于个体而言，这种影响则可能体现在方方面面。基于对上述国内外学者观点的整理与总结，本书引用中国学者黄彦婷等人（2013）给出的定义，认为社会影响是指个体或社会环境的外在作用对个体行为的导向作用，指在某种特定方向上对个体的思想、行为、态度等方面产生影响。

为了在本章研究中建立相关假设，以通过在在线品牌社区中应用社会影响理论去构建顾客参与行为的产生模型。该部分首先阐述社会影响理论的核心概念与基本框架内容，在线品牌社区顾客参与行为的产生机制正是建立在社会影响理论的基础之上的。

社会影响理论（Social Influence Theory）的基本框架可解释意见形成前与意见改变前的内在原因的相关变量。该理论假设如下：不同行为的产生原因是人们身处不同的情景，也会有不同的动机质性特征。Kelman（1958）提出了社会影响的三种过程机制：顺从（Compliance）、认同（Identification）、内化（Internalization），并认为个体行为态度的改变是通过这三种过程来实现的。需要注意的是，这三种过程代表三种单独的影响方式，没有发展递进的关系，并不存在某种方式比另外一种方式更“高阶的情况”，个体会在这几种方式之间变动。只有清楚了用户接受的影响方式，才有可能真正掌握他们的行为规律。图 3-1 展示了 Kelman 提出的社会影响模型。具体来说，顺从过程中个体接受影响采取某种行为，是发生在个体希望获得他人或团体的称赞的时候。这意味着个体采取某种行为不是因为他相信这个行为的内容，而是因为他希望通过顺从获得奖励或者支持，或者避免惩罚或不支持。因此，顺从过程的满意是由于接受影响的社会效应。认同过程中个体接受影响采取某种行为，是为了建立和维持与他人或者社会之间令人满意的关系。认同机制作用下的接受所产生的影响是建立或维持社交关系的一种重要途径。实际上，认同过程依然是做符合满意关系的行为，而不是采取自己内生的态度或行为。内化过程发生于个体的价值观或目标与他人或群体的目标一致的情况下，个体接受影响而采取某种行为。内化发生的条件有多种形式：一是行为主体认同行为本身的内容，因为其不违背行为主体之前的价值观，二是行为对于当前问题的解决有所助益，三是个人价值的最大化。

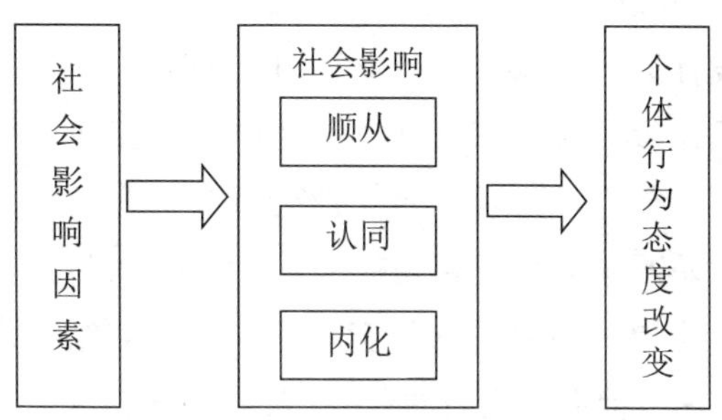

图 3-1　Kelman 提出的社会影响模型

（二）在线品牌社区顾客参与行为

本节首先对研究问题进行理论层面的分析，以阐释本研究对两个研究问题提出的逻辑推演过程。首先，对以往学者在在线品牌社区顾客参与行为方面的研究成果进行汇总分析，分析出本研究将社会影响理论引入在线品牌社区顾客参与行为研究的必要性和可行性。其次，由于当前关于在线品牌社区顾客参与行为的研究成果多集中于动机分析，涉及用户个体层面的动机因素如何影响顾客参与社区的意愿或行为；这为本研究提取出适用于在线品牌社区平台的用户动机因素，并将个体动机需求与社交因素结合，去探究社会影响下顾客参与行为的相关研究提供了理论支持。最后，在线品牌社区中用户的地位有所差别，其具有的社会影响力也是不同的，有一些学者对虚拟社区中用户的分类进行了关注，并对不同类型用户的特点进行了分析，这也为本研究提供了一定的理论支撑价值。因此，接下来我们就从这三个方面对社会影响下在线品牌社区顾客参与行为进行分析。

1. 以往学者对在线品牌社区顾客参与行为的刻画

专门针对在线品牌社区顾客参与行为的研究不多，大部分都是从在线社区顾客参与模型上延伸过来的，因此该部分对涉及在线社区的经典顾客参与行为模型进行汇总分析。

在在线社区顾客参与行为研究中，Dholakia 等（2009）以在线社区顾客参与为研究目标，从个体及社交两个层面进行分析，并把顾客参与作为有策划的社会行为进行研究，运用目标导向行为解释顾客参与。相关研究认为，社区参与的主要因素为，个体有效参与的感知及状态，组织层面的组内信任、社会认同、内在化。他们在之后的研究中，通过引入感知价值变量，拓展了先前研究的理论框架，以用户影响力和用户感知价值为基础，着重研究消费者参与在线社区的相关决策和参与行为。总体研究变量有三个组成部分，研究以用户感知价值为自变量，其自变量包括以下几个方面，分别是目的性价值：由预期的实现而得到的价值；自我发现：通过社交活动发现自己未曾注意的特征特质，或借助社交建立与他人的长期联系，并借此得到友情、社交认可等利益；社会强化：这种价值体现在通过知识贡献或帮助社区建设而获得他人的接受和认可；娱乐价值：通过游戏或社交给他带来的放松或享受。该研究模型的中介变量包括团体规范、社会认同、相互协商和相互妥协。Dholakia 等认为用户出于某种或多种动机意图登录在线社区，他们的态度和行为受到社会性影响变量的作用发生变化，从而影响了用户在在线社区中的参与程度。该研究的理论模型如图3-2所示。

学者 Nambisanh 和 Baron（2010）选择在线品牌论坛，对顾客贡献行为的产生机理进行了建模分析并得到以下结论，产品设计者会利用在线社区中用户的参与及信息的交互进行产品更新或新产品创造，据此，他们将用户的贡献行为进行分类，一是用户对社区的贡献作用，即产品支持；二是用户对公司的贡献作用，即产品设计。模型中社会认同作为调节变量，最终得到了顾客环境对在线社区建设的作用机制。研究模型如图3-3 所示。从研究结果来看，公司贡献受自我形象提升预期，与公司的伙伴感以及专业知识提升预期的显著影响，公司的认同感调节了公司的伙伴感和自我形象提升预期对公司贡献的作用关系。

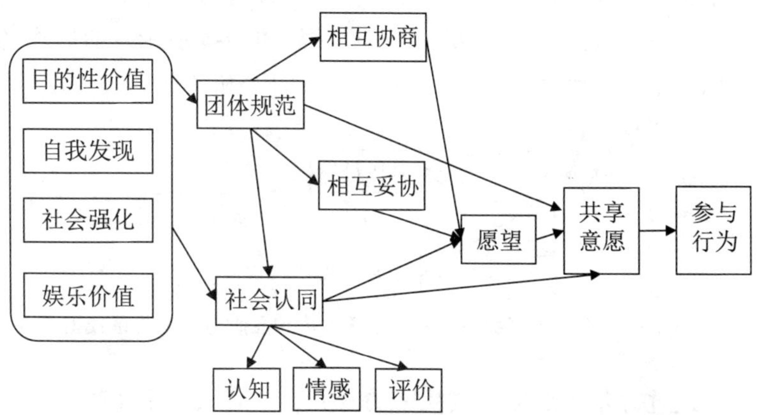

图 3-2　Dholakia 等提出的在线社区顾客参与的社会影响模型

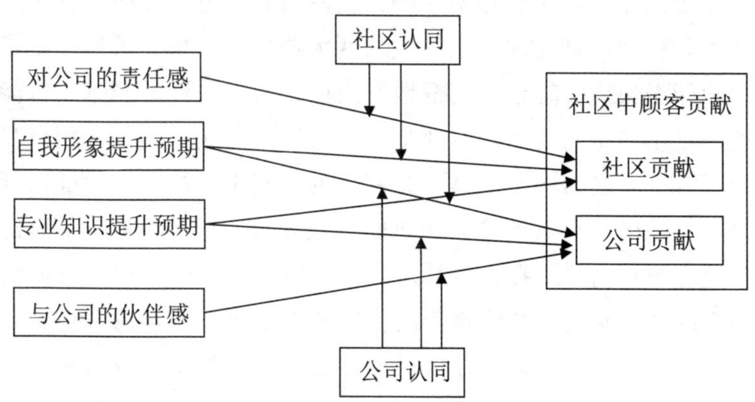

图 3-3　在线品牌社区中顾客贡献模型

近年来，为了提供能够满足消费者需求的产品和服务，更多的商家采取与消费者共建社区网络，双方的交流互动更加有助于了解顾客。所以，品牌忠诚和顾客参与成为当下学者研究的重点领域。Casaló，Flavián 和 Guinalíu（2010）构建了在线社区关系质量、社区推广和品牌忠诚度相互关系的模型，模型提出了社区认同在以满意度、社区推广、顾客参与为中介变量的作用下对忠诚度产生的影响的假设，如图 3-4 所示。随后作者使用一个计算机软件公司的社区进行实证分析验证了以上假设。

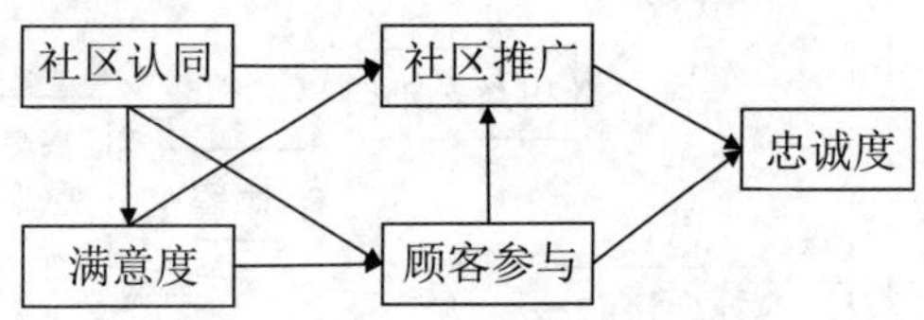

图 3-4　在线社区关系质量、社区推广和品牌忠诚度关系模型

通过对非交易类在线社区的研究，学者 Lin 等（2007）以在线知识社区为研究对象，构建了网络知识社区成功模型，如图 3-5 所示。这一模型对于测评更具有针对性。该研究认为可用性和社交性是在线知识社区的两大原则。其中，可用性是指用户能否快捷、轻松、流畅地使用该平台，平台的技术支持能否满足用户使用要求；而社交性是指用户与用户之间、用户与社区管理者之间的交流是不是有效的。其中，社区监管社区管理者对社区的运营制度、用户的管理规范、指导性政策等。比如监督规范用户不在在线社区发表过激言论。所以研究者们支持在线社区制定一些管理制度，这样可以更有效地营造社区的健康交流的氛围，以便在成员遵守规定的前提下广开言路。另外，当网站的操作界面更加便捷，系统更加流畅、操作更为高效时，用户更愿意分享信息，因此为用户提供技术保障是在线社区运营者的责任，这有助于一个在线社区的成功建设。用户操作手感好，也会对社区产生好感，进而通过满意度的作用使用户产生虚拟社区感，进而提高用户的贡献质量。作者通过实证研究表明，促进用户互动的因素多数假设得到验证，只有技术原因未通过验证。

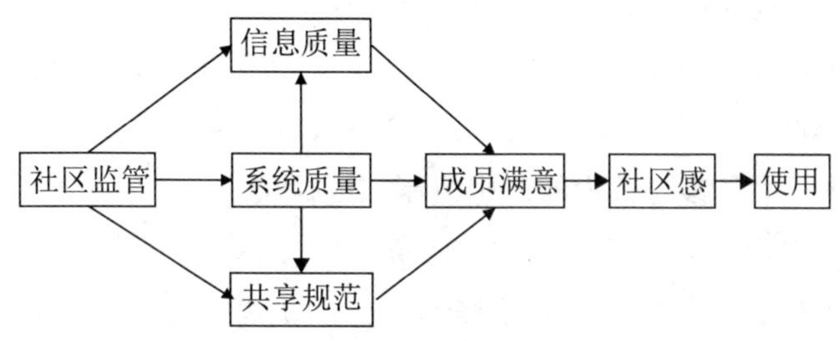

图 3-5　网络知识社区成功模型

国内学者王凤艳、艾时钟和厉敏（2011）在非交易类网络平台的背景下将感知质量、感知价值、满意度及信任、忠诚度作为考量指标，研究互相作用关系。作者们利用 Fan 等学者的感知价值界定，利用问卷调查法，分别收取校内网和开心网用户的调查问卷进行实证分析，研究结果显示，感知质量分别直接作用于感知价值、满意度、信任三个变量，而且通过这三者的中介作用最后对用户的忠诚度产生影响。理论模型如图 3-6 所示。

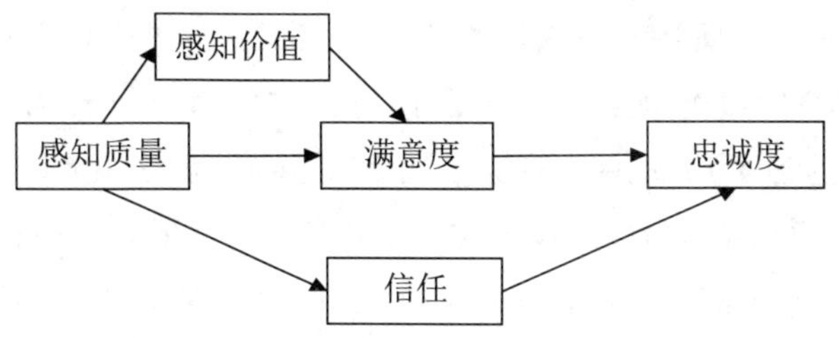

图 3-6　基于非交易类在线社区的用户忠诚度产生模型

综上可以看出，以上这些模型均没有从本质上揭示在线品牌社区中顾客参与行为的产生机制。Dholakia 等（2009）所建立的基于参与动机的顾客参与模型，既考虑了个人因素，也考虑了社会关系因素，较为全面地考察了用户在社区中的行为方式。但是他们对社会关系的考量仅关注了社会认同和团体规范，忽略了主观规范的过程；此外，他们的研究对于消费者参与社区中的品牌动机因素也并没有涉及。因此，本书借鉴 Dholakia 等（2009）的研究思路，引入社会过程的框架，进一步对在线品牌社区顾客参与行为的产生机制加以探索。

2. 在线品牌社区顾客参与的动机需求分析

对于在线品牌社区中顾客参与的动机需求分析，我们首先来回顾一些经典的动机理论。对于动机的定义必须首先明确，动机是指有机体自己的内在需求，这种内在需求需要与外部诱因相配合，从而形成有机体行为产生的内在动力（Zagzebski，2016）。也就是说动机是可以使个体产生某种行为的内在动力，所以动机的概念通常跟社会学中对行为的解释研究联系在一起。动机理论应用广泛，研究者认为人无论产生什么行为，都是出于某种目的，这种动机既有可能是成本收益的权衡，也有可能是对社会或自身的认知。动机理论中被学术界广为接受的、最为经典的理论包括以下三个。

第一，马斯洛的需求层次理论（Maslow，2015）是由学者马斯洛在 1943 年提出的，该理论将人类的需求分解为多种层次，而且各个层次逐步递进，分别是生理需要（physiological needs）、安全需要（safety needs）、社交需要（love and belonging needs）、尊重需要（esteem needs）和自我实现需要（self-actualization needs）。因此，人们行为的产生就是基于自身需要满足某种需求，当用户的能力可以较容易地实现某一需求，他就会自然而然地追求更高层次的需求。

第二，双因素理论是由学者 Frederick Herzberg 于 1959 年提出的，该理论在学术界也被称为激励保健理论。该理论认为人们的动机因素有两种：激励因素和保健因素。激励因素可以提高人们采取某种行为的积极性，而保健因素只能消除某些消极情绪，但不会带来满意感。该理论否定了传统理论认为人们对某一事物满意则会产生积极情绪，反之则产生消极情绪的观点。这一理论认为满意与不满意并不是绝对的对立，非黑即白的关系，两种情绪的产生与影响因子有关，这两种情绪的影响因子即激励因子和保健因子。保健因子只能消除不满意的情绪，而具备保健因子时并不一定会调动人们的满意情绪，只有那些激励因子的产生才能调动人们的积极性（Smith 和 Shields，2013）。

第三，成就需求理论是由学者 David Meclelland 于 20 世纪 50 年代通过对人的需求和动机不断研究而创建出来的，又称为三种需要理论。该理论认为，在生存需要得到基本满足的基础上，人类最主要的需要包括三种：成就需求、权力需求与亲和需求，这三种需求是平行的，但是在人们需求结构中是有主次的，而且不同的人主需求不同，在人的主需求得到满足后，还会寻求更大的满足，也就是说拥有权力需求的人得到满足后更追求权力（Javalgi 和 Grossman，2016）。由于该学者指出成就需求的高低对人的发展潜力特别重要，所以该理论就被称为成就需求理论。其中成就需求是针对自身提出的一些目标愿景，并想着力完成的内在欲望。亲和需求是指与人为善，获得良好社交的需求。人类所有行为的产生都出自个人的某种动机，因此，将动机理论用于分析在线品牌社区的顾客参与行为非常具有价值，有助于揭示成员参与行为后的内在原因。

三、假设提出与理论模型构建

（一）个体动机因素的直接影响效应

在线社区的成功运营取决于其对社区成员需求的准确把握（Wang 和 Fesenmaier，2006）。Aksoy 等（2013）在总结前人研究的基础上，将顾客参与在线品牌社区的动机因素划分为品牌相关动机、功能性动机和社会动机三大类，具体因素包括品牌识别需求、功能性需求、社会交往需求和自我发现需求等。本研究沿用他们的分类观点，来研究个体动机因素对在线品牌社区顾客参与意愿的影响作用。

品牌识别需求（Brand Identity）是指成员通过与品牌联系而获得自我表达的效益（Hughes 和 Ahearne，2010）。品牌识别需求是一个社会化的构念，包括个人识别需求与社会识别需求。其中个人识别需求是指品牌个性与消费者自我形象的契合程度，而社会识别需求是指品牌向他人或社会展现自我身份以凸显隶属特定群体的程度（Belen Del Rio，Vazquez 和 Iglesias，2001）。因此，品牌识别包含三个要素：一是自我品牌联想，主要是指用户个体与品牌的相似性，用户的自我个性与品牌个性的形似将更加容易导致用户产生积极的品牌联想，从而形成自我品牌联结（Self-brand Connection）；二是构建自我概念，通过与品牌的联系构建消费者的自我概念；三是自我形象比较，通过比较确定自我形象展现的社会地位（Chaplin 和 John，2007）。当某种品牌的形象是时尚的、科技的、商务的，或成熟稳重的，成员用户更加倾向于符合自身形象的品牌，从而进一步建立自我品牌联结。因此，用户对该品牌的购买、使用和口碑传播行为也是一种自我形象的塑造过程，消费者的品牌识别需求增强了他与品牌联系的紧密性，进而促进了他对品牌的热情和对自我形象的展示。

Algesheimer，Dholakia 和 Herrmann（2005）以欧洲一家汽车俱乐部为例研究发现，顾客对品牌的认可对其加入俱乐部具有积极的作用，顾客在与俱乐部其他成员进行互动与合作中表现出较高的内在动机。本书推断，顾客与品牌之间联系的紧密性会驱动顾客主动寻找与他具有相似意向的消费者，分享他们对某种品牌的热情，在线品牌社区上的用户正好满足这个特征，因此顾客对自身品牌识别的需求促使他们加入在线品牌社区，并与社区中同样对该品牌具有热情的成员进行交流。此外，顾客参与品牌社区可能是因为品牌识别中的象征性功能，例如使用 Apple 品牌的产品，可以给顾客树立时尚和较高的社会地位的形象。基于品牌识别需求，顾客会更加主动地加入在线品牌社区（De Chernatony 等，2008）。由此提出假设：

H1：品牌识别需求正向影响在线品牌社区用户的参与意愿。

功能性需求（Functional Purpose）是指成员从在线品牌社区所得到的直接的、信息性的支持（Dholakia 等，2009）。例如，是否进行购买，什么产品被推荐了和为什么，产生问题的可能原因、可能的解决方法，产品使用建议，等等。功能性需求又包括信息性需求和工具性需求两个方面，信息性需求主要包含知识与信息的获取和分享，而工具性需求主要是指成员通过持续性的互动交流，达到解决问题、产生新想法等目的，同时影响其他成员对品牌的态度和观点，完善购买决策（Hars 和 Ou，2001；Mckenna 和 Bargh，1999）。在在线品牌社区中，有非常多的关于品牌、产品和消费评价的信息，这些信息由众多具有产品使用经验或对品牌有热情的消费者贡献，且实时更新。因此，如果有购买意向的顾客加入在线品牌社区中，就可以很便利地获取到关于品牌或产品的非常全面的信息，而且信息的可靠性也有保障（Muniz 和 O'guinn，2001），这帮助顾客降低了购买决策制定过程中的不确定性风险（Adjei，Noble 和 Noble，2010；Weiss，Lurie 和 Macinnis，2008）。Forrester-Jones 等（2006）的研究发现，50%的虚拟社区成员会考虑他们社区伙伴的意见，33%的人承认这些观点影响他们的购买决策。此外，顾客在在线品牌社区中搜寻信息和解决问题的过程中，可以更加了解产品的专业知识和使用经验，进一步增强自身对品牌或产品的信任感，提升其参与品牌社区的热情和动力（Adjei，Noble 和 Noble，2010；Mattila 和 Wirtz，2002），进一步促进顾客在在线品牌社区中进行互动和信息分享。因此，本研究提出假设：

H2：功能性需求正向影响在线品牌社区用户的参与意愿。

社会交往需求（Social Communication）是指成员在社交利益的驱动下，通过与他人建立、维持联系以驱散孤独；或与想法相似的人接触和交流，从而得到社会支持（Leung 和 Yee-Kwong Chan，2003）。目前已有的研究表明社会成员通常通过与其他成员的交流互动和合作等方式来增强网络关系资本，从而得到和增加社会关系维持的价值，并且同样能够促进社区成员在社区中提供信息知识的行为（孙康和杜荣，2010）。除此之外，一些社区成员通常以结交好友和得到社会支持为目的，这些成员具有较强的情感和依附倾向，在这种情况下，这些成员会更加积极地建立和维持社会网络，从而增强社区的互动交流（姜洪涛、邵兵家和许博，2008；Michael 和 Cornell，1998）。因此，用户对关系维持的感知能够积极地促进用户的参与程度，由此本书提出假设：

H3：社会交往需求正向影响在线品牌社区用户的参与意愿。

自我发现需求（Self-discovery）指的是用户通过社会互动来达到理解和深化自我的目的。其一方面是通过与其他社区成员的交流来得到社会资源，促进未来自我目标的实现（Mckenna和Bargh，1999）；另一方面是通过互动帮助个体形成、明确界定和表达自己的喜好、口味和价值观。顾客为了找到更适合自己的产品，会确认自我对于产品或服务的认知是不是正确的、适合自己的，通过参与在线品牌社区可以更好地帮助顾客形成、调整自己的选择计划，找到更适合自我特性的商品。基于此，提出如下假设：

H4：自我发现需求正向影响在线品牌社区用户的参与意愿。

（二）中介效应

本研究认为社会影响在个体动机因素与在线品牌社区顾客参与意愿之间起中介作用。根据Aksoy等（2013）关于个体动机因素的观点，个体参与在线品牌社区主要来自品牌识别需求、功能性需求、社会交往需求、自我发现需求几个方面。尽管学者已经发现了个体动机因素可以提升顾客参与社区的意愿，但是个体动机因素是通过什么样的过程促进了顾客参与意愿的形成，还没有得到充分的解释。社会影响的过程理论为解释在线品牌社区中顾客参与意愿的形成过程提供了系统性的视角。社会影响理论认为，个体态度或行为的改变受到三种过程的影响，分别为服从、认同、内化过程。本研究拟基于社会影响理论来解释在线品牌社区中顾客参与意愿的产生过程。

本研究将社会影响定义为个人或社会环境的外在作用在特定方向上引起个体的思想、态度和行为的改变（黄彦婷等，

2013）。社会影响的三个过程展现了个体接受影响的不同途径，本书认为现实中的人是理性的，在综合各方面信息分析自身行为的意义的前提下才会作出该行为，因此处在不同动机因素的前提下，个体会通过相对合适的途径接受社会影响，产生一定的行为意图，进而采取相应的行为。

1. 主观规范的中介作用

社会影响的服从过程一般通过主观规范（subjective norm）这一构念来体现（Schepers 和 Wetzels，2007），主观规范反映了个体对于是否采取某项特定行为所感受到的社会压力，亦即在预测他人的行为时，那些对个体的行为决策具有影响力的个人或团体（salient individuals or groups）对于个体是否采取某项特定行为所发挥的影响作用大小（Rhodes 和 Courneya，2003）。拥有品牌识别需求的个体可能会从两个方面感受到社会压力（Muntinga，Moorman 和 Smit，2011）。首先，如果个体的朋友对某品牌表现出特别推崇和喜爱，个体会感受到来自朋友的社会压力，而选择与朋友保持一致的品牌偏好。例如，当面对朋友对该品牌的推荐时，个体可能会为了获得朋友的关注或者更好地维护彼此之间的亲密关系，而积极了解该品牌的信息，使用该品牌的产品，不断增加自身在该品牌的时间投入、情感投入或者物质投入等，从而进一步提升个体参与在线品牌社区的意愿。其次，品牌识别需求包含了个体对品牌所展现的社会地位的重视，当品牌反映了个体的经济收入水平或者社会地位的时候，个体会因为外在环境中其他人对其社会地位的期望，而成为该品牌社区的注册会员（Muntinga，Moorman 和 Smit，2011）。为了维持与该品牌的紧密联系，个体会通过与在线品牌社区中其他对该品牌感兴趣的用户的互动交流，分享关于该品牌的相关促销信息，新产品发布和产品使用经验，等等。因此，拥有品牌识别需求动机的个体会通过主观规范作用到在线品牌社区顾客参与意愿上，由此提出假设：

H5：品牌识别需求通过主观规范正向影响在线品牌社区顾客参与意愿。

2. 社会认可的中介作用

社会影响的认同过程通过社会认可（social identity）这一构念来反映的。社会认可是指成员个体对于自身是否以及多大程度上符合社区团体的特征的认知，表明个体对社区团体的认同，个体是属于社区团体的，其会将自己看作是社区团体的一员。同样，社会认可是一种心理状态，社区中的成员不是分离的个体，而是作为一个整体来存在的（Abrams 和 Hogg，1988）。其主要包含三个维度：认知维（cognitive）、情感维（affective）和评价维（evaluative）。认知维主要是指个体成员能够认识到自己是社区整体中的一员的程度。社区成员个体通过与其他成员比较相似之处，来发现并且形成对自己在社区中的资格的认识（Ashforth 和 Mael，1989；Tumer，1985）。情感维主要是指个体成员归属于社区整体的情感状态，表现为个体成员在所在社区中的情感投入（如依附感和归属感等）。这个维度的社会认可有助于社区成员的忠诚度的建立。在营销领域，情感维的社会认可有助于解释消费者愿意与企业保持忠诚关系（Bhattacharya 和 Sen，2003）。评价维的社会认可是指用户对自己在团体中价值的评估，体现了个体形象在团体中的正面或负面的评价。

首先，本研究认为个体的品牌识别需求通过社会认可正向影响在线品牌社区顾客参与意愿。个体的品牌识别需求表现了用户自我个性和价值观等方面和对品牌形象感知的一致性的程度。如果用户和品牌产生了密切的联系，用户就会产生自我形象与品牌形象的匹配加工过程。在本研究中，社会认可是指成员对在线品牌社区的认同感，成员将自己视作社区中不可或缺的一员。社会认可的认知、情感和评价三个维度，揭示了成员愿意与群体保持持续关系的原因。其一，对品牌的喜好是社区成员关系形成的基础，品牌就像一种类似古代氏族成员区别彼此的图腾，是本社区成员作为一个群体区别于其他群体的标志。个体的品牌识别需求促使其形成了自身在在线品牌社区中的成员意识，在该社区中的成员具有共同的基于品牌的身份特征，而个体与不在此社区中的成员较难产生这种一致性的身份认知。Blanchard 和 Markus（2002）发现，当社区成员拥有共同的特征，或者对某一事物有共同的喜好时，社区成员就更容易对社区产生认同感。在这种情况下，在在线品牌社区中，用户就会将自身归类到该品牌下，融入品牌群体中，同时，用户也会把自身与其他品牌的群体区别开，进而从认知维度上提升对该品牌社区的社会认可。因为社区成员对同一品牌识别需求的共性，促使他们更愿意加深彼此的了解，从消费层次的分享品牌或产品的使用经验、购买体验、专业知识，到个人身份层次的分享兴趣爱好、日常生活等，进而提升其参与品牌社区的意愿。其二，对于在线品牌社区中的成员而言，他们对于品牌具有很强的集体情感和归属感。个人感知自身和品牌的共同之处越多，对品牌识别需求越强烈，社区成员越能感受到彼此之间的亲密关系和依赖关系，促进了成员在情感维上社会认可的产生。与认知维上的社会认可体现成员之间的共性不同，情感维的社会认可体现了成员在社区中的关系维系、情感融入（Morgan 和 Hunt，1994；Algesheimer，Dholakia 和 Herrmann，2005）。拥有情感维的社会认可的成员能够影响虚拟社区中的其他成员的行为，进而影响整个社区团体，同时虚拟社区中的成员通过社区的聚集性来满足自身的需求（Mcmillan 和 Chavis，1986）。因此，他们愿意花费更多的时间去参与社区的活动，而由此形成的义务感会更加促使社区成员为社区作出更多的贡献（如积极发帖、回帖和参与社区活动）。同样这样一种情感上的归属感，也使得成员对其他成员更加关心，从而建立一种朋友式的亲密关系。已有的研究表明，社区成员对社区的认同感会影响社区成员的参与和贡献程度，认同感越强，社区成员就越愿意参与社区，为社区作出贡献（Hars 和 Ou，2001）。除此之外，对虚拟社区的认同感能够正向影响社区中知识的共享程度（Chiu，Hsu 和 Wang，2006）。而同样有研究证实，社区的认同感能够影响博客用户的参与意愿（Hsu 和 Lin，2008）。而评价维的社会认可反映了社区用户对自身在在线品牌社区中的价值的评估，体现了个体形象在社区中的正面或负面的评价。个体的品牌识别需求使其加入在线品牌社区，为了在社区中获得良好的正面评价，成员会积极地活跃在在线品牌社区中，通过发帖、回帖、参加社区活动等，帮助和影响社区中的其他成员，维护自己在社区中存在的价值。基于以上分析，本书提出如下假设：

H6：品牌识别需求通过社会认可正向影响在线品牌社区顾客参与意愿。

H6a：品牌识别需求通过认知维的社会认可正向影响在线品牌社区顾客参与意愿。

H6b：品牌识别需求通过情感维的社会认可正向影响在线品牌社区顾客参与意愿。

H6c：品牌识别需求通过评价维的社会认可正向影响在线品

牌社区顾客参与意愿。

其次，本研究认为个体的功能性需求通过社会认可正向影响在线品牌社区顾客参与意愿。前文提到个体的功能性需求包括信息性需求和工具性需求。信息性需求是在在线品牌社区中获取或分享有价值的信息，如产品的质量、保修情况、性价比等；工具性需求是成员将在线品牌社区作为完成某项任务的工具，通过在社区中的互动交流，解决某种问题。当拥有功能性需求的成员感知到在线品牌社区具有较强的实用性和易用性，就会倾向于更多地在社区中寻求有价值的信息、与社区成员讨论产品使用中的各种问题和发布新奇的想法，等等。在在线品牌社区中，有大量的拥有相似品牌或者产品使用经验的用户，这种共性的特点可以帮助消费者在社区中快捷便利地获取到准确、可靠的信息来源，从而提升了其对在线品牌社区在认知维上的社会认可。进一步，消费者行为理论认为消费者的购买过程由五个阶段构成：问题认识、相关信息搜集、不同方案评估、购买决策和购买后的评价，消费者在每个阶段都需要花费一定的时间。例如，在问题认识和相关信息搜集阶段，消费者在社区中询问和交流其他成员对该产品的评价；在不同方案评估和购买决策阶段发帖求助同一品牌下多种型号产品哪个更适合自己；在购买后的评价阶段交流产品使用过程中的问题、发现小窍门等。因此，拥有功能性需求的消费者对在线品牌社区产生认可之后，可以在产品消费相关的任何环节随时在社区中获取、分享有价值的信息，以及解决某些问题，进而提升了其参与社区的意愿。

同时，本研究认为功能性需求仅通过认知维的社会认可提升在线品牌社区用户的参与意愿；在情感维和评价维的社会认可方面，不存在显著影响。这是因为拥有功能性需求的用户加入在线品牌社区是为了有价值的信息，以及将社区作为一种工具来解决其遇到的问题。因此，功能性需求的用户一般不会对社区产生情感上的依附感，他们加入社区的目的非常明确，当其功能性目的达到时，他们通常不会与在线品牌社区的其他成员建立亲密的关系，也不会维护自己在社区中的形象去获得别人的认可和赞扬（徐光等，2016）。然而，本书认为认知维的社会认可反映了用户自己与社区中其他成员的相似程度，拥有功能性需求的用户与在线品牌社区中的其他成员一样都对该品牌是喜爱的、追随的；因此，功能性需求的用户感知到自身与社区中其他用户的契合程度是比较高的，提供了其产生认知维社会认可的可能性。

综合以上的所有分析，本书认为认知维的社会认可在功能性需求对在线品牌社区顾客参与意愿中起到中介作用，并提出如下假设：

H7：功能性需求通过认知维的社会认可正向影响在线品牌社区顾客参与意愿。

再次，本研究认为个体的社会交往需求通过社会认可正向影响在线品牌社区顾客参与意愿。社会交往需求指的是在社交利益的驱动下，社区个体通过与其他社区成员建立和维持关系，来获取友谊和社会支持。拥有社会交往需求的成员，乐于积极寻找与自己具有相似特征的其他人进行交流，当他们加入在线品牌社区中会遇到众多与自己一样对该品牌喜爱和推崇的成员，这种共性促使拥有社会交往需求的人更加活跃于与其他成员建立关系，获得虚拟世界中的好友关系，满足自身对社会交往的心理需要，从而表现出社区中的积极参与行为。同时，拥有社会交往需求的成员一旦在社区中通过社交功能版块建立起友谊关系之后，就会在情感上依赖社区，因为这里有他寻找的社交伙伴，这种情感上的依赖感和归属感，促进该成员在社区中持续地关注他们的好友的动态，主动关心好友，也会主动与好友分享自己的日常生活，排解孤独寂寞的感觉。在线品牌社区中建立起的社交关系与微博或 Facebook 等常见社交网络平台上建立的好友关系并无区别，已经脱离了仅交流品牌和产品方面的内容范围，是对社区成员在情感上的认可和信任，这种情感上对社区成员群体的社会认可会使用户愿意与他人进行交流并表现自我，或者为了得到社区成员的赞美或表扬而积极地分享自己、帮助他人解决问题，为社区作出贡献。社会影响的认同过程使得个体积极主动地维护在团体中的自我形象，为此个体会激励自己参与一系列有效的行动（Abrams 和 Hogg，1988）。在在线品牌社区环境中，维护这种积极关系的重要举措是积极地参加在线社会交互活动。已有的研究表明，社会认同会促使成员参加团体导向的行为，Ellemers，Kortekaas 和 Ouwerkerk（1999）通过实验的方法发现社会认同影响人们偏爱参与团体内的活动；Bergami 和 Bagozzi（2000）认为社会认同导致企业员工自发展现出组织公民行为（organizational citizenship behaviors），提高了企业组织运作的有效性。基于以上分析，本书认为社会交往需求通过社会认可正向促进顾客参与社区的意愿。相应的假设如下：

H8：社会交往需求通过社会认可正向影响在线品牌社区顾客参与意愿。

H8a：社会交往需求通过认知维的社会认可正向影响在线品牌社区顾客参与意愿。

H8b：社会交往需求通过情感维的社会认可正向影响在线品牌社区顾客参与意愿。

H8c：社会交往需求通过评价维的社会认可正向影响在线品牌社区顾客参与意愿。

3. 团体规范的中介作用

社区中个体成员对社区团体的目标和价值观等的认识和了解形成了社会影响的内化过程。一般情况下，社区团体规范（group norm）体现了内化过程。团体规范是指成员个体目标与群体成员目标的重合或共享程度。个体的自我发现需求是指个体通过与他人的社会互动来理解和深化自我的显著方面。通过与其他人的交流，个体实现了自我个性和价值观的明确和表达。个体在加入在线品牌社区时，认为自我与该品牌形象是契合的，同时与社区中的其他成员是具有某些共性的。为了满足自我实现需求，个体会与社区中群体的目标进行匹配，通过对群体目标的认识和学习，确认自我对于产品或服务的认知和判断是否需要调整或修改。因此，由于社区中的个体认为社区整体目标对他们而言是非常重要的，所以受到目标内化激励的社区个体会更加积极地采取一些行动来达到社区整体目标。社区个体对社区整体的认同产生了目标内化（社区中的个体对社区整体的认同达到一定程度时，就会将社区整体的目标作为自身的目标），并且这种目标还可以是价值理念和团体规范等内容。也就是说，社区个体可以通过内化来将外部的管理制度转化为内部的管理制度，从而不再需要外部监管。如果达到完全内化，社区个体就会将相应的行为作为自身的自觉行为。在内化阶段，某种行为与自身价值的相符导致了个体有意识地实施这种行为。

任何一个在线社区都会有一套自己的规范，而且团体规范的相关信息很容易被成员获取到或推断出来。例如，成员可以通过阅读社区中的 FAQ（常见问题解答）中的内容了解社区的基本团体规范，也可以通过社区中过去的成员交互记录推断团体相关信息。随着时间的变化，社区中的成员逐渐受到团体规范的影响不断调整交互行为（Alon 等，2005）。一般来说，为了达到了解团体规范的目的，在线社区中的成员个体可以通过以下方式：（1）新成员在刚加入在线社区时会首先积极地通过多种方式来了解社区团体的目标、价值观和规则；（2）通过与其他社区成员的交流互动和参与社区活动，在线社区成员可以进一步了解社区的规范；（3）社区成员在加入社区之前就已经了解社区的规范，因此，成员会根据自身与社区规范是否一致来选择是否加入该社区。团体规范需要由社区成员根据其个体动机与规范的符合程度来自由选择，才能发挥最大的作用。而内化过程则体现了社区团队其他成员的价值观与社区个体价值观的一致性。社区团体规范应提供关于社区操作规范和社区目标价值观等方面信息，除此之外，还应该让已经了解和接受规范的个体认为其已经成为一个拥有全部资格的社区成员。正因如此，一旦成员理解并学会了在线社区的规范，他将会对社区具有更强的认同感。对此，Abrams 和 Hogg（2006）注意到，拥有共同目标的合作行为会使得合作组织建立起一个清晰明确的群结构，这反过来又促成成员对该群结构的认可。类似地，Alon 等（2005）在提出的在线社区生命周期模型中，认为社区认同感的建立和传播的基础是成员对团队彼此目标的理解。

此外，在线品牌社区中的用户受到团体规范的影响，会将参与社区的行为内化为一种习惯。这种习惯与用户长时间地投入社区行为高度相关（Perugini 和 Bagozzi，2001），此阶段的用户已经将参与社区视为日常的例行程序，已经变为自发的或无意识的动作，他们可能会不时地查看是否收到留言信息，社区有没有发布新的公告。对于这种习惯性的参与行为，团体规范直接促进了用户对社区参与的活跃度。基于以上分析，本书认为团体规范在自我发现需求和在线品牌社区顾客参与意愿之间起到不可或缺的中介作用。相应的假设如下：

H9：自我发现需求通过团体规范正向影响在线品牌社区顾客参与意愿。

（三）理论模型的构建

本研究关注的是在线品牌社区顾客参与行为产生的前提条件和过程。基于社会影响的过程理论，本书引入个人参与动机因素，包括品牌识别需求、功能性需求、社会交往需求和自我发现需求四个方面作为在线品牌社区顾客参与行为产生的前提条件，通过社会影响的三种机制：顺从、认同和内化，引起个体参与社区的意愿的产生或改变。根据计划行为理论，人的行为受行为意愿的直接驱动。用户的社区参与行为意味着用户与在线品牌社区形成一种更稳定的关系。以前的研究经常利用意愿来反映行为（Venkatesh，1999），因为意愿说明了个体将会表现出一定的行为，行为意愿与行为之间表现出高度的相关性（Mcknight，Choudhury 和 Kacmar，2002；Venkatesh 和 Davis，2000）。因此，在线品牌社区用户的参与意愿将直接驱动其实际行为，即在线品牌社区顾客的参与意愿越强烈也就意味着更大的行为参与可能。

基于前文的逻辑分析内容，本书构建的理论模型如图 3-7 所示，以便清晰地展示本研究的理论框架。

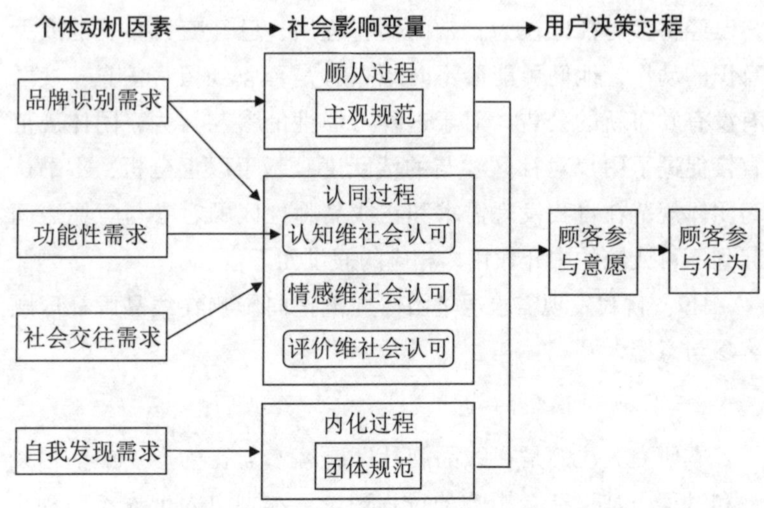

图 3-7　在线品牌社区顾客参与行为的产生机制

四、实证研究设计

(一) 变量的操作性定义及测量

本研究涉及三个层次的变量：个人参与动机、社会影响变量、顾客参与意愿及行为。个人参与动机层次的变量包括功能性需求、品牌识别需求、社会交往需求和自我发现需求；社会影响层次的变量包括主观规范、社会认可、团体规范；顾客参与意愿及行为层次的变量包括顾客参与意愿、顾客参与行为。通过参考国内外相关文献，并结合研究对象和研究目的，本研究对所有变量的操作性定义及文献来源汇总如表 3-1 所示，这些概念在上一节理论分析中也有所说明。

表 3-1　变量的操作性定义

变量名称	定义	文献来源
功能性需求	成员从在线品牌社区所得的直接的、信息性的支持，包括信息需求和工具型需求两类	Aksoy 等（2013）
品牌识别需求	成员通过与品牌联系而获得自我表达的效益，包括个人识别需求和社会识别需求两类	Hughes 和 Ahearne（2010）
社会交往需求	成员参与虚拟社区是为了驱散孤独寂寞，与想法相似的人接触和交流，获得友谊和社会支持等	Leung 和 Yee-Kwong Chan（2003）
自我发现需求	通过社会互动来理解和深化自我的显著方面。自我发现需求一方面是与别人交流，获取社会资源和促进未来自我目标的实现；另一方面是通过互动帮助个体形成、明确界定和表达自己的喜好、口味和价值观	Dholakia，Bagozzi 和 Pearo（2004）
主观规范	个人对于是否采取某项特定行为所感受到的社会压力，亦即在预测他人的行为时，那些对个人的行为决策具有影响力的个人或团体对于个人是否采取某项特定行为所发挥的影响作用大小	Bansal，Taylor 和 St. James（2004）
社会认可	成员个体对于自身是否以及多大程度上符合社区团体的特征的认知，主要包含认知、情感和评价三个维度。其中，认知维主要是指个体成员能够认识到自己是社区整体中的一员的	Dholakia，Bagozzi 和 Pearo（2004）

续表

变量名称	定义	文献来源
	程度；情感维主要是指个体成员归属于社区整体的情感状态；评价维的社会认可是指用户对自己在团体中价值的评估，体现了个体形象在团体中的正面或负面的评价	
团体规范	是指成员个体目标与团体成员目标的重合或共享程度	Dholakia，Bagozzi 和 Pearo（2004）
顾客参与意愿	是指社区成员在社区中进行互动行为的意向	Algesheimer，Dholakia 和 Herrmann（2005）
顾客参与行为	是指社区成员浏览、发帖、回帖等互动行为的参与程度	Koh 和 Kim（2004）

本研究对变量的测量选择已经被学术界广泛认可的规范量表，以保证问卷的准确性和可靠性。根据变量的操作性定义，本研究中功能性需求的测量量表来源于 Aksoy 等（2013）的研究；品牌识别需求的测量量表来源于 Hughes 和 Ahearne（2010）的研究；社会交往需求的测量量表来源于 Leung 和 Yee-Kwong Chan（2003）的研究；自我发现需求的测量量表来源于 Dholakia，Bagozzi 和 Pearo（2004）的研究。个体参与动机相关变量对应的测量指标如表 3-2 所示。

表 3-2　个体参与动机相关变量的量表

变量	编码	指标	量表来源
功能性需求	FN1	获取信息	Dholakia，Bagozzi 和 Pearo（2004）
	FN2	为他人提供信息	

续表

变量	编码	指标	量表来源
功能性需求	FN3	进行协商或者议价	
	FN4	产生想法或观点	
	FN5	找到一些人为我做事情	
	FN6	解决问题	
	FN7	做决定	
品牌识别需求	BI1	我特别喜欢该品牌的产品	Belen Del Rio，Vazquez 和 Iglesias (2001)
	BI2	该品牌与我的价值观和生活方式是一致的	
	BI3	该品牌的产品是时尚的	
	BI4	我的朋友使用该品牌的产品	
	BI5	该品牌的产品具有良好的声誉	
	BI6	该品牌是行业领导者	
	BI7	使用该品牌的产品是一种社会地位的象征	
	BI8	该品牌的产品是我认可的名人推荐的	
社会交往需求	SC1	在线交友	Leung 和 Yee-Kwong Chan (2003)
	SC2	遇到相似的人	
	SC3	缓解孤独感	
	SC4	获得支持和鼓励	
自我发现需求	SD1	了解自己和他人	Dholakia，Bagozzi 和 Pearo (2004)
	SD2	深入洞察自我	

对于社会影响层次的变量测量量表，主观规范的测量量表来源于 Bansal，Taylor 和 St. James（2004）的研究；社会认可的测量量表来源于 Dholakia，Bagozzi 和 Pearo（2004）的研究；团体规范的测量量表也来源于 Dholakia，Bagozzi 和 Pearo（2004）的研究。社会影响相关变量对应的测量指标如表 3-3 所示。

表 3-3 社会影响相关变量的量表

变量		编码	指标	量表来源
主观规范		SN1	对我重要的人认为我应该使用该社交网站	Bansal，Taylor 和 St. James（2005）
		SN2	对我的行为有影响的人认为我应该使用该社交网站	
	认知维	CSI1	我的自我形象与我感知的团体的形象具有较高程度的重叠	
		CSI2	当我成为团体成员并参加团体活动时，我的个人认同与团体认同具有较高程度的重叠	
社会认可	情感维	ASI1	我对团体具有较强的依附感	Dholakia，Bagozzi 和 Pearo（2004）
		ASI2	我对团体具有较强的归属感	
		ASI3	我非常喜欢作为此社区中的一员	
	评价维	ESI1	我是该团体中一个有价值的成员	
		ESI2	我是该团体中一个重要的成员	
团体规范			假设你所在的团体两周后进行一个交互活动，这是团体的共同目标。请问：	Dholakia，Bagozzi 和 Pearo（2004）
		GN1	请估计你自我坚守共同目标的力度	
		GN2	请估计团队其他成员坚守共同目标的平均力度	

对于在线品牌社区中顾客参与层次的变量测量量表，顾客参与意愿的测量量表来源于 Algesheimer，Dholakia 和 Herrmann（2005）的研究；顾客参与行为的测量量表来源于 Koh 和 Kim（2004）的研究。顾客参与相关变量对应的测量指标如表 3-4 所示。

表 3-4　顾客参与意愿与行为相关变量的量表

变量	指标	问项	量表来源
顾客参与意愿	PI	我打算积极参与品牌社区的互动活动	Algesheimer，Dholakia 和 Herrmann（2005）
顾客参与行为	PB1	我积极参与该社区	Koh 和 Kim（2004）
	PB2	我尽最大努力刺激其他成员参与该社区的活跃性	
	PB3	我经常为该品牌社区成员提供有用的信息/内容	
	PB4	我积极回应该品牌社区中其他成员寻求帮助的帖子	
	PB5	我关心该品牌社区中的其他成员	
	PB6	我经常帮助该品牌社区中的成员解决问题	

（二）问卷的设计与发放

问卷的设计是科学研究的关键步骤，一份好的问卷设计首先应该表达简洁明了，使被调查者很容易就能理解，同时好的调查问卷应该让调查人员可以高效地、低成本地展开调研工作。所以在设计本研究的调查问卷的过程中，我们通过借鉴当前学者们提出的规范量表设计每个指标的测度问项，而且为了保证被调查者能够方便、轻松地回答问题，结合本书的研究背景和目的，以及中文语境对表达内容作出相应的调整。

上一小节，我们已经对所有变量的量表来源进行了详细说明。实际操作的调查问卷主要包括三个部分。首先，问卷的第一部分是对被调查者使用在线品牌社区的经历（如社区名称、注册时间、每周花费的时间、登录次数等）进行调查。其次，问卷的第二部分作为主体部分，主要是对被调查者影响其参与在线品牌社区的因素进行调查。最后，问卷的第三部分询问了被调查者诸如性别、年龄、学历、收入等的个人基础信息。

本研究采用线上问卷（问卷星平台）的形式进行调查，问卷的链接为 https://sojump. com/jq/10714868. aspx。截至 2016 年 12 月 24 日，共收集到问卷 1183 份。从两个方面对无效问卷或填写不合理的问卷进行剔除。首先根据问题“您最常去的一个在线品牌社区是”，删除没有明确给出答案或者填写的社区不属于在线品牌社区的问卷 299 份。其次删除问卷填写时间低于 60 秒的或者大于 1000 秒的问卷共计 61 份，因为本研究的问卷由 52 个问题构成，问卷填写时间低于 60 秒可以认定样本没有认真阅读问题，随意填写；而大于 1000 秒可以认定问卷填写不属于调查样本的第一反应或者问卷填写过程被多次打断或者样本理解能力有待考证。最后保留有效样本 823 份。

在有效样本 823 份中，涉及的在线品牌社区有 49 个，包括手机电脑类：华为花粉俱乐部、OPPO 社区、vivo 手机社区、联想论坛、魅族社区、苹果社区—威锋网、三星盖乐世社区、小米论坛、锤子手机、NVIDIA 等；汽车类：汽车之家论坛；服装鞋品类：优衣库、ZARA、以纯、耐克、阿迪达斯、特步、安踏、彪马等；饮料食品类：星巴克、德克士；化妆品类：膜法世家、欧诗漫、百雀羚、土家硒泥坊、香奈儿；等等。表 3-5 描述了所调查样本的基本属性特征，可以看出，男性样本占比为 39%，女性样本占比为 61%；18—24 岁年龄段的样本最多，占比为 79%；本科学历的样本占到总样本量的 80%；并且有 85%的样本为在读学生，因此，样本的收入水平处在 2000 元以下的，比例达到 79%。

表 3-5　所调查样本的基本属性特征

样本属性		所占比例	样本数量
性别	男	39%	317
	女	61%	506
年龄	18 岁以下	11%	87
	18—24 岁	79%	652
	25—30 岁	8%	67
	31—40 岁	1%	7
	40 岁以上	1%	10
学历	高中及以下	3%	21
	专科	6%	52
	本科	80%	661
	硕士	8%	62
	博士	3%	27
收入水平	1000 元及以下	72%	590
	1001—2000 元	7%	58
	2001—3000 元	5%	40

续表

样本属性		所占比例	样本数量
收入水平	3001—5000 元	6%	52
	5001—8000 元	3%	23
	8000 元以上	7%	60
是否学生	是	85%	702
	否	15%	121

（三）研究方法

在多元回归分析法的基础上，为了解决研究问题中包含多个因变量、自变量间的多重共线性，以及自变量和因变量的测量误差等问题，结构方程模型（Structural Equation Modeling）逐渐发展成为经济管理研究中的一种重要统计方法。结构方程模型不仅可以估计每一对变量间关系的强弱，还可以计算不同结构模型对同一批数据的拟合程度差异，进而筛选出最接近原始数据真实关系的结构模型。

结构方程模型是一种广泛应用于管理学、社会学、心理学等领域的统计分析模型。该模型也被称为“协方差结构分析”，是通过协方差矩阵来对变量进行分析的线性统计建模技术（侯杰泰、温忠麟和成子娟，2004；周涛和鲁耀斌，2006）。在社会科学的研究中，经常会遇到不能直接测量的变量，我们称之为“潜变量”（latent variable），比如工作满意度、工作自主权等，传统的统计方法不能处理这些潜变量，为了对这种潜变量进行测量，需要找到一些外显指标来间接测量它们；如用工作目标调整作为反映工作自主权的外显指标。

在传统的统计分析方法中，比如常见的回归分析，要求自变量的测度是没有误差的，当面对多个解释变量对多个结果变量影响的研究问题，且自变量和因变量都不能准确测量时，传统的统计方法就失效了。而结构方程模型的发展，弥补了传统统计方法的不足，可以同时处理潜变量指标，并能处理复杂的多个解释变量和多个因变量之间的结构关系。

结构方程模型由测量模型和结构模型两部分构成（Anderson 和 Gerbing，1988）。测量模型描述的是潜变量与外显指标之间的关系，结构模型关注的是各个潜变量之间的逻辑结构。在测量指标的过程中会产生测量误差，与回归分析只有一个随机误差不同，结构方程模型中的测量误差包括两个部分，一是随机误差（代表测量上的不准确性行为），二是系统误差（反映指标同时测量潜变量以外的特性）。

首先，对于测量模型中涉及的方程，我们用测量方程的公式如（3-1）和（3-2）所示：

$$x = \Lambda_x \xi + \delta \tag{3-1}$$

$$y = \Lambda_y \eta + \varepsilon \tag{3-2}$$

式中 x ——代表外生标识组成的矩阵；

y ——代表内生标识组成的矩阵；

ξ ——代表影响因素处于模型之外的外生潜变量；

η ——代表变量的内生潜变量；

Λ_x ——代表外生标识在外生潜变量上的因子负荷矩，反映了外生标识与外生潜变量之间的关系；

Λ_y ——代表内生标识在内生潜变量上的因子负荷矩阵，反映了内生标识与内生潜变量之间的关系；

δ ——代表外生标识 x 的误差项；

ε ——代表内生标识 y 的误差项。

其次，对于结构模型中涉及的方程，结构方程如公式（3-3）所示：

$$\eta = B\eta + \Gamma\zeta + \zeta \tag{3-3}$$

式中 B ——代表内生潜变量之间的关系；

Γ ——代表外生潜变量对内生潜变量的影响；

ζ ——代表结构方程的残差项。

基于以上分析，我们可以看出结构方程模型在多个方面具有显著的特点。首先，结构方程模型可以同时处理多个因变量。传统统计方法中的回归分析只能处理一个因变量，如果要对多个因变量进行研究，必须建立多个模型分别计算，但这样就忽视了其他因变量之间的相互影响关系，而结构方程模型可以在一个模型中同时考虑多个因变量。其次，结构方程模型可以允许解释变量与因变量都存在一定的测量误差。回归分析只容许因变量存在测量误差，假定自变量是可以准确测量的。而从以上关于结构方程模型的具体公式可以知道，潜变量的观察标识允许存在一定的测量误差。最后，结构方程模型可以估计整体模型的路径拟和程度（赵海峰和万迪昉，2003）。结构方程模型通过统计分析软件计算出每一关系路径上的拟合系数值，由此根据显著性判断拟合效果，最终选取出最精确的模型关系结构。

五、数据分析与结果

（一）数据质量分析

1. 信度分析

信度分析是评价量表的一致性或稳定性。统计学中通常使用克伦巴赫系数（Cronbach α）对问卷数据的信度进行检验。当 Cronbach α 系数的值在 0—0.6 时，则对量表进行修订；当 Cronbach α 系数的值大于 0.7 时，说明量表的信度可接受。本书通过使用统计分析软件 SPSS 软件对量表的信度进行分析，得出本研究所用量表各个变量的 Cronbach α 值，如表 3-6 所示。可以看出，本研究所选取量表的所有维度的 Cronbach α 大于 0.85，说明问卷的信度可靠。由于顾客参与意愿（PI）只有一个题项，因此不需做信度检验。其中，删除品牌识别需求（BI）对应的 BI8 题项后，所测构面品牌识别需求（BI）的 Cronbach α 值会提高 0.002，因此可以考虑从量表中删除此题项。

表 3-6　量表的信度分析检验结果

维度	Cronbach α 值	指标	删除该指标后的 Cronbach α 值	维度	Cronbach α 值	指标	删除该指标后的 Cronbach α 值
功能性需求（FN）	0.924	FN1	0.910	品牌识别需求（BI）	0.928	BI1	0.915
		FN2	0.913			BI2	0.916
		FN3	0.915			BI3	0.913
		FN4	0.911			BI4	0.919
		FN5	0.911			BI5	0.913
		FN6	0.912			BI6	0.916
		FN7	0.911			BI7	0.923
社会交往需求（SC）	0.906	SC1	0.877			BI8	0.930
		SC2	0.880	情感维社会认可（ASI）	0.892	ASI1	0.857
		SC3	0.885			ASI2	0.835
		SC4	0.870			ASI3	0.848
自我发现需求（SD）	0.870	SD1	0.770	主观规范（SN）	0.888	SN1	0.798
		SD2	0.770			SN2	0.798

续表

维度	Cronbach α值	指标	删除该指标后的Cronbach α值	维度	Cronbach α值	指标	删除该指标后的Cronbach α值
顾客参与行为（PB）	0.948	PB1	0.939	评价维社会认可（ESI）	0.874	ESI1	0.776
		PB2	0.937			ESI2	0.776
		PB3	0.936	团体规范（GN）	0.846	GN1	0.734
		PB4	0.938			GN2	0.734
		PB5	0.938	认知维社会认可（CSI）	0.852	CSI1	0.742
		PB6	0.938			CSI2	0.742

2. 效度分析

效度分析是指调查问卷能正确地测度研究要测量的特征。效度分析包括内容效度和结构效度。由于本研究的问卷量表来源于国内外学者普遍认可的规范量表，因此，问卷的内容效度是可靠的。统计学中常用因素分析法来对结构效度进行检验。

由于顾客参与意愿和顾客参与行为均只有一个维度，故本书对量表中个人参与动机因素和社会影响相关因素这两个部分分别作主成分分析。利用 SPSS 软件中的 Ananlyze - Data Reduction-Factor-Descriptives-KMO and Bartlett's test of sphericity，操作完成后，点击 Rotation-Varimax-Continue，整理得到结果如表 3-7、表 3-8 和表 3-9。

表 3-7 KMO 和 Bartlett 球形检验结果

	个体参与动机	社会影响
KMO 取样适切性量数	0.972	0.947

续表

		个体参与动机	社会影响
Bartlett 球形检验值	近似卡方	14 687.812	7961.772
	df	210	55
	Sig.	0.000	0.000

从表 3-7 可以看出，个人参与动机和社会影响这两部分的量表的 KMO 值均超过了 0.9，说明适合做因子分析，且 Bartlett's 检验的 F 值等于 0.000，表明问卷题项中所测量的数据来自正态分布总体。

从表 3-8 和表 3-9 可以看出，个人参与动机和社会影响的累积解释方差比例分别为 67.598% 和 68.513%，均超过 60%。说明这两部分的量表均具有良好的结构效度。

表 3-8 个人参与动机因素解释的总方差

成分	初始特征值			提取平方和载入			旋转平方和载入		
	合计	方差的%	累积%	合计	方差的%	累积%	合计	方差的%	累积%
1	12.359	58.853	58.853	12.359	58.853	58.853	8.174	38.924	38.924
2	1.837	8.746	67.598	1.837	8.746	67.598	6.022	28.674	67.598
3	0.865	4.120	71.718	—	—	—	—	—	—
4	0.647	3.080	74.799	—	—	—	—	—	—
5	0.531	2.526	77.325	—	—	—	—	—	—
6	0.460	2.189	79.514	—	—	—	—	—	—
7	0.389	1.853	81.368	—	—	—	—	—	—
8	0.374	1.783	83.150	—	—	—	—	—	—
9	0.364	1.731	84.881	—	—	—	—	—	—

续表

成分	初始特征值			提取平方和载入			旋转平方和载入		
	合计	方差的%	累积%	合计	方差的%	累积%	合计	方差的%	累积%
10	0.348	1.655	86.536	—	—	—	—	—	—
11	0.343	1.632	88.168	—	—	—	—	—	—
12	0.313	1.492	89.660	—	—	—	—	—	—
13	0.307	1.461	91.121	—	—	—	—	—	—
14	0.288	1.372	92.493	—	—	—	—	—	—
15	0.276	1.314	93.808	—	—	—	—	—	—
16	0.269	1.279	95.087	—	—	—	—	—	—
17	0.233	1.111	96.197	—	—	—	—	—	—
18	0.218	1.036	97.233	—	—	—	—	—	—
19	0.217	1.032	98.265	—	—	—	—	—	—
20	0.188	0.894	99.160	—	—	—	—	—	—
21	0.176	0.840	100.000	—	—	—	—	—	—

表 3-9　社会影响解释的总方差

成分	初始特征值			提取平方和载入		
	合计	方差的 %	累积 %	合计	方差的 %	累积 %
1	7.536	68.513	68.513	7.536	68.513	68.513
2	0.824	7.492	76.005	—	—	—
3	0.546	4.966	80.971	—	—	—
4	0.382	3.475	84.445	—	—	—
5	0.315	2.862	87.308	—	—	—
6	0.282	2.562	89.870	—	—	—

续表

成分	初始特征值			提取平方和载入		
	合计	方差的 %	累积 %	合计	方差的 %	累积 %
7	0.281	2.555	92.425	—	—	—
8	0.246	2.234	94.659	—	—	—
9	0.211	1.920	96.579	—	—	—
10	0.205	1.867	98.446	—	—	—
11	0.171	1.554	100.000	—	—	—

（二）验证性因子分析

如前所述，我们根据先前学者的研究，获得个人参与动机因素包括四个维度 21 个题项，社会影响包括三个维度 11 个题项。如果要进一步研究变量之间的关系，需要分别对个人参与动机因素和社会影响相关因素各自的理论模型结构进行检验。这是下一步研究在线品牌社区顾客参与行为产生模型的关键和基础。本书采用 AMOS 统计软件中的验证性因子分析来对个人参与动机与社会影响之间的结构关系进行验证。

验证性因子分析（confirmatory factor analysis，CFA）可以主要用来测试因子和所对应的测度项的关系与研究模型的匹配性。结构方程模型由测量模型和结构模型两块组成。验证性因子分析就是检验测量模型的优劣，模型的优劣可根据拟合指数来进行判断。

（1）个体参与动机的验证性因子分析。根据图 3-8 所示的模型，在 AMOS 中运行的部分结果如表 3-10 所示。

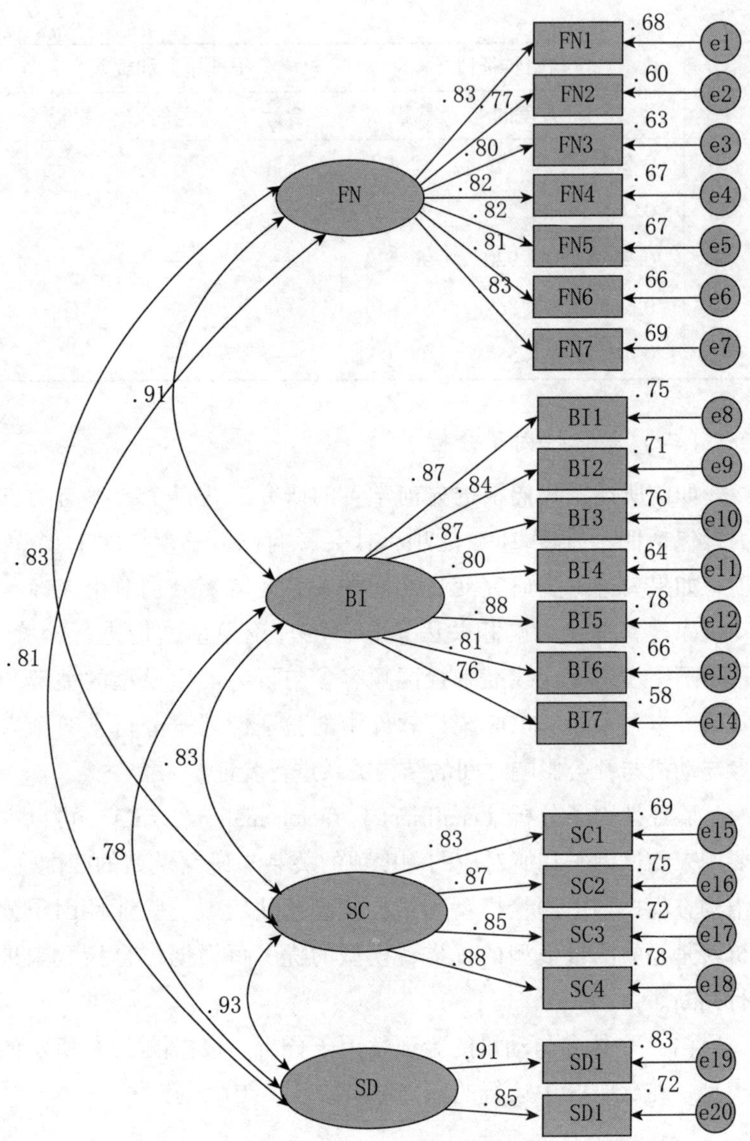

图 3-8　个体参与动机的因子模型路径及系数

表 3-10　个体参与动机因子测量模型常用拟合指数计算结果

拟合指数	CMIN/DF	RMR	RMSEA	GFI	AGFI	NFI	CFI	IFI
标准	<5	<0.05	<0.1	>0.9	>0.9	接近 1	接近 1	接近 1
拟合值	3.568	0.067	0.056	0.929	0.909	0.748	0.818	0.827

个体参与动机因子测量模型的拟合卡方值（Chi-square）为 585.102（$P=0.000$），CMIN/DF 为 3.568（CMIN 为卡方值），残差均方根 RMR 值为 0.067；近似误差均方根 RMSEA = 0.056，规范拟合指数 NFI = 0.748，比较拟合指数 CFI = 0.818，拟合优度指数 GFI = 0.929。以上这些数据显示，个人参与动机因子的测量模型具有理想的拟合优度。

（2）社会影响的验证性因子分析。根据图 3-9 所示的模型，同样地，在 AMOS 中的部分结果如表 3-11 所示。社会影响因子测量模型的拟合卡方值（Chi-square）为 152.523（$P=0.000$），CMIN/DF 为 4.486（CMIN 为卡方值），RMR 值为 0.029；RMSEA = 0.065，NFI = 0.823，CFI = 0.853，GFI = 0.966。以上这些数据显示，社会影响因子的测量模型具有理想的拟合优度。

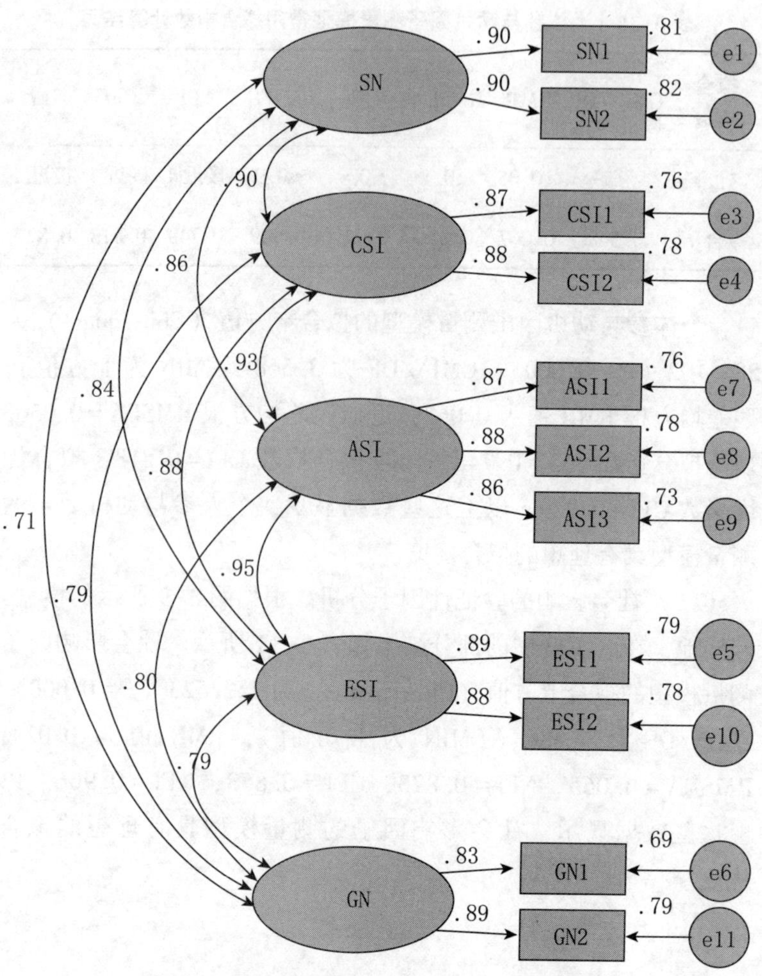

图 3-9　社会影响的因子模型路径及系数

表 3-11　社会影响因子测量模型常用拟合指数计算结果

拟合指数	CMIN/DF	RMR	RMSEA	GFI	AGFI	NFI	CFI	IFI
标准	<5	<0. 05	<0. 1	>0. 9	>0. 9	接近 1	接近 1	接近 1
拟合值	4. 486	0. 029	0. 065	0. 966	0. 935	0. 832	0. 853	0. 857

（三）结构方程模型拟合

本研究采用结构方程模型来检验社会影响在在线品牌社区顾客参与意愿形成模型中体现的中介效应。结构方程模型在计算多个变量之间的关系时优势尤其明显，因为结构方程模型可以帮助我们准确估计出测量误差的大小，在分析多个变量关系时可以剔除随机测量误差，从而大大提高整体测量的准确度。

通过使用 AMOS 软件，对在线品牌社区中顾客参与行为的产生模型进行检验。本研究分为两个结构模型：个体动机因素对顾客参与意愿产生的直接效应模型，以及社会影响的中介效应模型。输入问卷中对于观测变量的协方差矩阵数据运行 AMOS 软件，得到模型的检验结果。

第一，个体动机因素对顾客参与意愿产生的直接效应模型。个体动机因素对顾客参与意愿影响的直接效应模型的拟合路径如图 3-10 所示。其中，图中的路径系数显示的是标准化的系数。

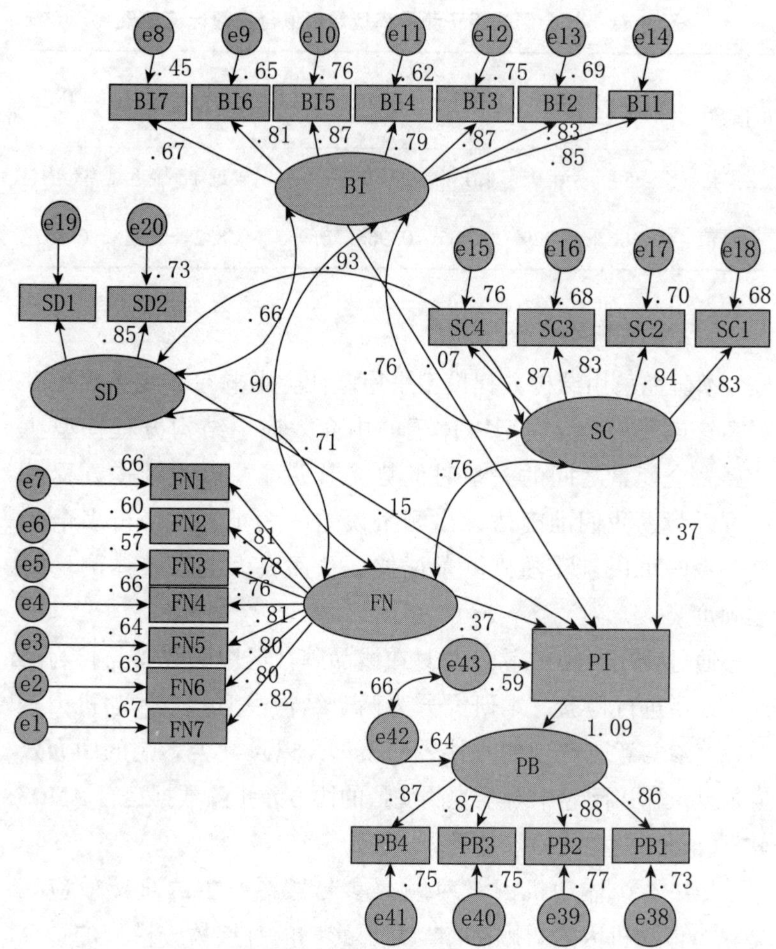

图 3-10　个体动机因素对顾客参与意愿直接效应模型的拟合路径

个体动机因素对顾客参与意愿产生直接效应结构模型的路径系数、C. R.值和拟合系数，如表 3-12 所示。从模型的拟合结果来看，CMIN/DF 的数值为 4. 108，符合小于 5 的标准；同时，该结构模型的其他各项拟合指标 RMR = 0. 051，RMSEA = 0. 061，

GFI= 0.893，AGFI= 0.869，NFI=0.942，CFI=0.955 都达到了良好模型的要求。因此，模型拟合结果达到了接受水平。

表 3-12　直接效应结构模型的路径系数、C. R. 值和拟合系数

			Estimate	S. E.	C. R.	P
参与意愿（PI）	←	社会交往需求（SC）	0.410	0.112	3.652	* * *
参与意愿（PI）	←	功能性需求（FN）	0.444	0.077	5.751	* * *
参与意愿（PI）	←	自我发现需求（SD）	0.164	0.100	1.632	0.103
参与意愿（PI）	←	品牌识别需求（BI）	-0.079	0.076	-1.040	0.298
参与行为（PB）	←	参与意愿（PI）	0.950	0.032	29.415	* * *
CMIN：1084.590　DF：264　CMIN/DF：4.108 RMR：0.051　RMSEA：0.061　GFI：0.893　AGFI：0.869　NFI：0.942 CFI：0.955						

第二，社会影响的中介效应模型。社会影响的中介效应模型拟合的路径如图 3-11 所示。需要说明的是，由于 AMOS 软件导出的结果图中线条之间重合看不清楚系数，所以图 3-10 按照结果图手动重新画图。其中，图中的路径系数显示的是标准化的系数。

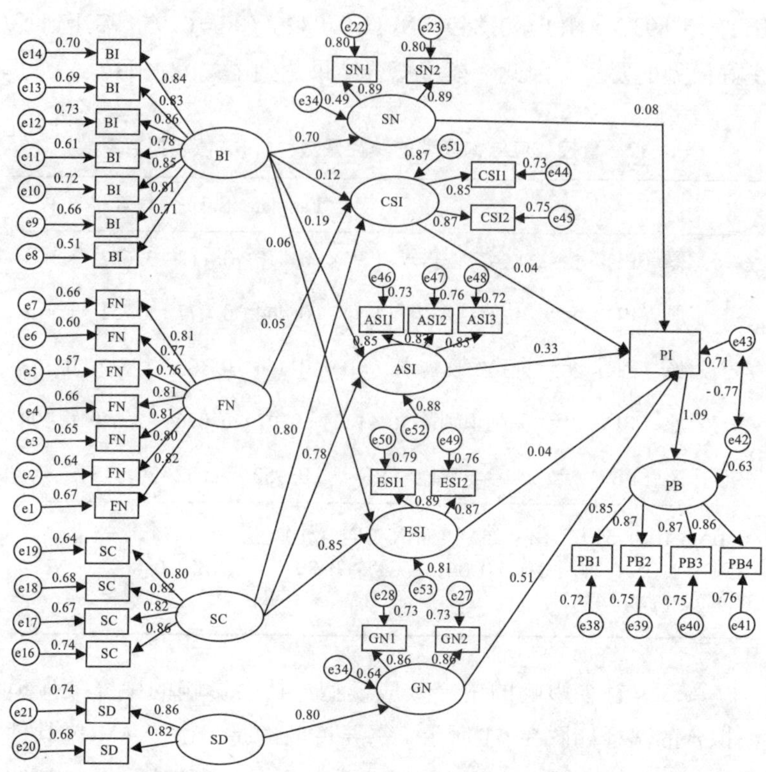

图 3-11　社会影响的中介效应模型拟合的路径

社会影响的中介效应结构模型的路径系数、C. R. 值和拟合系数，如表 3-13 所示。从模型的拟合结果来看，CMIN/DF 的数值为 5. 542，超出了小于 5 的标准，但是由于该系数受模型复杂程度以及样本大小的影响，模型越复杂越大，这个系数也就越大，本研究的样本数据达到 823 个，样本数量较为丰富，同时，该结构模型的其他各项拟合指标 RMR = 0. 091，RMSEA = 0. 074，GFI = 0. 774，AGFI = 0. 738，NFI = 0. 888，CFI = 0. 906 都达到了良好模型的要求。因此，模型拟合结果达到了接受水平。

表 3-13 社会影响的中介效应结构模型的路径系数、C. R. 值和拟合系数

			Estimate	S. E.	C. R.	P
主观规范（SN）	←	品牌识别需求（BI）	0. 953	0. 059	16. 110	* * *
团体规范（GN）	←	自我发现需求（SD）	0. 756	0. 034	22. 322	* * *
情感维社会认可（ASI）	←	品牌识别需求（BI）	0. 232	0. 047	4. 893	* * *
评价维社会认可（ESI）	←	品牌识别需求（BI）	0. 074	0. 055	1. 363	0. 173
情感维社会认可（ASI）	←	社会交往需求（SC）	0. 751	0. 041	18. 152	* * *
评价维社会认可（ESI）	←	社会交往需求（SC）	0. 839	0. 048	17. 618	* * *
参与意愿（PI）	←	主观规范（SN）	0. 081	0. 022	3. 658	* * *
参与意愿（PI）	←	情感维社会认可（ASI）	0. 376	0. 125	3. 001	0. 003
参与意愿（PI）	←	评价维社会认可（ESI）	0. 047	0. 111	0. 427	* * *
参与意愿（PI）	←	认知维社会认可（CSI）	0. 041	0. 056	0. 739	* * *
参与意愿（PI）	←	团体规范（GN）	0. 604	0. 044	13. 604	* * *
参与行为（PB）	←	参与意愿（PI）	0. 943	0. 031	30. 287	* * *
认知维社会认可（CSI）	←	功能性需求（FN）	0. 047	0. 068	0. 696	0. 487
认知维社会认可（CSI）	←	品牌识别需求（BI）	0. 145	0. 088	1. 649	0. 099
认知维社会认可（CSI）	←	社会交往需求（SC）	0. 770	0. 044	17. 319	* * *

CMIN：3 358. 300　DF：606　CMIN/DF：5. 542

RMR：0. 091　RMSEA：0. 074　GFI：0. 774　AGFI：0. 738　NFI：0. 888　CFI：0. 906

六、实证结果分析

根据以上结构方程模型的拟合结果，我们可以得到假设检验的通过情况，如表 3-14 所示。总体上来看，本研究的 13 个假设，有 8 个得到了验证，5 个没有通过验证。下面将对假设检验结果进行具体分析。通过标准化系数的对比可以获得模型变量之间的直接效应与中介效应系数的大小，如表 3-15 所示。

表 3-14　假设检验结果汇总

	假设	结果
H1	品牌识别需求正向影响在线品牌社区用户的参与意愿	拒绝
H2	功能性需求正向影响在线品牌社区用户的参与意愿	通过
H3	社会交往需求正向影响在线品牌社区用户的参与意愿	通过
H4	自我发现需求正向影响在线品牌社区用户的参与意愿	拒绝
H5	品牌识别需求通过主观规范正向影响在线品牌社区顾客参与意愿	通过
H6	品牌识别需求通过社会认可正向影响在线品牌社区顾客参与意愿	
H6a	品牌识别需求通过认知维的社会认可正向影响在线品牌社区顾客参与意愿	拒绝
H6b	品牌识别需求通过情感维的社会认可正向影响在线品牌社区顾客参与意愿	通过
H6c	品牌识别需求通过评价维的社会认可正向影响在线品牌社区顾客参与意愿	拒绝

续表

	假设	结果
H7	功能性需求通过认知维的社会认可正向影响在线品牌社区顾客参与意愿	拒绝
H8	社会交往需求通过社会认可正向影响在线品牌社区顾客参与意愿	
H8a	社会交往需求通过认知维的社会认可正向影响在线品牌社区顾客参与意愿	通过
H8b	社会交往需求通过情感维的社会认可正向影响在线品牌社区顾客参与意愿	通过
H8c	社会交往需求通过评价维的社会认可正向影响在线品牌社区顾客参与意愿	通过
H9	自我发现需求通过团体规范正向影响在线品牌社区顾客参与意愿	通过

第一，品牌识别需求。从假设 H1、H5 和 H6（H6a、H6b 和 H6c）的检验结果综合看出，品牌识别需求通过主观规范以及情感维社会认可的中介作用正向影响了在线品牌社区用户的参与意愿。

在表 3-12 个体动机因素的直接效应结构模型相关系数表中，品牌识别需求对在线品牌社区顾客参与意愿的直接影响效应不显著（P 值为 0.298，大于 0.05）；在表 3-13 社会影响的中介效应结构模型相关系数表中，认知维社会认可、评价维社会认可两者的中介作用也并不显著（P 值分别为 0.099 和 0.173，均大于 0.05），最终，结合表 3-15 可知，品牌识别需求通过主观规范的中介作用（标准化系数为 0.050，且 $P<0.001$）、情感维社会认可的中介作用（标准化系数为 0.057，且 $P<$

0.001）正向影响了在线品牌社区用户的参与意愿。

第二，功能性需求。综合假设 H2 和 H7 的检验结果可以看出，功能性需求通过直接效应正向影响了在线品牌社区用户的参与意愿（标准化系数为 0.37，$P<0.001$）。认知维社会认可的中介作用不显著（$P=0.487$，大于 0.05）。

第三，社会交往需求。综合假设 H3 和 H8（H8a、H8b 和 H8c）的检验结果可以看出，社会交往需求既通过直接效应正向影响在线品牌社区用户的参与意愿（标准化系数为 0.373，$P<0.001$），也通过认知维社会认可（标准化系数为 0.033，$P<0.001$）、情感维社会认可（标准化系数为 0.231，$P<0.001$）以及评价维社会认可（标准化系数为 0.048，$P<0.001$）的中介作用正向影响在线品牌社区用户的参与意愿。

第四，自我发现需求。综合假设 H4 和 H9 的检验结果可以看出，自我发现需求通过团体规范的中介作用（标准化系数为 0.401，$P<0.001$）正向影响了在线品牌社区顾客参与意愿，但是，自我发现需求对在线品牌社区顾客参与意愿的直接影响效应不显著（$P=0.103$，大于 0.05）。

表 3-15 结构方程模型的直接效应和间接效应结果汇总

标准化的总效应系数	品牌识别需求（BI）	功能性需求（FN）	社会交往需求（SC）	自我发现需求（SD）
主观规范（SN）	0.050	0.000	0.000	0.000
认知维社会认可（CSI）	0.000	0.000	0.033	0.000
情感维社会认可（ASI）	0.057	0.000	0.231	0.000
评价维社会认可（ESI）	0.000	0.000	0.048	0.000
团体规范（GN）	0.000	0.000	0.000	0.401

续表

标准化的总效应系数	品牌识别需求（BI）	功能性需求（FN）	社会交往需求（SC）	自我发现需求（SD）
参与意愿（PI）	0.000	0.370	0.373	0.000
标准化的直接效应系数	品牌识别需求（BI）	功能性需求（FN）	社会交往需求（SC）	自我发现需求（SD）
主观规范（SN）	0.000	0.000	0.000	0.000
认知维社会认可（CSI）	0.000	0.000	0.000	0.000
情感维社会认可（ASI）	0.000	0.000	0.000	0.000
标准化的直接效应系数	品牌识别需求（BI）	功能性需求（FN）	社会交往需求（SC）	自我发现需求（SD）
评价维社会认可（ESI）	0.000	0.000	0.000	0.000
团体规范（GN）	0.000	0.000	0.000	0.000
参与意愿（PI）	0.000	0.370	0.373	0.000
标准化的间接效应系数	品牌识别需求（BI）	功能性需求（FN）	社会交往需求（SC）	自我发现需求（SD）
主观规范（SN）	0.050	0.000	0.000	0.000
认知维社会认可（CSI）	0.000	0.000	0.033	0.000
情感维社会认可（ASI）	0.057	0.000	0.231	0.000
评价维社会认可（ESI）	0.000	0.000	0.048	0.000
团体规范（GN）	0.000	0.000	0.000	0.401
参与意愿（PI）	0.000	0.000	0.000	0.000

七、研究启示

本部分的研究结果为我们解决了在本章开篇所提出的两个研究问题：有哪些外界因素影响着顾客参与意愿的形成和改变？其影响的过程是怎样的？综合实证分析结果，本研究最终获得了在线品牌社区顾客参与行为的产生模型，如图 3-12 所示，图中显示的路径描述了个体动机因素如何通过不同的社会影响提升了个体参与在线品牌社区的意愿和实际行为。当然，对于每一个用户个体来说，他可能拥有不止一项动机因素，用户加入在线品牌社区的动机可能是多重的，因此，本研究对于更好地理解在线品牌社区顾客参与行为的产生过程提供了清晰的作用路径。

对于品牌识别需求的消费者来说，我们知道，主观规范反映了个体对于采取某种行为所感受到的社会压力，这种社会压力来自对个体具有影响作用的个人或者群体，在问卷中主观规范通过“对我重要的人认为我应该使用该社交网站”和“对我的行为有影响的人认为我应该使用该社交网站”两个题项来测度。首先，如果一个人的朋友非常喜爱和推崇某个品牌并加入了这个品牌的网络社区，这个人会因为朋友的推荐选择与朋友保持一致的品牌偏好和相似的社区参与行为，以更好地与朋友交流、获得朋友的关注并维护他们的友谊关系，因为同样的品牌偏好反映了两个个体对自身形象定位的相似性，这属于个体感受到朋友的社会压力。其次，某些品牌的使用人群代表了一定的社会地位，在此在线品牌社区中的用户会表现出一定的优越感。个体为了呈现其他人期望的形象，参与到某个在线品牌社区中，这属于个体受到的对自己行为有影响作用的其他人的社会压力。

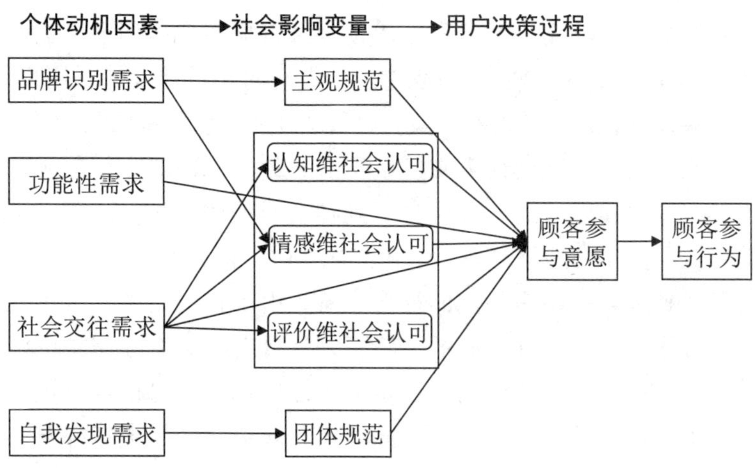

图 3-12　社会影响视角下在线品牌社区顾客参与行为的产生机制

此外，个体还会因为自己对某个品牌的喜爱而自发地在社区中贡献内容或者与其他人互动交流，个体在此在线品牌社区中找到归属感，对此在线品牌社区具有一定的情感依赖，主动地留意和关注与该品牌有关的消息，该品牌发布新产品会第一时间去社区了解和讨论，这种情感上对在线品牌社区的社会认可会大大提升用户持续参与社区的意愿和行为。品牌识别需求通过情感维社会认可的中介作用提升在线品牌社区顾客参与意愿的研究结论，印证了广受学者普遍认可的 Muniz 和 O'Guinn（2001）对于在线品牌社区的概念界定中提出的，在线品牌社区是由一群对某一品牌充满推崇和热爱的用户组成的一组社会关系。基于品牌识别需求加入在线品牌社区的用户，对品牌的情感认可演化为对社区群体的依赖感和归属感，最终提升其在社区中的参与意愿和行为。

对于功能性需求的消费者来说，他们参与社区的目的非常直接，也几乎不会受到其他群体的社会影响。他们对社区中的信息质量要求较高，通过发帖求助或搜寻所需要的信息，去解决自己在产品购买或使用过程中的问题。对于这部分社区用户，社区界面的设计简洁便利、具备良好的使用体验是最为关键的。

对于具有社会交往需求的消费者来说，他们的在线品牌社区参与意愿和行为的产生更易受到社会影响的作用。这部分消费者在社交需求的驱动下，乐于在社区中与他人建立友谊关系、排解孤独寂寞和获得一定的社会支持。由于在线品牌社区中的成员群体与自己具有相似的品牌喜好，具有社会交往需求的消费者会在认知上将社区用户认定为自己的同类，对社区其他成员产生亲近感，积极地与其他成员建立起更紧密的虚拟好友关系，进一步满足自身对社会交往的心理需要，从而表现出社区中的积极参与行为。同时，拥有社交需求的成员一旦在社区中通过社交功能版块建立起友谊关系之后，会在情感上依赖社区，因为这里有他寻找的社交伙伴，这种情感上的依赖感和归属感，促进该成员在社区中持续地关注他们的好友的动态，主动关心好友，也会主动与好友分享自己的日常生活，排解孤独寂寞的感觉。社会影响的认同过程使得个体积极主动地维护在团体中的自我形象，为此个体会激励自己参与一系列有效的行动。

对于具有自我发现需求的消费者来说，他们通过与在线品牌社区中其他人的互动交流，实现自我个性和价值观的明确和表达。他们在社区中的参与行为来自自我个体目标与社区中群体目标的重合或共享程度，这部分用户对在线品牌社区产生了组织忠诚意识，他们在社区中的行为具有高度的自觉性。

（一）理论贡献

在理论贡献方面，首先，将社会影响的三个过程引入在线品牌社区顾客参与行为研究中，使用户的个人动机因素作用于顾客参与行为的产生路径更加明晰，拓展了社会影响理论的研究范畴，为顾客参与方面的相关研究提供了新的视角。其次，获得了在线品牌社区中基于品牌识别需求的影响路径，发现了在在线品牌社区顾客参与行为过程中，用户对品牌情感认可的路径依赖，这将在线品牌社区顾客参与行为，与其他类别虚拟社区顾客参与的产生模型进行了有效区分，补充了虚拟社区的相关研究。最后，本研究明晰了虚拟品牌顾客参与行为的产生机制，这为将来关于顾客参与行为对组织绩效或个人绩效的影响研究奠定了理论基础。

（二）实践价值

在实践方面，对于企业和社区经营者都具有实践指导价值。第一，对于企业和社区经营者来说，应该注重培养自身品牌的粉丝，尤其是塑造粉丝文化非常具有价值。一旦通过在线品牌社区培养起一部分粉丝，就可以通过社会影响中的主观规范的作用，带来更多的社区参与用户，提高在线品牌社区活跃度。同时，企业需要对自己的品牌准确定位，品牌展现的态度要鲜明，这样可以将与品牌具有同样定位的用户吸引到在线品牌社区中。第二，由于情感维的社会认可在在线品牌社区顾客参与意愿产生过程中的中介作用较大，企业和社区运营者可以考虑定期举办品牌主题活动，提升在线品牌社区用户对社区的归属感和依赖感。如华为花粉俱乐部论坛组织过“跑起来，拍精彩”的主题活动，论坛中的用户报名参加，用华为手机拍摄照片发帖，可以获得一定的物质奖励，此活动获得了成员的积极响应，还带动了社区中摄影爱好者对照片拍摄方式的互动交流。第三，社区运营者对社区的功能划分和设计应该清晰合理，可以让信息性功能需求的消费者能够快捷地找到自己所需要进入的子版块，进行信息搜寻和答疑解惑。例如，在线品牌社区可以按照产品型号划分子版块，将产品设计的硬件和软件功能划分开来等。第四，由于具有社会交往需求的用户会受到社区其他成员群体的社会认可的社会影响作用积极活跃在社区中，社区运营者应该建立社交功能版块，并给建立起社交联结的用户彼此之间开放更多的权限，鼓励拥有社交需求的用户在社区中参与行为的持续。第五，由于团体规范的社会影响作用对于自我发现需求的用户在社区中的参与行为的产生非常关键，企业应该考虑对自身品牌的管理和运营始终保持一致的形象，同时社区运营者对社区的团体管理规范和制度也要保持一致的管理风格。

（三）研究局限与不足之处

本章仅采用了学者普遍较为关注的四种个体动机因素作为自变量，但顾客参与虚拟品牌社区还有其他一些动机因素，本研究没有涵盖，这些因素是如何与社会影响的三种过程相互作用的，还需要在未来的研究中进一步探索。

第四章

在线品牌社区好友关系网络对顾客参与活跃度的影响

一、研究问题描述

自 20 世纪 90 年代人类开始步入信息时代起，“网”或“网络”便逐渐开始成为现代社会应用非常广泛的概念，并且随着信息时代的快速发展，人类的社会结构也发生了巨大的变化。金字塔式的组织结构逐渐被网络结构所取代，使得人类社会步入了网络的世界（林聚任，2009）。基于这样的背景，社会网络（Social Network）的概念在近十几年中越发地被广大学者所关注和应用，有关社会网络和社会网络分析方法的研究层出不穷。与此同时，随着科技的发展和时代的进步，Web 2.0 时代的到来不仅让人们认识了社会网络，也改变了人与人之间交流和交友的方式，人们更加倾向于在网络这种虚拟的环境中进行互动，并逐渐形成一种虚拟的联结关系，虚拟品牌社区的概念就在这样的背景下应运而生。关于虚拟品牌社区也即在线品牌社区的概念界定，最为学者普遍接受的是 Muniz 和 O’Guinn（2001）提出的定义：虚拟品牌社区是一个专门化的，突破地理位置限制的，由一群对某一品牌充满推崇和热爱的用户组成的一组社会关系。这个定义从社会学的角度将在线品牌社区的形成视为以互动和社会联结为标志特征的社会关系网络（Bender，1978）。因此，在线品牌社区中自然而然地存在着一定的关系网络，而社区中的每一位成员都是这些网络中的节点，他们之间相互联结，进行着互动与知识分享，这些互动行为除了会反映他们的意愿和行为，也对他们所处关系网络中的其他成员的行为有着很重要的感染作用。

在当下的研究中，众多学者已经开展了关于在线品牌社区的研究。有关在线品牌社区的研究成果非常丰富，主流研究成果主要集中在顾客参与在线品牌社区的动机和行为（Baldus，Voorhees 和 Calantone，2015；Baldus，Voorhees 和 Calantone，2012；Zhou 等，2013），在线品牌社区中成员满意度和忠诚度（赵建彬、景奉杰和余樱，2015；王永贵和马双，2013；Kuo 和 Feng，2013）、品牌依恋（Zhou 等，2012；田阳、王海忠和王静一，2010）、品牌信任（Jung，Kim 和 Kim，2014；Laroche，Hoang 和 Moineau，2014）、品牌关系（吴麟龙和汪波，2015）、品牌态度（汪旭晖和李璐琳，2015）、顾客感知支持（王秀村和饶晨，2010）等情感方面，以及在线品牌社区用户公民行为、顾客购买行为（Goh，Heng 和 Lin，2013；吴朝彦、赵晓培，2014；吴记，2015）、知识分享行为（Lee，Reid 和 Kim，2014；周志民、张江乐和熊义萍，2014）等方面。此外，在这些研究成果中，尤其以对顾客参与的研究最为普遍。除了对概念本身进行界定和研究，许多学者对顾客参与的研究集中在顾客参与的动机、顾客参与产生的个人绩效、顾客参与产生的组织绩效三个方面。顾客参与在线品牌社区的动机主要包括三类因素：

品牌相关因素，如品牌认同（Brand Identification）、品牌象征功能（Brand's Symbolic Function）等；社会因素，如社会效益（Social Benefits）、社会认可（Social Identity）；功能性因素，如不确定性规避（Uncertainty Avoidance）、信息质量（Information Quality）、货币激励（Monetary Incentives）等。顾客参与产生的个人绩效包括顾客参与会导致用户个体的持续参与社区的意愿和承诺，社区满意和忠诚，品牌承诺和涉入，品牌满意和忠诚等。顾客参与产生的组织绩效方面的研究表现在对产品和服务的创新，促进灵活组织结构的建立，销售额的提升，品牌形象和顾客关系的维护方面。

然而，在线品牌社区中关于顾客参与的研究基本上是围绕着顾客参与的前置原因和参与导致的绩效结果两个方面进行的，也就是说，这些研究主要是关于顾客参与社区的前因和后果的研究，很少有人关注顾客参与行为本身。以前的研究学者将用户个体视为独立的，这不符合在线品牌社区中的现实背景，用户身处在线品牌社区的社会互动网络中，其本身的参与行为会受到所在群体的干扰和影响。本研究就是在此背景下，探索在线品牌社区中的用户在所处的好友关系网络中，顾客参与社区的行为是如何相互影响的。

二、理论基础

（一）社交影响的路径

Burt（1987）在社会网络理论的基础上对个体层面社会影响的方式进行了研究，在其研究中，提出了两种最基本的社会影响力：内聚力（cohesion）和结构对等（structural equivalence）。内聚力是一个关系层面的概念，它关注于社会网络中两个直接相连接的个体相互间的直接影响作用。在一个社交网络中，内聚力反映了网络连接的稠密水平，也就是说内聚力越强，网络节点的关系连接越紧密。因此，内聚力是一个非常重要的指标，个体由于观察到与自己有连接关系的其他人的行为会进行学习或者模仿。例如，消费者的购买决策会受到邻居的购买决策的影响。结构对等属于结构层面的含义，它的关注点在于网络中均与相同的第三个人连接，但这两个个体却没有连接关系，就可以说这两个个体是结构对等的。更为直接的理解方式是，结构对等关系的两个个体在网络中相互交换位置，不改变网络的结构。结构对等的影响效应关注的是处于相同位置的个体间行为的间接影响关系，这种影响来源于竞争心理。

Burt 在其研究中，用图示说明了内聚力和结构对等的作用方式，图 4-1 是同一社会网络中个体与个体之间相互关系的图示，其中 A、B、C、D、E 分别代表着一个个体，他们之间的关系用线条连接，如好友关系，社会网络包括有向社会网络和无向社会网络，有向社会网络是指节点之间的关系是不对称的，如关注关系；无向社会网络是指节点之间的关系是对称的，如好友关系（高杨等，2017）。本研究所涉及的网络关系为好友关系，属于无向社会网络。图 4-1 中，A 和 C 是好友关系，而 A 和 B、E 不是好友关系。内聚力代表个体间通过关系来直接产生影响作用。那么两两相连的节点则会产生社会影响，以 A、C 为例，A 与 C 的各自决定会对彼此产生影响。同样地，A 和 D，B 和 C，B 和 D，C 和 E，D 和 E 这些存在关系的个体之间存在内聚力的影响效应。结构对等的影响效应代表两个节点在社会网络中的位置相近甚至完全相等的时候，他们之间表现出相似的行为。结构对等强调了两个个体间的竞争，如 A 和 B 均与 C、D

相连，这时A和B就在网络中占据了相同的位置。原因之一是A和B都想获得与自己连接的社会关系群体的社会认可，也就是他们共同的社交对象C、D的认可，因此A和B相互竞争的行为使得他们表现出相似的行为。基于Burt的理论，有研究发现处在同一个行业中结构对等位置的项目经理会选择相同的软件许可证来完成项目（Singh等，2013）。

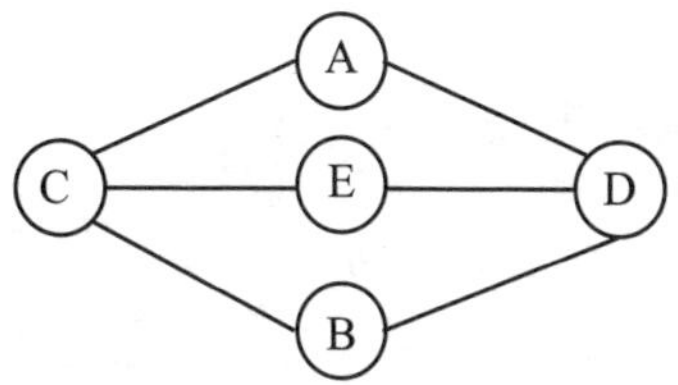

图4-1 Burt提出的社会网络关系示意

（二）在线品牌社区顾客参与活跃度

评价在线品牌社区是否成功有不同的标准，这取决于企业的管理者和社区运营经理的目标。在当前的学术研究中，学者最常使用的指标包括反映虚拟社区用户保留能力的用户忠诚度（Lin和Lee，2006），反映用户对虚拟社区情感依恋的社区归属感（Blanchard和Markus，2004），反映虚拟社区用户对话题响应程度的社区活跃度（Arguello等，2006；Burke等，2007；Rafaeli和Sudweeks，1997），以及反映用户在知识分享社区中专业知识的感知提升（Hew，2008）。如前所述，许多虚拟社区缺乏活跃用户和持续的内容贡献。如果用户在虚拟社区中发布的信息得不到响应，他们参与社区的需求（如信息获取、社交、娱乐等）无法及时获得满足（Sangwan，2005），那么用户将逐渐不再访问该社区（Williams，Cheung和Choi，2000）。所以，本研究认为，关注反映用户对话题响应程度的社区活跃度（Community Activity）指标尤为重要。需要注意的是，一个虚拟社区运营的成功需要依赖社区整体水平的活跃度，仅有少部分用户（如意见领袖）的参与不能维系虚拟社区的长久发展（Holtzblatt 和 Damianos，2011）。因此，为了提升社区活跃度，既要提高成为活跃用户的用户数量，也要提高每个顾客参与社区活动的频率（如回复帖子、发布帖子、创建主题活动等）。

三、研究假设的提出

本研究以在线品牌社区作为研究平台，探索在线品牌社区成员由于社会互动逐渐形成的好友关系网络中的内聚力效应和结构对等效应对顾客参与活跃度的社会影响效果。

（一）内聚力效应和顾客参与活跃度

行为传播理论认为，现实生活中人们之间的行为存在着传播现象，尤其是在熟人之间（Ali 和 Dwyer，2011）。在社交关系中，好友之间的相互了解程度比较深入，彼此之间的联系最为紧密，因此，好友关系在行为传播中是一个非常重要的因素（Haythornthwaite，1996），由于人们更加喜欢与自己相似的人成为好友，这种同质性使得好友的经历和价值观更容易被接受和理解（Brown 和 Reingen，1987；Granovetter，1973）。因此，在行为传播中，人们通常认为好友的经验和建议最为可信（Mangleburg，Doney 和 Bristol，2004），甚至是好友的意见有时候要比自身的偏好更加重要（Moschis 和 Moore，1979）。行为传播理论还阐释了同伴影响（Peer Influence）的产生，认为周围越多的同伴采取了某种行为，个体所感受到的来自同伴的压力就越大，从而导致其越容易采取这一行为（Centola，2010）。同伴对青少年吸烟行为的抵制行为可以显著降低青少年吸烟的可能性（Card 和 Giuliano，2013）。此外，Crandall 在针对聚会上社会交往的研究中，发现人们在聚会中吃的食物量会与他们的朋友相近（Crandall，1988）。

社会影响除了存在于现实世界，也存在于网络世界中。两项有关 Facebook 的研究表明，用户所接收到的信息的情感显著影响了其在社交网站的更新行为，并且这个影响还会感染到他们的朋友以及朋友的朋友（Bond 等，2012）；用户在 Facebook 上的点赞行为也显著地受到朋友点赞行为的影响（Egebark 和 Ekström，2011）。此外，在一个关于付费社交的网站中的研究也表明，朋友在网站中使用付费功能可以显著提高该用户购买类似服务的概率（Bapna 和 Umyarov，2015），顾客参与同样也是一种行为，在线用户看到其好友活跃在品牌论坛中，并常常发布状态、评论，于是可能受到其好友行为的影响，也会增加自己进行线上顾客参与的活跃度。由于人们比较容易信任朋友（Mangleburg，Doney 和 Bristol，2004），所以人们通常会相对重视朋友所给出的意见。而且，朋友的意见不只是影响了人们当前的这一次决策这么简单，它还会在未来的决策倾向中进一步影响到他们的选择偏好（Moschis 和 Moore，1979）。例如，当用户 A 看到好友 B 发表了对于所使用商品的在线评论，A 会被 B 的顾客参与行为影响从而采取与 B 一样的行为，即发表对某一产品的看法或评价 B 的状态。随着网络时代的发展，以及在线品牌社区的推广和普及，线上交友与互动的行为发生的频率越来越高，因此，我们认为，由于在线品牌社区中存在着这种虚拟的好友关系，并由此可以构建起一个庞大的好友关系网络，在线品牌社区中的好友关系能够影响社区用户的参与行为。由此提出假设：

H1：在线品牌社区中内聚力效应对顾客参与活跃度有正向影响。

（二）结构对等效应和顾客参与活跃度

结构对等的用户彼此并不认识，只是拥有共同的好友圈子，也就是说结构对等的用户间是不存在连接关系的。结构对等的概念是由 Burt 提出的，他在理论上分析了为什么处在结构对等位置的用户会影响彼此的行为。由于结构对等的用户可以感知到同一群体的人的评价，无形中为结构对等位置上的一对用户产生了一种竞争效应，为了保持自身在同伴中的形象和地位，当个体觉察到自己在一个群体中的影响能力有所变化的时候，会主动调整自己的行为来保持自身的竞争地位，从而使得他们作出相似行为的可能性就越大。

在对医生采纳新的医疗科技的例子上的研究来看，采纳新的医疗科技代表了医生对创新技术的学习能力，医生会希望自己是行业同行中具有创新性的个体。在研究中发现，医生在治疗过程中对创新药物的使用上显著受到与他拥有共同好友的医生是否采用新药物的影响，如果别人采用了新药物，该医生由于感受到同伴的压力会做同样的选择以保持自身的创新性形象（Burt，1987）。同样的例子也发生在企业项目经理身上，Singh 等（2013）通过描述结构对等的项目经理是如何趋向于选择软件许可证时，发现处在同一行业中结构对等位置的项目经理最终会倾向于使用相同的软件许可证完成项目。

在在线品牌社区中也存在结构对等效应的影响，在社区中越活跃的用户越能吸引更多的用户对其进行关注，从而建立起在社区中的话语权。处在一个好友关系网络中的用户通过社交互动建立起一个庞大的好友关系网络。在网络中，处在结构对等位置的用户可以实时接收到自己好友的动态，如关注行为、评论行为等，这些行为刺激了该用户逐步加入类似的话题进行互动活动，促进结构对等的用户进行顾客参与，以保证自己在好友群体中的吸引力，最终提升他们在在线品牌社区中的活跃度，由此提出研究假设：

H2：在线品牌社区中结构对等效应对顾客参与活跃度有正向影响。

（三）理论模型的建立

Burt 从社会网络的视角出发，研究了个体层面的社会影响，并提出了两个最基本的社会影响：内聚力和结构对等。由于社会网络中复杂的结构特征与关系特征，使得这两种基本的社会影响力自然而然地存在于社会网络中并产生社会影响作用。基于这一点，本书将对在线品牌社区中好友关系网络产生的内聚力和结构对等效应进行研究，并探寻这两个因子会对顾客的购买行为产生怎样的影响。基于以上分析，本研究构建了该部分的理论模型，如图 4–2 所示。

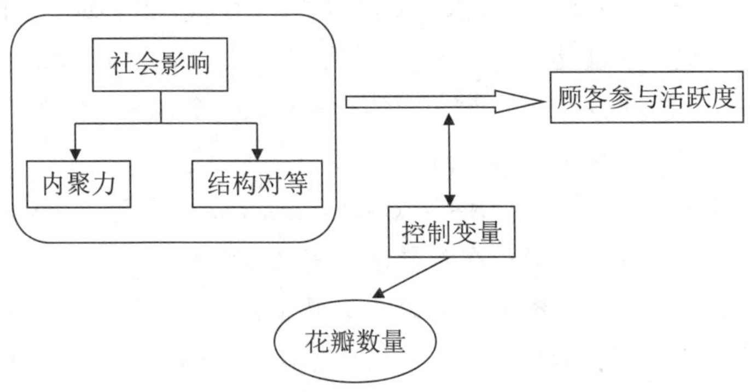

图 4–2　社交网络下社会影响对顾客参与活跃度的作用模型

四、研究模型和变量

（一）双体制网络效应自相关模型

自相关是指在回归的架构下，在时间跨度上、空间跨度上或网络跨度上，某一个变量或误差项自身存在直接或间接的相关（Dow，Burton 和 White，1982）。传统的线性回归方法对自相关的数据类型是不适用的，因为传统的线性模型要求变量之间是相互独立的，不能存在多重共线性，并且误差项也要是独立的。所以对于样本不独立的数据，也就是关系型数据出现时，传统的统计方法与模型就不能使用了。

空间自相关（Space Autocorrelation）是指在空间位置上，某位置上的数据与其相近位置上的数据存在相关性，也就是研究变量在同一空间内的观测数据存在的相互依赖性（White，Burton 和 Dow，1981）。由空间自相关演变过来的网络自相关（Network Autocorrelation）的概念就容易理解了，即一些变量在我们研究的网络边界内是相互依赖的。为了描述这个过程，我们需要构建这样的测量模型。基于普通最小二乘法（OLS）的模型：$y = X\beta + \varepsilon$ 中，要求 ε 是随机的；所以我们需要对这个模型进行转换，构建一个因变量的自回归效应：$y = \rho WY + X\beta + \varepsilon$，其中 W 是反映观测值之间距离的矩阵，是一个 $N \times N$ 的矩阵，ρ 代表因变量观测值之间的相关系数。

网络自相关模型（Network Autocorrelation）研究成员关系之间的相互作用，该模型在测量这种相互作用如何导致样本之间相互作出适应和调整方面的研究效果显著，该模型中自相关的变量是因变量，因此，因变量出现在模型的两侧。网络自相关模型的函数表达式如（4-1）：

$$y = \rho WY + X\beta + \varepsilon,\ \varepsilon \sim (0,\ \sigma^2 I) \quad (4-1)$$

式中 y ——因变量，代表一个网络中 N 个样本在此变量上的取值，是一个 $N \times 1$ 的列矩阵；

X ——解释变量，代表 N 个样本在 K 个变量上的取值，是一个 $N \times K$ 的矩阵；

W ——关系变量，代表 N 个样本彼此之间构成的关系矩阵，是一个 $N \times N$ 的矩阵；

ρ ——自相关系数，反映了一个样本的某方面特征受到与其有关系个体的影响程度；该系数可以估计因变量之间的相关程度；

β ——解释变量 X 对因变量 y 的作用系数，该系数可以评估解释变量对因变量的解释程度；

ε ——误差项，是一个 $N \times 1$ 的列向量，且数值服从均值为 0，方差为 $\sigma^2 I$ 的多变量正态分布。

在网络自相关模型中，相关参数 ρ 和 β 通常采用极大似然法（MLE）进行估计，具体的统计方法是由学者 Ord 在 1975 年首次提出并使用的（Ord，1975），后来在 1981 年，学者 Doreian 对该方法进行了详细分析并采用模拟研究的方法，对参数 ρ 和 β 使用了最小二乘法（OLS）和极大似然法（MLE）进行估计，重点检验了这两种方法对网络自相关模型的估计结果的准确性（Doreian，1981）。研究结果显示，极大似然法（MLE）较最小二乘法（OLS）对参数的估计更为准确（Doreian，Teuter 和 Wang，1984）。因此，后来的学者们对极大似然法（MLE）法使用得更为普遍。在具体应用上，相关估计方法均是在统计软件中实现的，目前多种统计软件均可以对参数进行极大似然法（MLE）估计，如 R 软件、Matlab 和 Stata 等统计软件包。

为了能够同时测度内聚力效应和结构对等效应对在线品牌社区中顾客参与行为的影响，本书采用双体制网络效应自相关模型（two-regime network effects model with autocorrelation）（Doreian, 1989）作为本书的研究模型。基础公式如（4-2）所示：

$$y = X\beta + \rho_1 W_1 y + \rho_2 W_2 y + \varepsilon \qquad (4-2)$$

式中 y——因变量；

X——控制变量；

W_1——内聚力的矩阵；

W_2——结构对等的矩阵；

ρ_1和ρ_2——分别代表内聚力和结构对等效应相对应的系数；

ε——随机误差项。

双体制网络效应自相关模型的优点是可以帮助我们对多个社会影响效应进行比较。本研究将应用该模型来探究在在线品牌社区好友关系网络中形成的双重网络效应对顾客参与行为的影响。为了使模型更加贴近我们的研究内容，本书对公式进行了一些调整，形式如公式（4-3）所示：

$$y_i^{f*} = X_i\beta + \rho_1 W_{1,i}^f y^f + \rho_2 W_{2,i}^f y^f + \varepsilon_i,\ y_i^f = y_i^{f*}(y_i^{f*} > 0) \qquad (4-3)$$

式中 y_i^{f*}——根据模型所预测出的因变量的可能值；

y_i^f——因变量的实际值。

由于因变量为顾客参与行为，是一个非负的变量，所以当 $y_i^{f*}>0$ 的时候，$y_i^f = y_i^{f*}$；否则 $yi=0$。$W_{1,i}^f$ 和 $W_{2,i}^f$ 表示在好友关系网络中的内聚力和结构对等矩阵，X_i 是一组控制变量。

（二）研究变量说明

由于在本研究中，自变量为社会网络变量，因此，需要先构建好友关系网络，确定相关的社会网络变量。由于在线品牌社区的用户可以在任何时候添加或删除好友、发表评论及撰写帖子，因此网络结构和关系是随时变化的，我们可以天为时间单元获取每天的好友关系网络，最终获得为期一周的动态好友关系网络。

我们确定了两个社会网络变量内聚力和结构对等。假设整个网络在 t 时刻的用户数为 N，首先计算在 t 时刻用户 i 和 j 之间的连接状态 a_{ijt}，当用户 i 和 j 在时刻 t 相互连接时，$a_{ijt}=1$，否则 $a_{ijt}=0$，i 和 j 分别在 1，2，…，N 中取值，那么计算出所有节点在 t 时刻的连接状态 a_{ijt}，就可得到 t 时刻的内聚力矩阵 W_1，t，这是一个 $N\times N$ 阶的矩阵。

另一个变量是结构对等，在构建结构对等矩阵的时候，需要先得到 t 时刻上用户 i 和用户 j 之间的距离，即 d_{ijt}（如果 i 和 j 相互连接，则 $d_{ijt}=1$，否则 $d_{ijt}=0$）。在此基础之上，通过公式（4-4）计算出用户 i 和 j 的结构对等程度。其中，N 是指 t 时刻整个网络中的用户数，i 和 j 分别在 1，2，…，N 中取值，计算出所有节点在 t 时刻的结构对等程度 s_{ijt}，就可得到 t 时刻的结构对等矩阵 W_2，t，这也是一个 $N\times N$ 阶的矩阵。

$$S_{ijt}=\frac{1}{1+\sum_{k=1,\ k\neq i,\ k\neq j}^{N}\sqrt{(d_{ikt}-d_{jkt})^2}} \tag{4-4}$$

关于因变量，我们将因变量确定为线上用户的参与行为。对于线上用户来说，浏览主题帖、每日签到、发表主题帖、评论、参与活动、参与投票、回复等行为都可以被看作是用户的参与行为，但是在实际的研究中，对于用户是否每天会登录论坛进行浏览这样的行为我们无法检测，因此为了在实际研究中可以对顾客参与行为进行量化，我们在本研究中只考虑用户的深度参与行为，即只有发表的主题帖或评论，以及参与论坛活动这种行为才被认为是用户进行了参与，并用主题帖数量和评论数量的多少来表现顾客参与行为的活跃度。

此外，由于在好友关系网络中，顾客的参与行为除了会受到内聚力和结构对等的影响，还会受到用户在在线品牌社区中其他属性的影响。例如，在花粉俱乐部中，用户通过发帖、回复参与投票等行为可以获得花瓣，因此花瓣数量的多少在一定程度上反映了顾客参与活跃度的高低，但是因花瓣在花粉俱乐部中还扮演了虚拟货币的角色，即可以用花瓣在论坛的花瓣商店中换得相应商品，因此这无形中对用户形成了一种激励作用，用户可能会为了得到花瓣而刻意地作出参与行为。鉴于这种情况，在本书的研究中，我们将花瓣数这一属性值作为控制变量，以保证最终研究结果的准确性。

五、实证分析

（一）数据收集

本书选用华为公司创建的在线品牌社区花粉俱乐部作为研究平台，原因有如下几点。首先，该论坛受众广泛，华为公司在每一部华为手机上都内置了花粉俱乐部的应用软件，随着华为手机在中国的市场占有率逐渐扩大，花粉俱乐部的推广也会不断扩大。此外，在该社区中每日发帖数量近 40 万，由此看出这是一个顾客参与度十分活跃的虚拟品牌社区。还有非常重要的一点是，我们可以通过访问用户的个人主页，清楚地了解用户的各种网络属性，如积分、人气、威望、好友数量、花瓣数等，并可以确切地知道该用户的好友都是谁。这三点为得到相应的研究数据并建立好友关系网络提供了有力的支持。

在数据获取方面，本研究通过使用火车头数据采集器在花粉俱乐部中抓取相关数据，以 30 名用户作为 0 级用户，往下逐层抓取好友以及相对应用户的网络属性，共获取 4 层，剔除掉其中因设置隐私保护而无法获取好友信息及属性的用户。时间区间从 2016 年 4 月 25 日到 2016 年 6 月 12 日，每周抓取一次，共收集 7 周数据。然后将每周收集的样本数据导入社会网络分析软件 Gephi，描绘出其好友关系网络（如图 4-3，此为第一周收集的包括 4086 个有效节点的 4 级好友关系网络）。在此后的 6 次数据收集和数据构建的工作中，重复这一过程，并将这 7 次的数据进行整合，建立动态好友关系网络，通过动态网络可以清晰地看见在这 7 周中好友关系的变化过程。

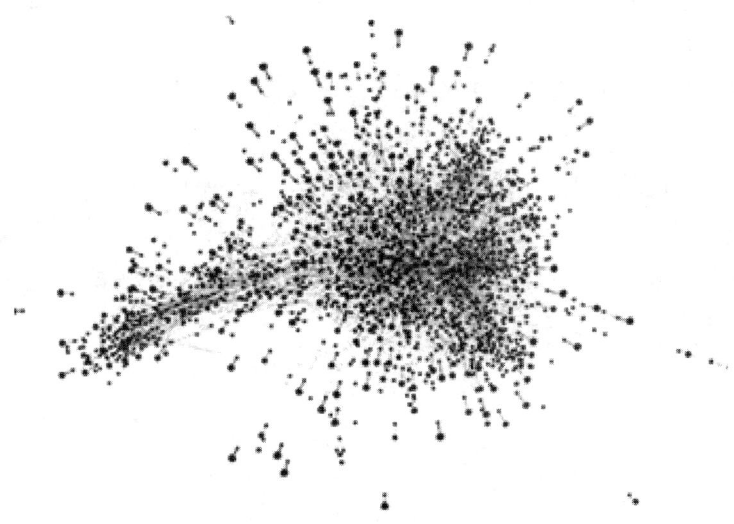

图 4-3　花粉俱乐部用户的好友关系网络

（二）数据处理

根据已经构建好的网络，可以获得所有用户间的好友关系。到此我们已经能够求出公式（4-3）中的内聚力矩阵 $W^f_{1,i}$ 以及结构对等矩阵 $W^f_{2,i}$ 。这一过程通过在 Matlab 上编写相应程序进行计算获得，相关计算程序如图 4-4 所示。

花粉俱乐部对用户在社区中的所有互动行为进行了记录和客观积分，如表 4-1 所示。在进行因变量的选择时，我们必须选择一个能够最为全面和综合地反映顾客参与行为的综合指标。在花粉俱乐部中，每位用户的积分测算标准为“发帖数 × 0.5+人气 × 1+威望 × 5+精华帖数 × 5”，由此可见，积分这一属性最能全面地概括每位顾客参与行为的活跃度，因此我们最终确定用“积分”（Sum）来代表顾客参与行为的活跃度，将这一属性作为公式（4-3）中的因变量 y。由此，我们通过编写程序计算得到两个 $N \times 1$ 的矩阵，即公式（4-3）中 $W^f_{1,i}y^f$ 和 $W^f_{2,i}y^f$ 。

在此基础上，由于各个变量间的量级相差比较大，所以我们对因变量 y，控制变量 X，以及自变量 $W^f_{1,i}y^f$ 和 $W^f_{2,i}y^f$ 分别取自然对数。截至目前，我们已经得到了在实证分析中所需的所有变量，详见表 4-2 和表 4-3。

```
%jisuan duidengz
d=0;

for i=1:m

    for j=1:m
        for k=1:m
        d=d+abs(juzhen(j,k)-juzhen(i,k));



         end
         duideng(i,j)=1/(d+1);
         d=0;


    end

end
%shencheng juzhen
[m,n]=size(uid);
[x,y]=size(guanxi5);
juzhen(1:m,1:m)=0;
for i=1:x
    for j=1:m
        if guanxi5(i,1)==uid(j,1)
            for k=1:m
                if guanxi5(i,2)==uid(k,1)
                    juzhen(j,k)=1;
                    juzhen(k,j)=1;
                end
            end
        end
    end
end
```

图 4-4　内聚力和结构对等矩阵的 Matlab 计算命令

表 4-1　花粉俱乐部用户网络属性评价标准

动作名称	周期范围	周期内最多奖励次数	人气	威望	花瓣
被评论	每天	20	+2	0	0
评论	每天	40	+1	0	0
参与投票	不限周期	不限次数	0	0	+2
加精华	不限周期	不限次数	+5	+1	+50
发表回复	每天	50	+1	0	+1
发表主题	每天	50	+2	0	+2

表 4-2　变量描述

变量	描述
$Sum_{i,t}$	因变量 y，取自然对数后用户 i 在 t 时刻的积分
$Equi_{i,t} * Sum_{i,t}$	取自然对数后，用户 i 在 t 时刻与其结构对等用户的累计参与程度
$Coh_{i,t} * Sum_{i,t}$	取自然对数后，用户 i 在 t 时刻所有好友的累计参与程度
$Flowers_{i,t}$	控制变量 X，取自然对数后用户 i 在 t 时刻的花瓣数

表 4-3　变量的描述性统计

变量	样本数	平均值	标准差	最小值	最大值
$Sum_{i,t}$	20 395	6313. 732	14 980. 55	2	215 402
$Coh_{i,t} * Sum_{i,t}$	20 395	50 250. 29	133 102. 5	0	1 636 821
$Equi_{i,t} * Sum_{i,t}$	20 395	5 169 985	2 058 222	222 608. 5	8 238 002
$Flowers_{i,t}$	20 395	5712. 048	24 578. 26	0	863 703

为了确定不存在多重共线性，我们还算出了相关系数矩阵（见表 4-4），由表中结果可以看出，自变量之间的相关系数均

没有高于0.6的数值，因此不存在多重共线性，可以进行面板数据的回归分析。

表 4-4 相关系数矩阵

	$Sum_{i,t}$	$Coh_{i,t} * Sum_{i,t}$	$Equi_{i,t} * Sum_{i,t}$	$Flowers_{i,t}$
$Sum_{i,t}$	1.0000	—	—	—
$Coh_{i,t} * Sum_{i,t}$	0.3501	1.0000	—	—
$Equi_{i,t} * Sum_{i,t}$	-0.4171	-0.5373	1.0000	—
$Flowers_{i,t}$	0.7075	0.2378	-0.2955	1.0000

（三）实证结果分析

基于以上分析，为了能够便于理解实证分析结果，方便变量在模型中的对应，我们将公式（4-2）中的变量与本研究中的变量进行匹配，得到最终的研究模型：

$$\mathrm{Sum}_{i,t}=\beta Flowers_{i,t}+\rho_1\ \mathrm{Coh}_{i,t}\times\mathrm{Sum}^*_{i,t}+\rho_2\ \mathrm{Equi}_{i,t}\times\mathrm{Sum}^*_{i,t}+\varepsilon_{i,t},$$

$$\mathrm{Sum}_{i,t}=\mathrm{Sum}^*_{i,t}\ (\mathrm{Sum}^*_{i,t}>0)$$

运用Stata软件对相关数据进行回归，得到结果如表4-5所示。从表中可知，可决系数R^2等于0.4612，模型的拟合优度可接受，并且模型通过显著性检验｛$F(3.16307)=41.08$，$p<0.001$｝。

实证分析结果表明，内聚力效应的影响系数为0.0168，且P值小于0.05，检验结果显著，由此假设H1通过验证，即在线顾客参与行为的活跃度与其好友参与行为的活跃度成正相关。结构对等效应的影响系数为0.3548，同样P值小于0.05，检验结果显著，说明假设H2通过验证，即在线顾客参与行为的活跃度与其在好友关系网络中结构对等用户的活跃度成正相关。

表 4-5 模型拟合结果

Sum	*Coef.*	*Std. Err.*	*t*	*P* 值
$Coh_{i,t} * Sum$	0.0168	0.0000696	2.41	0.016
$Equi_{i,t} * Sum$	0.3548	0.0013063	2.72	0.007
Flowers	0.5694	0.0005294	10.76	0.000
常数项	6.8329	0.0207639	329.07	0.000
No.	20395	—	—	—
R-sq	0.4612	—	—	—
F	41.08	—	—	—

六、研究启示

信息技术的发展，Web2.0 时代的到来，消费者角色的变化，使得在线品牌社区逐渐成为一种企业与顾客间进行价值共创的平台和桥梁。本书基于这样的背景，通过使用在线品牌社区这一平台，研究网络效应对顾客参与行为的影响。在分析中，我们通过实时抓取的好友关系数据和用户属性数据，以社会影响为基础，探索了好友关系网络如何影响顾客参与在线品牌社区的行为。

本章的研究结果显示，在线品牌社区好友关系中的社会影响效应能够影响社区中用户的参与行为，当社区中某一用户的好友参与活跃度非常高时，就算这位用户不会主动进行发帖讨论等行为，也会在浏览网站的过程中受到其好友动态的影响，进而对其好友所发状态进行评论、回复等行为。另外，在上文中我们已经提及，Burt 在其研究中证明了现实生活中，结构对等的两个人作出相同行为的可能性非常大，而在此基础上，本书的研究将这一结论延伸到了虚拟世界中，如表4-5所示，结构对等用户的参与行为活跃度成正相关，并且从系数的结果来看，结构对等效应对顾客参与行为所产生的影响要高于好友间的内聚力效应。由此我们可以看出，在虚拟世界中有着共同好友圈的两个人同样有极大的可能作出相同的行为，因此在线品牌社区中顾客参与行为的活跃度在很大程度上会受到其结构对等用户以及他们共同朋友圈的影响。

（一）理论贡献

本书的研究结果具有一定的理论贡献和营销启示。在理论方面，本研究将Burt的社会影响理论扩展到了在线品牌社区的研究中。在以往文献中，社会影响效应在不同场景中会表现出不一致的效果，诸如网络游戏中用户的消费行为受到结构对等用户的影响效果不显著（Golub，2010），而在Burt的研究中，医生对新药物的采纳仅受到结构对等效应的显著影响，内聚力效应对创新的扩散则没有显著的作用效果；与这些研究场景不同，本研究关注的在线品牌社区是一个相对松散的组织，成员之间的关系完全是平等的，体现出一种扁平式的人际关系结构，本研究结果丰富了社会影响理论。

（二）实践意义

在实践方面，本书进一步提出相关营销学启示，我们认为，企业应对社区中这种虚拟好友关系的管理给予更多的重视，并利用这种关系所带来的效应促进用户的参与行为，进而增强在线品牌社区作为企业与消费者之间价值共创的桥梁的作用。绝大多数企业建立在线品牌社区的主要目的都是进行企业品牌或产品的宣传及推广并以此来提高品牌知名度，而类似于华为这种主打科技类产品的公司所建立的在线品牌社区，在产品推广和提高知名度的基础上，更多的是为其顾客提供一个信息分享、经验交流以及问题讨论的平台。绝大多数加入花粉俱乐部的用户都是已经购买过华为产品的顾客，这些顾客在使用产品过程中发现的问题或是产品使用心得能够真实地反映消费者的态度和需求，这相当于为公司在进行进一步产品研发的过程中指明了侧重方向，因此可以说线上顾客参与行为越频繁，用户在论坛中发表看法、讨论问题的意愿越强烈，越是能发挥在线品牌社区为企业带来利益的作用。通过本书的研究，我们证实了好友关系对顾客参与行为的影响，由此得出营销学启示：企业在管理在线品牌社区时应对这种在线世界中产生的好友关系给予更多的重视。比如，在线品牌社区的管理者可以在新用户注册时强制让用户加一些管理员为好友，使得他通过好友动态便可以随时了解产品发布、技术讨论等信息，进而促使他形成主动进行参与的行为。抑或是加入一些社交网站的功能，对用户进行好友推荐，将一些参与行为极其活跃的用户推荐给初来乍到的用户，通过这种方式逐渐调动用户的参与积极性。

（三）研究局限与不足之处

本研究同样存在着一些不足之处。由于时间限制，本研究只使用了 7 周长度的面板数据来进行分析。此外，由于硬件设施有限，我们无法研究更大的好友关系网络，在初始用户数量为 30 的基础上形成的好友关系网络所产生的计算量已经达到了极限。因此我们研究的结论存在着一定的局限性，使得该研究对于未来情况的预测能力比较有限。

此外，本研究是在无法得到后台数据以及用户个人隐私信息（如年龄、性别、收入等）的情况下完成的，我们所能抓取到的用户属性及好友关系都是建立在网站中可直接获得的基础上的，事实上我们在研究中所能获得的数据相比于能够得到后台数据和用户个人信息的研究者来说是非常有限的，因此我们无法进行更加深入的研究。

在未来的研究中，首先对于数据的收集和处理工作不能停止，要继续进行每周数据的抓取，同时，在硬件设备允许的基础上，扩大好友关系网络的范围，使得该网络受众更广泛。除此之外，可以尝试与企业联系，在获得更多有效数据的基础上，可以选择更全面的控制变量，如好友关系建立的时间、在线品牌社区用户的在线时间长度等变量。

第五章

在线品牌社区意见领袖对顾客参与活跃度的影响

一、研究问题描述

作为凝聚品牌爱好者和消费者的社会媒体平台，在线品牌社区改变了消费者互动交流的方式，并重新定义了企业与消费者的沟通途径。互联网用户可以通过在线品牌社区进行信息交换、情感交流和兴趣分享等互动行为，这为企业带来诸多价值。研究表明，75%的互联网用户在购买前会通过网络搜索电子口碑信息，作为汇集大量口碑信息的网络平台，在线品牌社区吸引了这些用户的访问，由此为企业拓展潜在客户并提高品牌影响力提供了机会（Macaulay 等，2007，Cova 和 Dalli，2009）。此外，关于技术类产品的在线品牌社区研究发现，超过 40%的用户通过社区交流来咨询并解决产品问题，这有利于企业缓解售后服务压力，降低客户支持成本（Thompson，Kim 和 Smith，2016）。鉴于此，越来越多的企业投资建立在线品牌社区，世界100 强企业中超过 50%的企业已经拥有自己的在线品牌社区（Manchanda 等，2012）。

然而，在线品牌社区的运营却非常艰难。许多在线品牌社区面临用户数量少、内容贡献低的问题，很难吸引用户的持续参与（Ma 和 Agarwal，2007），有的社区几乎没有顾客参与而成为“网络鬼城”（Ling 等，2005）。作为社会化的媒体平台，顾客参与是在线品牌社区运营的核心问题。在在线品牌社区运营过程中，尤其是运营初期，社区管理人员会邀请一些“种子用户”加入社区，这些“种子用户”最好是熟知品牌或产品的活跃分子，他们在社区积极地互动，撰写一些有价值的内容，增强社区的吸引力，吸引更多用户的加入和贡献内容，以提升社区的活跃度。遗憾的是，活跃分子的加入也难以避免社区中的一些用户“潜水”，他们从不或很少发言，有研究表明，这些不活跃的用户在虚拟社区中占不小的比重，其占比从健康类社区的 46% 到技术类社区的 82% 不等（Fisher，Smith 和 Welser，2006；Nonnecke 和 Preece，2000）。也就是说，较小比例的活跃用户贡献了社区大部分的内容（Nielsen，2006）。也正因如此，用户在社区中的地位和角色是不同的。有的用户投入程度和贡献水平都很低，他们在社区中的存在感很弱；有的用户投入程度和贡献水平较高，他们在社区中贡献了大量的内容，对其他用户的观念或行为产生较大的影响，此类用户就是本研究关注的意见领袖。在线品牌社区中的意见领袖通常具有较丰富的产品使用经验，对产品的相关知识比较专业，并乐于与他人分享（Zhao 等，2015）。例如，在 Levis 品牌论坛中，意见领袖对 Levis 品牌旗下牛仔裤各个版型的差异进行详解，帮助普通用户了解产品知识。

意见领袖通常会投入较多的时间和精力参与在线品牌社区，可以直接为社区创造贡献，因此，社区运营人员希望在线品牌社区中存在更多的意见领袖（Cheung 和 Lee，2012）。然而，在线品牌社区中的意见领袖会如何影响普通用户的社区参与？具体地，社区中意见领袖的数量是否越多越好？普通用户处在意见领袖很多的社区环境中会作何反应？同时，意见领袖在社区中贡献了大量的原创内容，这些内容的质量又是如何影响普通用户的社区参与的？这些问题对于理解在线品牌社区普通顾客参与行为的形成以及持续非常重要。但遗憾的是，当前很少有研究关注这些问题。

鉴于此，本研究尝试通过意见领袖的数量和质量两个维度，探究意见领袖对在线品牌社区活跃度的影响作用。借鉴使用与满足理论，本研究提出顾客参与在线品牌社区是以目标为导向的行为，对在线品牌社区而言，用户使用该平台主要基于品牌相关需求、功能性需求和社会性需求三种目标（Aksoy 等，2013）。由于意见领袖的存在有利于形成和谐的社区氛围和较强的社区认同（Luo 等，2016），因此，在线品牌社区中意见领袖的数量和质量会影响用户需求目标的满足程度，进而刺激社区整体的参与活跃度，由此提出本书的研究假设。为了验证相关假设，实证分析环节通过火车头数据采集程序，从中国最大的在线汽车论坛——汽车之家中收集了 24 个独立社区的面板数据，并利用固定效应模型对研究数据进行分析，有效地控制了不同社区中可能存在的用户异质性问题。研究结果发现，意见领袖的数量对在线品牌社区活跃度产生正向影响，但是当意见领袖的规模超过一定数量时，影响作用将变为负向；同时，意见领袖所贡献内容的质量对社区活跃度产生正向影响。

本研究对意见领袖和在线品牌社区领域均具有一定的贡献。首先，本研究创新性地探索了意见领袖与在线品牌社区活跃度的关系，并将意见领袖分为数量和质量两个维度进行审视，有利于更好地理解意见领袖对于在线品牌社区的价值，丰富了相关领域的研究成果。其次，本研究数据来源于在线品牌社区中用户的实际互动行为，利用数据采集程序获取24个独立社区的面板数据，更为客观地检验了理论模型的准确性及有效性，对意见领袖和在线品牌社区领域的研究人员具有一定的参考价值。此外，本研究在管理实践方面也具有重要的指导意义，在线品牌社区运营人员参考研究结果可以更好地理解意见领袖在在线品牌社区中的价值，从而制定更有效的管理政策提升社区的活跃度，以保障社区运营的成功。

二、理论基础

（一）在线品牌社区用户分类

Varik和van Oostendorp（2013）将在线社区中的用户分为非活跃用户（inactive member）和活跃用户（active member）。其中，非活跃用户是指可能极少或从不访问社区，或者访问社区但只是浏览他人发布的信息，对社区没有贡献的用户。活跃用户是指在在线社区中参与互动交流，并留下行为记录的用户。尽管非活跃用户当前对社区没有贡献，但是不排除在未来的某个时间产生参与行为（如发言提问或者分享信息），而成为社区的活跃用户（Preece，Nonnecke和Andrews，2004）。因为非活跃用户可能正在学习参与社区的规则，或者在观察此社区是否能够满足自己的需求（Walther和Boyd，2002；Maloney-Krichmar和Preece，2005）。

为了更好地理解在线社区顾客参与，众多学者基于不同的标准对用户进行了分类，如表5-1所示。可以看出，虽然学者们对在线社区用户的分类观点不尽相同，但是他们都将意见领袖作为用户中的重要类别单独分析，足以看出意见领袖在在线社区运营中的重要地位。

表 5-1 在线社区用户分类

用户类别	标准	来源
意见领袖、呼应用户、共享用户、浏览用户	发帖数、回帖数、原创文章数、精华数	毛波和尤雯雯（2006）
意见领袖、聚焦用户、扩散用户、争议用户、边缘用户	发帖量、回复量、认同值、扩散度	薛可和陈晞（2010）
意见领袖、回应用户、社交用户、咨询用户、旁观用户	点入度、点出度、交往规模、互动程度	徐小龙和黄丹（2010）
意见领袖、普通用户	中心度、贡献、语言特征	Zhao 和 Greer（2015）
网管、版主、资深网民、普通网民	论坛等级	刘永谋和夏学英（2006）
精英型用户、实力型用户、活跃型用户、孤独型用户	关注、不关注	宫辉和徐渝（2007）
精英型用户、实力型用户、活跃型用户	点出度、点入度、中间中心度	邱均平和熊尊妍（2008）
核心成员、交谈用户、信息搜索用户等	访问频率、停留时间、信息检索次数	De Valck，Van Bruggen 和 Wierenga（2009）
核心用户、边缘用户	讨论次数	陈海强、程学旗和刘悦（2009）

续表

用户类别	标准	来源
外围用户、正式成员、社区核心	点出度、中间中心度	Toral，Martínez-Torres 和 Barrero（2010）
核心用户、普通用户	点度中心度	何黎、何跃和霍叶青（2011）
信息型用户、网络游民、专业用户	关注、被关注、博文数	赵文兵等（2011）
重要成员、浏览用户、沉默用户	近度、频度	刘伟和丁志慧（2012）
权威用户、人气用户	点度中心度、凝聚子群等	宋恩梅和左慧慧（2012）

本研究关注于意见领袖对在线品牌社区活跃度的影响，拟采用 Zhao 和 Greer（2015）对在线社区用户的两类划分观点，仅需将社区用户分为意见领袖和普通用户。具体来说，意见领袖是指为在线品牌社区中的信息搜寻者提供信息，并影响其购买决策的重要用户；普通用户是指在社区中跟随他人观点，偶尔回应提问，对其他成员行为影响较小的用户。在在线品牌社区中，意见领袖对特定的产品具有较为丰富的专业知识和较浓厚的兴趣，会积极主动地向其他用户提供有关话题的建议，也因此在社区中拥有较高的地位。而普通用户包含了以往学者提出的回应者、社交者、咨询者等角色。例如，在线品牌社区的普通用户中有些经常转发或点赞他人的观点，原创内容很少；有些虽然有贡献意愿，但可能知识有限，发表的信息和意见得不到其他成员的普遍响应；还有的是为了获取消费经验或寻求

技术帮助，仅与能帮助他们解决问题的人进行交流；也有些用户可能没有参与消费相关活动而是热衷于联络拥有相同兴趣的用户建立社交关系；等等（徐小龙和黄丹，2010）。

（二）意见领袖的概念

哥伦比亚大学应用社会研究所的研究者 Lazarsfeld（1940）在政治选举研究中首次发现这一理论并提出相关概念，意见领袖（opinion leader）随即进入人们的视线。研究者选取一些选民进行访问，其目的是调查媒介效应对政治格局的影响，他们从俄亥俄州伊利县锁定部分选民并将其分为若干组，通过调研确定选民投票的影响因素。这项研究初始目的是欲发现大众媒介与政治活动的作用机理，而得到的结果却是"在选民的投票最终决定的影响因素里，还是人们相互接触表现得更为频繁，也更加有作用"（Katz，1953）。调查者发现选民在社会地位、性别、年龄、媒介渗透、动机强弱等方面有很大差别，并用此作为意见领袖的特有表现将被访问的选民分为两类，即意见领袖（提议人）、提名意见领袖者（受提议人）。这就是"两级传播模式"，即首先从大众媒介处开始传播，进而由意见领袖扩散得更为广泛。

Katz 和 Lazarsfeld（1955）还将意见领袖的现象加以分类：相关事情发生前的初判、事件发生过程中的扩散意见领袖与传播阶段后期的意见领袖。基于"两级传播模式"的研究，Rogers 和 Shoemaker（1971）对"创新扩展"进行研究，深入地研究并发展了"两级传播理论"，也扩充了"两级传播理论"有关信息传播的初始资料。"创新扩散"分为以下步骤：了解、劝说、决策、证明。他们还将传播受众作为研究对象，通过他们对新事物的反应将其分类。其中包括先导者、初期接受者、初期响应者、末期追随者、拒绝者。罗杰斯也根据这一理论，对“两级传播理论”进行了理论的丰富与深入。Rogers 和 Shoemaker（1971）以及 Goldsmith 和 Hofacker（1991）整理了多方资料，发现社会经济变量（socio-economic variables）、统计人口指标（demographic）、媒介渗透（media exposure）、社会阶层（social positions）、人物属性（personality traits）足以描述意见领袖的特点。并从中得知，有些意见领袖的研究者并不是单独研究这一领域，而是同时在多个方面颇有建树。所以，意见领袖专家一般不局限在这一特定领域，他们通常还是其他领域的专家。

在初期研究中，研究者发现意见领袖与其追随者之间存在社会地位差别。在之后的研究中，研究者们又发现意见领袖的社会经济变量、统计人口指标、媒介渗透、社会阶层、人物属性、教育程度等并没有什么差别（Myers 和 Robertson，1972）。早期的研究者认为意见领袖对大众媒体更为依赖，并且相关媒介的影响更为显著（Katz 和 Lazarsfeld，1955）。当然也有学者持有相反的观点，他们认为意见领袖同其他人使用媒体的频率相似（Shenkar，1990）。这些人为了能与更多亲友有更多新闻媒体报道作为谈资（Levy 和 Reid，1978），才选择使用媒体，所谓认知倾向（cognitive orientation）。从群体行为角度考虑，意见领袖社交更为活跃，经常参加政治活动，与不同人群类型都有接触并互通信息。个性力量量表的实证结果表明，个性力量表现明显的人拥有社会网络更为庞大，这类人更善于同他人相处（Mc-cauley，Bogen 和 Miller，2017）。

现阶段网络论坛、虚拟社区可以更为便捷地获取民意，成为相关群体信息的汇集处，意见领袖将一些传统的方式带入网络世界，使得更多的意见领袖将注意力转移到虚拟社区。周裕琼（2006）对强国论坛中的“十大网友”进行研究，认为意见领袖积极主动地贡献知识，回帖发帖，其中一些已经成为广大网友认可的精华帖。Lyons 和 Henderson（2005）站在营销的视角，认为意见领袖拥有更高的品牌忠诚度，并更容易成为新产品的初期接受者，他们更加丰富的产品经验和专业知识有助于他们在网络空间内深入讨论，他们在此网站的参与时间也会变长，随即发生更多的参与行为。比较来说，网络世界同现实世界中的意见领袖有着相似之处：他们可能对某一领域更为擅长，同时还是社交达人，他们的意见容易影响更多人。网络意见领袖主要体现在以下几个主要方面，用网络术语表达为：

第一，意见领袖是社交活跃者。他们积极地与整个网络交互信息，体现在在虚拟社区/论坛中发帖或回复别人的帖子，并广泛地参加社区活动。

第二，意见领袖是社群中的核心存在。在虚拟社区中，他们更容易得到认可和关注，发布的信息能获得更多的回复；而且，他们交互信息的人群更为广泛，所以，他们通常是社区红人，号召力更强。相反，如果提出的想法没有人回应，纵使他们反复刷帖，也不会取得多好的效果，这种情况往往就不能称其为意见领袖。

第三，意见领袖主导群体意见。更多的认同和关注使他们在社区内有着更高的影响力和感染力，他们获得的点赞或赞扬也会多于普通用户。

本研究基于对在线品牌社区意见领袖的概念及特点的描述，针对社区中知识贡献的活跃用户进行研究，确定了研究范围，对研究中所涉及的意见领袖概念作如下界定：意见领袖，即在一个参照群体中，因为在某个领域内有较高知名度、专业度而能够对群体中的其他成员产生影响力的人（Lyons 和 Henderson，2005）。

（三）意见领袖的识别方法

现阶段国内外研究中对于社会化媒体中的意见领袖识别的方法主要有三种：用户属性分析法、信息交互分析法、社会网络分析法。本部分通过对比三种识别方法以选取更适合本研究平台——在线品牌社区中用户数据特点的方法。

第一，用户属性分析法。对虚拟社区的研究表明，一小群意见领袖可能对其他人产生很大影响（Cha 等，2010）。识别这部分用户可以为社区建设和管理、在线营销、信息检索和传播等提供实用的指导意见。尤其对于在线品牌社区而言，意见领袖可能还会对产品创新活动、品牌危机公关等产生额外的影响（Van Eck，Jager 和 Leeflang，2011）。显然，意见领袖的行为方式与普通用户不同。因此，有的学者利用个体行为特征寻找虚拟社区中的关键用户。例如，通过用户发布博客的数量和发布频率，以及跟随者的活动（如评论博客）等迹象识别意见领袖（Agarwal 等，2008；Zhao 和 Kumar，2013）。王君泽等（2011）采取对用户重要度进行评分的方法，通过收集用户的关注人数、粉丝数量、是否认证等作为变量构造多维模型以研究意见领袖。还有一类学者计算用户属性特征的权重矩阵，将权重高的用户确认为意见领袖（丁雪峰等，2010；李玉贞等，2013）。学者祝帅、郑小林和陈德人（2011）利用用户属性首先对用户进行聚类，然后设计了 X-means 迭代聚类筛选模型，确定意见领袖。而学者刘志明和刘鲁（2011）从用户活跃性和影响力特征两个方面建立指标体系，然后采用粗糙集决策和层次分析法识别出调查样本中的意见领袖。还有学者利用马尔科夫链模型从用户属性和社交属性几个方面对用户的类别进行挖掘（Zhang 等，2014）。关于用户属性分析方法的研究虽然采用了多种方法，如马尔科夫链模型、迭代聚类筛选模型等不断优化的方法去识别意见领袖，但是计算模型中的指标仅考虑用户本身的属性，却忽略了用户所在网络的交互作用等其他因素。

第二，信息交互分析法。利用信息交互分析法识别意见领袖主要关注用户所生成信息的传播特点，以此来确定用户的影响力，识别出高影响力的意见领袖。Matsumura，Ohsawa 和 Ishizuka（2002）的研究是这种方法的典型代表，他们通过考察信息传播途径中的信息影响力加总得到用户的影响力数值，从而构建出信息扩散的结构模型。基于此研究，樊兴华等（2013）增加了对相同话题中的词语传播概率，解决了影响力扩散模型中存在的理论问题，如影响力传播终止，虚假影响力计算等问题，完善了模型的计算精度。Agarwal 等（2008）在此基础上，在发帖影响力的衡量中，还增加了博客中帖子的评论及转发数量、帖子的质量和创新性等因素。Li 和 Du（2011）在挖掘意见领袖的过程中也考虑了发文的质量和频率。利用信息交互分析法识别意见领袖，通过评价用户生成信息传播特征来计算用户的影响力比较间接，用户的影响力不仅仅体现在信息交流互动中，也体现在用户的社交特性方面，如用户的粉丝数，因此，该方法仍具有一定的局限性。

第三，社会网络分析法。更多的学者使用社会网络分析法对意见领袖进行识别，具体包括网络结构中心性和扩散模型两个类别。其中，基于网络结构中心性的识别方法是根据用户在在线社区网络中节点的重要性程度指标确定意见领袖。例如，反映一个节点连接不同话题能力的中介中心性（Betweenness

Centrality）指标（Freeman，1977）；反映一个节点直接连接的相邻节点数量的度中心性（Degree Centrality）指标；反映一个节点在传播信息时对其他节点的依靠程度的接近中心性（Closeness Centrality）指标（Cobb 等，2010）等。这些指标简单且直观，实践上易于操作，被相关研究者广泛采用（Zhang 等，2007）。基于扩散模型的方法是通过帖子内容或关键词在回复结构中的传播来识别意见领袖。学者们提出了不同的扩散模型来模拟扩散过程，如阈值模型和独立级联模型（Watts，2002；Goldenberg 等，2001）。然而，找到这些用户在计算上仍然非常困难，如常见的 NP-hard 问题，后来启发式算法被提出来降低计算复杂度，但它仍然是一个难以操作的计算任务，同时在不同研究环境中也难以评估这些模型的有效性（Kempe 等，2003）。

鉴于此，本研究拟选取基于社交网络结构中心性的方法对在线品牌社区中的意见领袖进行识别。

（四）使用与满足理论

本研究从以用户为中心的目标导向的理论视角，依据使用与满足（uses and gratifications）理论对相关假设进行分析。不同于传统的以传播者为中心的“媒介对用户做了什么”，使用与满足理论把研究焦点转移到“用户通过媒介做了什么”，认为用户是有着特定需求的个体，他们的媒介接触活动是有着特定需求和动机并得到满足的过程（Katz 等，1974；Ruggiero，2000）。基于使用与满足理论，本研究认为顾客参与在线品牌社区是为了满足自身的某种需求，而意见领袖的存在可能为用户提供了能够满足其需求的在线品牌社区环境。

对于在线品牌社区，顾客参与该平台的需求是多方面的，社区中的用户不仅可以获得关于产品或品牌的最新信息（包括文字、图片和视频），解决售后服务问题，还可以享受到诸如折扣、积分、返利和抽奖等物质方面的利益，同时还能找到志趣相投的朋友，获得精神层面的满足。Aksoy 等（2013）对以往众多学者的研究成果进行梳理发现，在线品牌社区顾客参与动机可以归结为品牌相关需求、社会性需求和功能性需求三个方面。品牌相关需求包括品牌认同和品牌象征意义。品牌认同是指个体通过与品牌建立联系而获得功能性、情感性和自我表达的目的（Hughes 和 Ahearne，2010）；品牌象征意义是指个体感知自我形象与品牌形象的契合程度，有的学者也将品牌象征意义视为品牌认同的内容（Aaker，1996）。社会性需求包括社会效益和社会认同。社会效益是指在社交利益的驱动下，通过与他人建立、维持联系以驱散孤独，或与想法相似的人接触和交流，从而得到社会支持（Dholakia 等，2009）；社会认同是指个体通过加入社会团体来维持和加强积极的自我肯定（Hughes 和 Ahearne，2010）。例如，华为品牌社区组织的跑步记录活动，鼓励用户使用华为手机记录每天的健康生活，成员可以通过参与此类活动表达自己健康生活的价值观。功能性需求包括信息性需求和工具性需求两个方面。信息性需求主要包含知识与信息的获取和分享；而工具性需求主要是指成员通过持续性的互动交流，达到解决问题、产生新想法等目的（Dholakia 等，2009）。

Aksoy 等（2013）的观点较全面地阐述了顾客参与在线品牌社区的需求，本研究利用他们的观点拟从品牌相关需求、社会性需求和功能性需求三个方面对意见领袖如何影响在线品牌社区的活跃度进行分析，并构建相关理论模型，如图 5-1 所示。

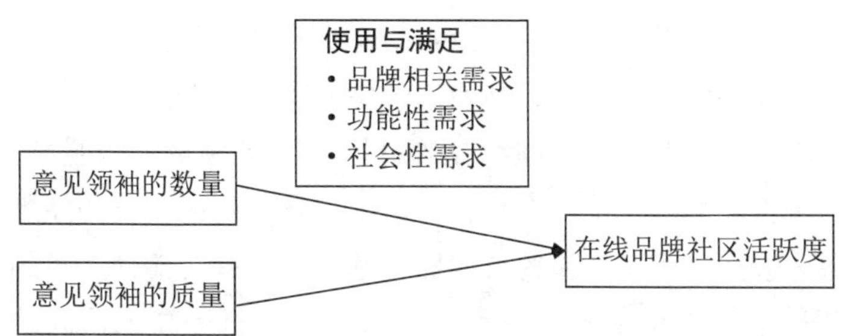

图 5-1　在线品牌社区意见领袖对顾客参与活跃度的影响研究的理论框架

三、理论分析与假设提出

（一）意见领袖的数量和顾客参与活跃度

根据使用与满足理论，具有品牌相关需求的个体为了获得品牌认同需要通过与使用相同品牌的人联系而实现自我表达（Hughes 和 Ahearne，2010）。基于此种需求，个体会主动寻找与他们喜欢相同品牌的消费者，分享对该品牌或产品的喜爱，在线品牌社区中的意见领袖正是该品牌的深度爱好者，意见领袖使用该品牌或产品的时间较长，产品消费经验较为丰富，对该品牌或产品有相对全面和深入的了解，且乐于互动交流，能够满足具有品牌相关需求的个体的目标。因此，在线品牌社区中的意见领袖数量越多，越有利于具有品牌相关需求的个体找到与自己相似的人互动交流，从而吸引更多的顾客参与社区活动。

具有功能性需求的个体希望从在线品牌社区获得信息性的、工具性的支持（Dholakia 和 Blazevic，2009）。例如什么产品评价更好、是否购买、问题的产生原因、可能的解决方法等。作为凝聚众多消费者口碑信息的社会媒体平台，在线品牌社区中有非常多的关于品牌、产品和消费评价的留言，这些留言内容大多由众多具有产品使用经验或对品牌有热情的意见领袖贡献，且实时更新。在线品牌社区中意见领袖的数量越多，他们所贡献的信息也越丰富，普通用户获取到所需要的品牌相关知识或产品使用经验的可能性也越大，具有功能性需求的顾客参与在线品牌社区的频率也就越高，从而提高了社区的活跃度。

具有社会性需求的个体通常以建立社交关系和得到社会支持为目的，这些用户一般具有较强的情感和依附倾向，他们通常更加热衷建立和维持社交网络，同时乐于积极响应团体活动（孙康和杜荣，2010）。意见领袖传播信息过程中表现出的积极性和专业性，使得他们往往具有较强的人际吸引力（王晨旭等，2015），更容易获得其他用户的关注，尤其是具有社会性需求的个体。徐小龙和黄丹（2010）通过消费型论坛的研究也发现社交网络中与其他用户有高度连接的少数节点往往是意见领袖，证实了意见领袖在社交关系上的吸引力，正因如此，在线品牌社区的意见领袖数量越多，越有利于有社会性需求的用户在社区中开展社会交往活动，社区也因此变得活跃。

但是，一个在线品牌社区中的意见领袖也不是越多越好，过多的意见领袖也会给在线品牌社区带来信息过载（Information Overload）问题，造成用户认知成本的上升（Jones，Ravid 和 Rafaeli，2004）。在在线品牌社区中，普通用户虽然乐于浏览、转发或评论意见领袖所贡献的内容，接受意见领袖提供的专业知识或经验，但是过多的意见领袖则会带来观点的多面性，普通用户需要花费大量的时间筛选有价值的信息，尤其是对于没有主见或者缺乏信息处理能力的用户，太多的观点会造成用户的困扰，降低其使用在线品牌社区的可能性（Iyengar 和 Lepper，2000；Lurie，2004）。Weiss 等（2008）通过在线协作社区的研究发现，信息过载降低了顾客参与社区的时间。Jones，Ravid 和 Rafaeli（2004）等也发现信息过载的在线交流环境导致用户放弃参与谈话，并且在这种情况下用户倾向于提供简单化的回复。除此之外，由于意见领袖一般具有较为丰富的经验或者专业的知识，他们的产品使用技能远高于普通用户，这种差距的感知也会给普通用户带来压力（Liu，Li 和 Santhanam，2004）。如果普通用户处在意见领袖过多的社区环境中，他们体验不到与拥有相似知识水平的人进行社交或者娱乐的乐趣，会逐渐离开在线品牌社区。经过长时间的发展，在线品牌社区的用户规模将不再扩张甚至逐渐萎缩。意见领袖群体也会因为在社区中缺少欣赏者，而失去持续参与的意愿，最终影响了社区的活跃度。基于以上分析，本研究提出假设：

H1：在线品牌社区中意见领袖的数量对社区活跃度的影响呈现倒 U 形关系；即随着意见领袖数量的增加，社区的活跃度提升，但是当超过一定数量后，随着意见领袖数量的增加，社区的活跃度降低。

（二）意见领袖的质量和顾客参与活跃度

意见领袖的质量是指意见领袖所贡献内容的信息价值。意见领袖所贡献内容的质量对有功能性需求的普通用户产生较大的吸引力，有功能性需求的顾客参与在线品牌社区是为了获得信息、技术方面的支持，以降低购买决策过程中的不确定性风险（Adjei 等，2010）。研究发现，50%的虚拟社区成员会考虑他们社区伙伴的意见，33%的人承认社区中的观点影响他们的购买决策（Forrester，2006）。那么，拥有专业产品知识和丰富消费经验的意见领袖就成为社区内的普通用户信任和求助的主要对象（Wasko 和 Faraj，2005）。如果意见领袖贡献的信息质量越高，具有功能性需求的用户获得的信息就越有用，用户对该在线品牌社区的信任感就越强，从而提高了用户持续参与社区的可能性。此外，意见领袖对用户的咨询和求助问题的高质量回复，也会吸引遇到相似情况的更多用户使用在线品牌社区，这些新用户通过参与讨论、转发或点赞等社区行为，增加了在线品牌社区的活跃度（Jacoby 和 Hoyer，1981）。

同时，在线品牌社区中的管理员会对社区中的帖子进行把关，那些质量较高的帖子往往被管理员通过置顶、设置为精华帖等方式显示在社区的显著位置，以提高这些高质量帖子的点击率，从而促进了高质量信息的传播，而这些高质量的帖子往往出自意见领袖之手。一些有意愿和热情在社区中分享知识或者帮助他人的普通用户，可以通过学习和模仿意见领袖贡献的内容，不断丰富自己品牌或产品相关知识，逐渐提升自身在社区中的影响力，最终很可能会成长为新的意见领袖。

综上，意见领袖所贡献内容的质量越高，吸引顾客参与互动的可能性就越大，也越有利于普通用户的学习和成长，提高普通顾客参与社区活动的积极性，从而提高社区的活跃度。基于以上分析，提出假设：

H2：在线品牌社区中意见领袖的质量对社区的活跃度具有正向影响。

四、实证分析

（一）数据的收集

汽车之家是中国最大的在线汽车交流论坛。消费者可以在该论坛交流买车、用车、养车及与汽车生活相关的全程服务。根据 iUserTracker 统计，汽车之家月度覆盖人数接近 8000 万。汽车之家按照品牌和车型划分出不同的子论坛，用户在注册时需要选择自己感兴趣的车型，否则不能在论坛中发帖或留言，所以，各个产品版块之间相对比较独立，这有利于本研究对比不同产品论坛中的用户行为，同时有效控制了品牌相关因素（如品牌声誉、消费者品牌偏好等）对社区活跃度产生的影响。因此，本研究选择奥迪汽车社区作为研究对象，该社区包括奥迪品牌下的 24 个独立产品版块。

本研究采用火车头数据采集器抓取奥迪汽车社区中用户的互动行为记录，包括用户名、车主认证信息、是否手机绑定、性别、关注和粉丝列表、帮助值、精华帖数量、主帖的数量等信息。数据采集时间从 2016 年 9 月 29 日开始，每两周采集一次，共采集 5 次，样本数据属于 24×5（N×T）的短面板数据。在 2016 年 9 月 29 日第一次数据采集时，奥迪汽车社区中的用户总规模达到 150 多万，各产品论坛的用户总数如表 5-2 所示，其中奥迪 A4L 论坛的用户规模最大，拥有 2.6 万名成员；奥迪 Coupe 论坛的成员规模最小，仅有 1445 名成员。

（二）研究变量

首先，因变量。本研究的分析单位（Unit of Analysis）是每个社区，即奥迪汽车的各产品论坛。因此，因变量是在线品牌社区整体层面的社区活跃度，即一个社区中所有用户活跃度的汇总。本研究采用每个用户截至 t 时刻的帮助值的总和衡量社区参与活跃度。在奥迪汽车品牌社区中，帮助值是指用户通过发表优质的帖子、口碑、问答及提交购买产品的价格所获得积分数值。奥迪汽车品牌社区会根据用户每年获得的帮助值数量，评判保级或进一步升级，升级后可享受到更大的特权。表 5-3 汇总了用户获得帮助值的参与社区行为列表。

表 5-2　奥迪汽车论坛子版块的成员规模

论坛	成员总数	论坛	成员总数
奥迪 A4L	258 595	奥迪 R8	30 475
奥迪 A6L	221 425	奥迪 RS	24 083
奥迪 Q5	206 243	奥迪 allroad	11 220
奥迪 A3	123 319	奥迪全新 Q7	8380
奥迪 Q3	109 530	奥迪 Q4	2411
奥迪 S	95 565	奥迪 Q2	2354
奥迪 A8	90 828	奥迪 quattro	2257
奥迪 Q7	89 734	奥迪 100	2188
奥迪 A5	85 458	奥迪 A9	2143
奥迪 A7	72 884	奥迪 e_ tron	1920
奥迪 TT	44 004	奥迪 Q9	1871
奥迪 A1	35 856	奥迪 Coupe	1445
总人数		1 524 188	

表 5-3　奥迪汽车品牌论坛帮助值的获取方式

类别	行为	帮助值
个人信息	绑定手机号	50
	完善个人资料	100

续表

类别	行为	帮助值
论坛	发表15张图以上的精华帖	500
	成为认证车主	500
	成为多车认证车主	(每多加一辆车多加) 500
	发表一篇含有20张图、400字以上的精选帖	2500
	帖子被推荐到首页文字链	3000
	帖子被推荐到首页小图	3000
	帖子被推荐到首页自驾游精选	3000
	帖子被推荐首页焦点图	5000
口碑	发表一篇推荐口碑	1500
	发表精华口碑	2000
	发表满级口碑	3500
	发表优秀追加	1500
	发表新车质量反馈	2000
	发表可靠性质量反馈	2000
价格	发表3个月内购车价格，上传发票	2000
知道	一个问题的解答被楼主采纳	100

其次，自变量。本研究基于社交网络结构中心性的方法对在线品牌社区中的意见领袖进行识别。具体地，通过计算奥迪汽车社区中每个用户所处社交网络的出度（关注网络）和入度（粉丝网络）两个指标，选取两个指标均超过论坛总人数5%的用户——筛选标准将在稳健性检验部分调整以测试结果的可靠性——确定为意见领袖。同时，论坛鼓励用户通过提交行驶证

与驾驶证的信息申请成为认证车主，审核通过的认证车主会在"我的车库"中显示加V的图片标志，同时享有升级论坛等级或免费退换商品的奖励；而没有审核通过或者未申请的车主仅显示您感兴趣的车型图片。显然，实名认证车主发布的内容更容易获得别人的信任和参考。因此，本研究将"用户是否为认证车主"作为意见领袖筛选的第二个条件。通过这两个条件，本研究确定每个时间点上奥迪品牌下这24个产品论坛意见领袖的用户列表。

本研究的自变量包括意见领袖的数量和质量。其中，意见领袖的数量是每个产品论坛中识别出的意见领袖的个数。而意见领袖的质量采用意见领袖所发表帖子中被论坛推送为精华帖的数量进行衡量；因此，意见领袖的质量这一变量是在识别出意见领袖之后，通过对每个意见领袖的精华帖数量进行统计，再加总所有数值获得的。此外，本研究将每个产品论坛的用户总规模作为控制变量。

基于以上分析，本研究所设计的相关变量及描述如表5-4所示。

表5-4 研究所用变量描述

变量	具体说明
$Activity_{i,t}$	奥迪品牌社区中产品 i 的社区版块在第 t 时刻所有用户帮助值总和的自然对数值；因变量
$LeaderQuantity_{i,t}$	奥迪品牌社区中产品 i 的社区版块在第 t 时刻的意见领袖数量的自然对数值；自变量
$LeaderQuality_{i,t}$	奥迪品牌社区中产品 i 的社区版块在第 t 时刻的意见领袖累计精华帖总数的自然对数值；自变量
$TotalUsers_{i,t}$	奥迪品牌社区中产品 i 的社区版块在第 t 时刻的用户总数，取自然对数；控制变量

（三）研究模型

固定效应回归模型（Fixed Effects Regression Model）基本思想是将研究样本中的每个人作为自身的控制因素考虑进模型中，可以是由学者充分控制不随时间变化的那些可能没有或者不能测量到的变量进行控制。在对面板数据进行线性回归分析过程中，如果在不同的截面、不同的时间序列上，模型的截距项会随着时间和个体的变化而变化，但是模型的斜率系数是一样的，那么此模型就是固定效应回归模型。固定效应回归模型主要包括个体固定效应回归模型、时间固定效应回归模型，以及个体和时间固定效应回归模型三种。

第一，个体固定效应回归模型。该模型反映了除模型的自变量以外，影响因变量的其他所有确定性变量的效应只是随着个体变化而不随时间变化。方程表示为：

$$y_{it} = \alpha_i + X_{it}'\beta + \varepsilon_{it},\ i = 1,\ 2,\ \cdots,\ N;\ t = 1,\ 2,\ \cdots,\ T \quad (5\text{-}1)$$

第二，时间固定效应回归模型。该模型是在不同的截面，也就是时点上截距项不同，即截距不随个体变化，而随时间变化。这个时候应该用时间固定效应模型，具体的方程表示为：

$$y_{it} = \gamma_t + X_{it}'\beta + \varepsilon_{it},\ i = 1,\ 2,\ \cdots,\ N;\ t = 1,\ 2,\ \cdots,\ T \quad (5\text{-}2)$$

第三，个体和时间固定效应回归模型。该模型是对于不同的截面（时点）、不同的个体，截距都随个体和时间变化。具体的方程表示为：

$$y_{it} = \alpha_0 + \alpha_i + \gamma_t + X_{it}'\beta + \varepsilon_{it},\ i = 1,\ 2,\ \cdots,\ N;\ t = 1,\ 2,\ \cdots,\ T \quad (5\text{-}3)$$

对于面板数据的回归模型，主要有两种判定方法：F 检验和 Hausman 检验。其中，Hausman 检验是用来判定模型是符合固定效应还是符合随机效应的方法；F 检验是用来判定模型是符合混合效应还是符合固定效应的方法。

由于意见领袖的数量对在线品牌社区整体参与活跃度的影响包括两个阶段：第一个阶段随着意见领袖数量的增多，在线品牌社区整体参与活跃度的影响就越大；在第二个阶段，当社区中意见领袖增加到一定数量的时候，越多的意见领袖的存在会对社区的整体参与活跃度产生负面影响。为了在模型中检验这两个阶段的影响作用，我们在模型中加入了 $OpinionLeader_{i,t}$ 这一变量的二次项。由此，本研究构建的固定效应回归模型如公式（5-4）所示：

$$Activity_{i,t} = \beta_0 + \beta_1 * LeaderQuantity_{i,t} + \beta_2 * LeaderQuantity^2_{i,t} + \beta_3 * LeaderQuality_{i,t} + \beta_4 * TotalUsers_{i,t} + \varepsilon_{i,t} \tag{5-4}$$

式中 $\varepsilon_{i,t}$——随机扰动项。

在本研究中，我们需要确定的问题是奥迪品牌社区中每个产品版块上的用户都来自同一个总体，也就是说需要控制一些因素来将每个产品版块上的用户控制在相同的样本水平上，即保证这些用户从总体上来看是同质的，这样我们才能够比较每个社区的整体活跃度。比如，如果某个产品版块上的用户的收入水平与其他产品版块上的用户群体相比，显著地高于后者，那么在其他条件不变的情况下，这个产品版块上的用户的参与水平就很有可能会高于其他的产品版块上的用户。

本研究在模型的实证分析阶段采用固定效应回归分析的方法进行控制，以消除可能存在的用户间的异质性。在实证分析阶段，可以在 Stata 软件中设定本研究的命令为 xtreg Y X1 X2 X3，fe 来消除用户个体存在的一致性问题。

（四）数据分析结果

本研究涉及所有变量的均值、标准差、最大值和最小值的情况如表 5-5 所示。

表 5-5 变量描述性统计

变量	样本数	均值	标准差	最小值	最大值
Activity	120	1. 27e+08	9. 80e+07	3. 60e+07	3. 75e+08
LeaderQuantity	120	7688. 658	8762. 218	256	3289
LeaderQuality	120	75 711. 18	49 017. 75	26 401	188 973
TotalUsers	120	62 759. 98	73 635. 85	1438	258 582

注：表中变量的数值是取对数前的数值。

本研究使用固定效应模型（Fixed Effects Model）对面板数据进行分析。固定效应模型可以控制社区中随用户变化而不随时间变化的因素对因变量的影响，如个体的学历、收入、年龄等特征。本书使用 Stata 软件对模型进行估计，所得结果如表 5-6 所示。

表 5-6 意见领袖对在线品牌社区活跃度的影响

变量	Coef.	Std. Err.	t	$P>\|t\|$
LeaderQuantity	0. 849	0. 195	4. 34	0. 000
$LeaderQuantity^2$	−0. 055	0. 104	−5. 26	0. 000
LeaderQuality	1. 041	0. 450	23. 11	0. 000
TotalUsers	0. 035	0. 059	0. 58	0. 563
constant	3. 435	0. 895	3. 84	0. 000

根据实证分析结果，变量 *LeaderQuantity* 的系数 β_1 是正数，*LeaderQuantity* ^{2}的系数 β_2 是负数，且 *P* 值均小于 0.05，说明假设 H1 通过检验，即在线品牌社区的活跃度与意见领袖的数量呈现倒 U 形的曲线关系，也就是说，意见领袖的数量对在线品牌社区活跃度的促进作用存在一定的边界条件，在没有超过边界条件的时候，意见领袖越多越好；然而，当超过边界条件的时候，意见领袖的增加会阻碍在线品牌社区的活跃度。此外，意见领袖的质量 *LeaderQuality* 的系数 β_3 为正数，且 *P* 值小于 0.05，说明假设 H2 通过检验，即在线品牌社区中意见领袖的质量对社区的活跃度产生正向影响。因此，意见领袖所贡献内容的质量越高，越有利于在线品牌社区活跃度的提高。

（五）稳健性检验

考虑到本研究对意见领袖的筛选标准可能会影响意见领袖数量和质量的变量值，从而影响其对在线品牌社区活跃度的影响结果，因此本研究通过改变意见领袖的筛选标准来考察实证结果的稳定性。将第一个条件用户所在社交网络的出度和入度指标均超过论坛总人数的 5% 调整为 10%（筛选标准更严格）；第二个条件仍然保持实名认证车主不变。再次通过 Stata 软件进行数据分析，结果如表 5-7 所示。

表 5-7　意见领袖影响作用的稳健性检验

	Coef.	Std. Err.	*t*	*P*>| *t* |
LeaderQuantity	0.892	0.208	4.28	0.000
LeaderQuantity^2	−0.058	0.113	−5.13	0.000
LeaderQuality	1.034	0.458	22.55	0.000
TotalUsers	0.024	0.055	0.66	0.660

续表

	Coef.	Std. Err.	t	$P>\mid t\mid$
constant	3.469	0.871	3.98	0.000

意见领袖的数量 *LeaderQuantity* 在新的筛选标准下仍然显著且系数为正，同时 $LeaderQuantity^2$ 也是显著的且系数依然为负数，说明研究假设 H1 是可靠的。意见领袖的质量 *LeaderQuality* 的检验结果是显著的且系数为正，说明研究假设 H2 也得到了数据的验证。因此，意见领袖对在线品牌社区参与活跃度的影响结果是稳健的。

为了更直观地描述意见领袖的数量与社区活跃的关系，本研究根据所得实证结果绘制图 5-2，并计算奥迪在线品牌社区中意见领袖数量的阈值是 7.7，所以，取对数前的意见领袖的数量是 2200 个，奥迪品牌社区的意见领袖数量应该控制在 2200 个以内，否则会抑制社区活跃度的提升。

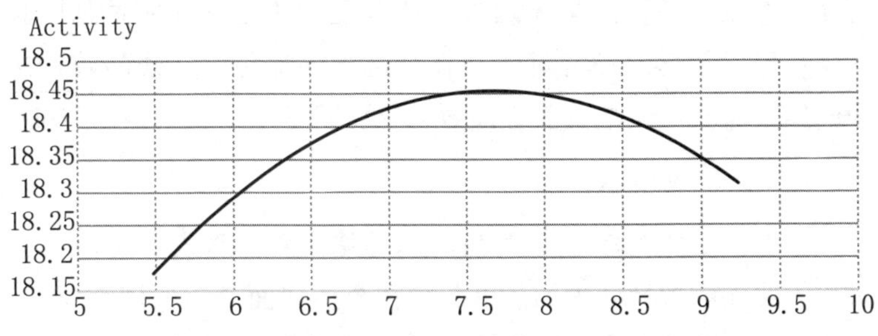

图 5-2　意见领袖的数量与社区活跃度的曲线关系

五、研究启示

在本研究中，我们利用奥迪汽车品牌论坛中多个产品子社区的数据，从社区宏观层面探索了意见领袖的数量和质量对在线品牌社区中整体参与活跃情况的影响。根据上一节分析的数据结果，本研究获得了三个主要的结论：第一，意见领袖的存在可以显著正向促进在线品牌社区整体的参与活跃度。这种促进作用说明了在线品牌社区中意见领袖在带动社区长远发展方面的重要价值。第二，意见领袖的数量对在线品牌社区整体活跃度的促进存在一定的边际作用，随着意见领袖数量的增多，意见领袖数量所带来的促进效果逐步减弱。当意见领袖的数量超过一定范围的时候，他们的存在会造成用户认知成本的上升，对在线品牌社区中的用户造成信息选择上的困扰，从而抑制了社区整体的参与活跃情况。为了保证研究结果的稳定性，我们通过改变意见领袖的识别标准，继续进行了稳健性检验。而稳健性分析的结果也同样与开始获得的实证分析结果表现一致。当然，意见领袖筛选条件的改变影响了研究模型中意见领袖产生负面影响的阈值。第三，意见领袖所贡献内容的质量可以显著促进在线品牌社区整体的参与活跃度。意见领袖所贡献内容的质量可以持续保证意见领袖在社区中的地位，在线品牌社区中的用户对高质量信息的呼应效果反应明显。

（一）理论贡献

以上三个研究结果具有显著的理论贡献。首先，与以往的研究仅关注虚拟社区中的意见领袖在个体层面产生的影响不同，本研究创新性地在宏观层面上探索意见领袖对在线品牌社区中整体参与活跃度的影响。我们的研究表明，在一定范围内，意见领袖越多越有助于提升整个社区用户的参与活跃度，但超出一定临界条件之后，意见领袖对在线品牌社区参与活跃度的作用的边际效应递减。本研究的结论有利于学术界的研究人员更全面地理解在线品牌社区中顾客参与行为的模式。其次，在线品牌社区中用户的行为模式也变相反映了其在现实世界中的行为特点，也就是说，在线品牌社区中用户表现出来的行为模式在相当程度上是其日常活动模式的倒影。所以说，本研究的三个结论可以延展到现实世界中，为人们更好地理解现实世界中的行为模式提供了有价值的参考。例如，在教育领域，一个班级中学习优秀的学生相当于所在群体中的意见领袖，那么在班级编排中可以借鉴本研究的研究结论，在每个班级中安排一定数量的优秀学生可以激发整个班级同学的学习积极性，激发全班同学的学习潜力；但是，班级中优秀的学生不能过多，避免普通学生感觉到自己的巨大差距而放弃努力。最后，本研究借鉴已有的研究成果，将用户在社交网络中的社会影响力作为意见领袖的识别标准，但是前人的研究多是关注意见领袖的口碑或观点在网络中的传播和扩散，本研究从意见领袖所贡献内容质量的角度证实了意见领袖观点的质量也同样重要，尤其是在时间变化过程中，意见领袖发表的质量会影响其他用户与其进行互动交流的可能性，这一研究拓展了意见领袖领域的内容，丰富了本领域的研究成果。

（二）实践价值

本研究在企业的实际经营管理上同样具有重要的指导意义。首先，意见领袖的存在，使得在线品牌社区更有活力和吸引力，这会在一定程度上提高普通网友在社区中的信息搜索、信息分享、探讨问题或者分享乐趣等行为，由此提升了在线品牌社区的用户黏性，进而促进了整个在线品牌社区的参与活跃度，为社区经营者贡献了持续不断的原创口碑内容，提升了社区的吸引力；同时，对于企业或品牌制造商而言，用户在在线品牌社区的活跃互动行为可以帮助消费者积累产品的专业知识、挖掘产品的使用价值以及开发潜在的顾客，最终为企业或品牌制造商创造直接的经济价值。因此，在线品牌社区应当制定有针对性的措施鼓励意见领袖对社区的贡献行为以及管理行为，在某些方面要尽可能地对意见领袖开放更多的额外权限以激励并帮助他们更为便利地建设在线品牌社区，以此吸引新的用户源源不断地加入。其次，本研究结果还提醒在线品牌社区的经营者或管理者，在获取意见领袖所带来的利益的同时，也要注意适度管理和控制意见领袖的数量。社区管理者会对社区中的意见领袖给予较多的关注，也会希望社区中的意见领袖可以持续增长，并对社区保持归属感，但本研究的结论证实了过多的意见领袖会使得在线品牌社区产生信息过载的问题，造成用户认知成本和协调成本的上升。对于消费者而言，理解和评估大量的信息会降低他们信息处理的速度，影响选择质量，减少决策制定的可能性。在线品牌社区中的普通用户会因此失去参与社区互动的兴趣和热情。因此，为了最大化地保证在线品牌社区的长远利益，社区管理者或运营者应该考虑采取一些措施来适当地控制意见领袖的数量。此外，意见领袖发表内容的质量对在线品牌社区的整体参与活跃度具有显著的提升效果。这对于社区运营者来说具有一定的指导意义，在虚拟社区中，最开始的意见领袖基本上是用户基于对某品牌或产品的热情和兴趣自发成长起来的，社区经营者不需要做过多的引导和干涉，但随着社区规模的扩大，意见领袖也会越来越多，社区经营者需要维护和提升意见领袖的形象，鼓励意见领袖贡献高质量的内容，对于质量较好的原创帖子，多给予精华帖或置顶的机会，进一步提高意见领袖在在线品牌社区中的社会影响力。

（三）研究局限与不足之处

本研究当然也存在着一些不足之处。首先，尽管在模型中加入了固定效应来消除不同产品版块的个体用户间的异质性问题，但是如果在研究模型中能够加入更多的控制变量会使模型的研究结果更为精确。然而，由于在线品牌社区平台开放数据的限制，本研究并未找出更多合理的控制变量来加入研究模型中。这一研究不足有待于在将来的研究中，找寻更多的获取更加全面的数据的机会对研究模型作出改进。其次，本研究是关于在线品牌社区的研究，研究结果是否适用于其他类型的社区，如在线学习社区、医疗社区、基于兴趣的其他社区，还有待进一步验证。因此，在接下来的研究中，我们会将研究模型推广到更多的虚拟平台中对意见领袖的影响效应进行验证。

下篇 顾客契合管理

第六章

在线品牌社区顾客契合形成机理

一、研究问题描述

从第二章文献梳理情况可以看出，顾客契合形成机理方面的研究尚属空白，相关的也就是关于顾客契合影响因素方面的成果，且数量不多，不足以描绘出较为清晰的顾客契合形成机理模型，只能勾画出大致框架。为保证研究的严谨和规范，本部分拟以扎根理论法为主，结合焦点小组和深度访谈来探究在线品牌社区顾客契合的形成机理，同时为顾客契合的演化和结果研究奠定基础。

本部分拟运用扎根理论法进行 8 个步骤的研究（如图 6-1 所示）：界定现象、确定研究问题、选取研究对象、理论性抽样、资料收集、三级编码程序、顾客契合相关文献回顾和比较、理论形成。

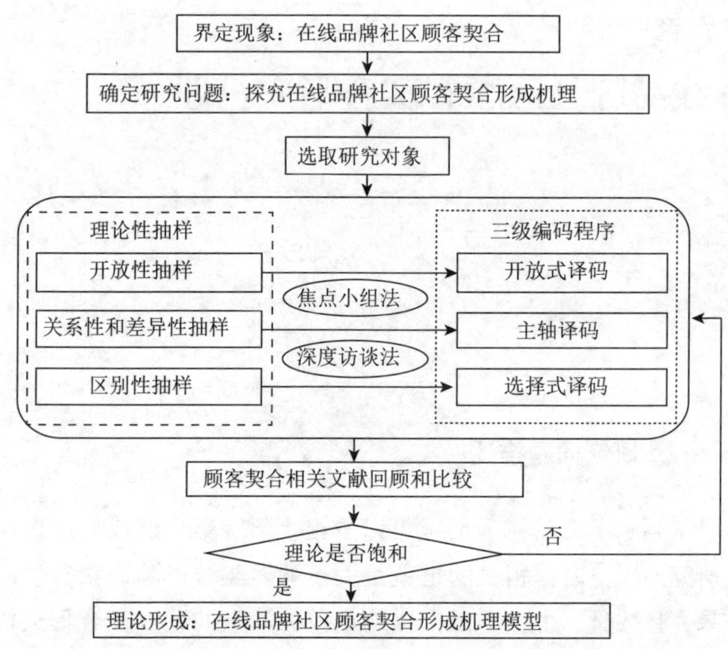

图 6-1　在线品牌社区顾客契合形成机理的扎根理论研究流程

在理论性抽样阶段，遵循理论性抽样中的开放性抽样、关系性和差异性抽样、区别性抽样三种抽样方法对应三级编码程序进行抽样。首先，选取能够经常接触或使用研究对象的顾客为调研对象获取资料，资料收集完成后即进行开放式译码，得到初步的概念和范畴。接下来，为了进一步增加范畴的稠密度和明确不同范畴之间的差异性，继续进行关系性和差异性抽样，以理论性相关的概念为基础，而非定量研究中所强调的样本与总体在特定的特征上保持一定相似度的原则挑选调研对象，结束之后进行主轴译码。如果发现已有资料所提取的范畴间关系不够明确或者存在尚未发展完善的范畴，则进行第三次抽样，即区别性抽样。此次抽样是根据前两级编码的材料分析结果，有针对性地重新选择拜访已访问的人士，或者选择新的人士获取资料，完毕后进行选择式译码。此外，在扎根理论研究开展之前，已经进行了前期的在线品牌社区和顾客契合文献综述工作。当三级编码程序完成后，拟进行第二次文献回顾工作，此时文献回顾的主要目的是将以往文献作为数据来源的一部分，和编码分析得出的在线品牌社区顾客契合形成机理模型草图进行比较分析。在理想的完美状态下，比较分析后所得出的顾客契合维度和形成机理模型的理论深度，将超出前期编码分析所得到的模型草图，理论达到饱和状态。如果在文献回顾和比较分析后发现理论尚未饱和，将重复4—7的步骤，直至得到的理论饱和。通过上述7个步骤的研究工作，最终确定在线品牌社区顾客契合形成机理的初始模型。

需要特别说明的是，在运用扎根理论进行研究的过程中关于文献回顾的问题。目前关于何时开展文献回顾存在两种观点。其中一种观点认为，为了保证研究者能够尽量保持自由、开放的心态去发现概念和构建理论，文献回顾应该延迟进行，即研究者在事前不需要进行文献阅读和相关理论准备，以避免已有文献对研究者先入为主的影响（Glaser，1998）。但是这并不是说扎根理论研究过程中不需要进行文献阅读。当概念化的数据分析工作完成后，研究者可以回顾和分析相关领域内的文章，将它们也视为一种数据来源，与从现实生活中抽离得出的理论不断进行比较，从而判断该研究是否以及如何与以往的研究成果相呼应（Charmaz，1995）。另一种观点认为，“具备一个开放的思想并不等于没有思想”（Creswell，1994），文献回顾延迟进行对于资深的研究人员来说是可行的，但是对于一般的研究人员来说，严格遵循该要求容易导致研究人员迷失在海量的原始资料搜集和分析工作中（孙晓娥，2011）。可以采取相关领域的文献回顾不仅在数据搜集后进行，同时也在数据搜集前进行（Smith 和 Biley，1997）。“没有一个人可以从一张完全空白的纸开始进行研究。”（Goulding，2001）但需要注意的是，在数据搜集前阅读文献不要形成预先的概念和假设，这些文献只是为研究者开阔研究视角而已，并且在后续的数据分析中要摒弃这些已知的概念和假设，不能让事先预想的概念或者假设左右数据的分析工作（Shah 和 Corley，2006）。可以说，该观点并不违背扎根理论要求研究者以自由、开放的心态进行数据分析这一基本要求，数据搜集前的文献回顾工作只是帮助研究人员确定大致的方向。因此，本研究采纳第二种观点，首先对顾客契合的维度和形成机理的相关研究成果进行了梳理。在后续的扎根理论研究过程中，项目组将对负责资料收集和编码分析工作的研究人员进行培训，训练其能以自由、开放的心态进行资料收集和编码分析，力求避免前期的文献回顾对研究人员先入为主的影响。

二、研究方法

质化研究是在后实证主义哲学的基础上，采用多角化技术通过研究人员与研究对象之间的互动深入分析社会现象或问题的研究活动，包含多种不同的方法，如焦点小组、深度访谈、扎根理论法、传记研究、网络志法、案例研究，等等，不同的方法各有其适用性。本书将采用扎根理论法、网络志法、焦点小组和深度访谈研究在线品牌社区顾客契合的形成和演化过程。

（一）扎根理论法

扎根理论法是由美国哥伦比亚大学的 Strauss 和 Glaser 两位学者于 20 世纪 60 年代共同研发出来的一种针对某一现象，采用系统化的分析程序发展并归纳式地引导出理论的定性研究方法(Strauss 和 Glaser，2009)。扎根理论法独特的扎根性使归纳总结出的理论成果紧密联系实践，切实履行了研究工作“理论联系实际”这一基本原则。扎根理论法具有良好的兼顾性，它要求研究人员在综合利用自身经验知识理解原始材料的基础上遵循严格的分析程序，从而实现研究结果主观和客观的完美结合。该方法并不要求研究者在事前明确变量以及变量间的关系，即不需要提出理论假设，而是从经验资料入手，通过对原始资料的不断分析概括，进而归纳得到理论，因此，扎根理论法在现有理论成果缺乏且有必要构建新理论的领域研究中具有独特的优势。

（二）网络志法

网络志法是对传统民族志方法的调整和改进，属于质化研究方法的一种，与扎根理论法一样适合于本土情境下对理论问题的探索，回答“如何”“为什么”一类的研究问题，它将面对面访谈、田野调查等传统民族志的研究方法与在线参与观察、电子邮件访问、在线访谈等新型在线研究方法结合起来，旨在分析在线社区成员之间的交互形式和内容，以及由此呈现出来的亚文化和群体行为特征。也有学者称其为虚拟民族志（张娜，2015)、虚拟人类学（唐魁玉和于慧，2014)、在线民族志（胡迪雅，2015）等。近年来，网络志法逐渐得到了营销领域学者的认可，并运用其进行研究取得了一定的成果。例如，贺和平、刘雁妮和周志民（2014）利用网络志法针对微博成瘾行为研究，发现自恋和缓解焦虑在微博成瘾行为的形成过程中发挥了重要作用；周志民等（2015）利用网络志法以奇瑞新奇军论坛为例分析了在线品牌社群中的关系形成机制；刘嘉琪和齐佳音

（2017）以百度贴吧为例利用网络志法研究了在线群体的形成契机和成长轨迹；Brodie 等（2013）利用网络志法针对新西兰一个在线品牌社区研究发现在线品牌社区顾客契合可以划分为分享、共同研发、社交、倡导和学习五个子循环过程。

（三）焦点小组

焦点小组（Focus Group）是一种常见的质化研究方法，在学术研究和商业实践中均有广泛的应用。简单来讲，焦点小组方法是指将若干名调研对象组成小组，在主持人的引导下在同一场合内围绕某一焦点话题进行讨论，研究者将对讨论过程进行观察，对讨论记录进行分析，从而得出某些结论。焦点小组优于一对一访谈或问卷调研之处有二：其一，资料收集的全面性，即研究者可在单位时间内同时获得多名调研对象对于同一事物的不同看法，可以对被研究事物有多角度的全面认知，从而在一定程度上避免了取样的片面性；其二，资料收集的动态性，即资料的收集是在调研对象与主持人之间、调研对象彼此之间的互动过程中进行的，这种互动性更容易激发个体的表达欲望，帮助研究人员获得更多在一对一访谈或问卷访谈中难以获得的资料。

（四）深度访谈

深度访谈（In-depth Interview）是一种无结构的一对一访谈方式。在访谈之前，研究人员并不列明具体的访谈问题，而是仅列出访谈提纲，对访谈目的和过程作出概括性的规划；在访谈过程中，研究人员根据提纲向调研对象提出问题，并针对其回答中的重要部分作出追问。可以追问是深度访谈方法最大的优势所在，因为有经验的研究人员可以从被访谈者的回答之中不断发现富有理论价值，但事前并未想到的内容，通过对这些内容的逐层追问可以帮助研究者了解该调研对象对于某一事物深入的、细致的看法，这也正是深度访谈的“深度”所在。深度访谈与焦点小组方法有互补之处，因为前者长于深度，而后者长于广度，两种方法的联合使用可以帮助研究者获得对事物的全息认识，从而保障研究的深刻性和全面性。

三、研究设计

（一）研究对象选取

为保证研究尽可能覆盖不同的产品类别，本研究依据两种产品分类方法，选取了化妆品、电影、笔记本电脑和服装四种产品进行调研（如表 6-1 所示）。第一种分类方法将产品分为高价格产品和低价格产品（邵景波、张君慧和蔺晓东，2017）。产品价格的高低没有绝对的标准，只是相对来说。例如，电影和服装属于价格相对较低的产品，化妆品和笔记本电脑属于价格相对较高的产品。第二种分类方法将产品分为搜索品和体验品（Nelson，1970）。搜索品是指有关主要特征（如质量）的充分信息在购买或使用之前就可以搜索获得的产品，如笔记本电脑和服装；体验品是指购买者在购买或使用之前无法完全获知，只有通过购买或使用才能准确知晓其主要特征的产品，如化妆品和电影。

表 6-1　研究对象产品分类

高价格产品	化妆品	笔记本电脑
低价格产品	电影	服装
	体验品	搜索品

（二）数据收集

针对选取的四类研究对象，本研究依据理论性抽样，挑选经常接触或使用研究对象的消费者作为被试，分别采用焦点小组和深度访谈方法收集数据。表 6-2 总结了每类研究对象运用的访谈方法、次数、人数以及访谈对象的基本特征。

表 6-2　访谈对象信息

研究对象	访谈方法	访谈次数	总共访谈人数	性别	年龄
化妆品	焦点小组	2	10	女	17—25 岁
	深度访谈	2	2	女	24—30 岁
电影	焦点小组	1	4	女	21—25 岁
	深度访谈	3	3	女	24—30 岁
笔记本电脑	焦点小组	2	9	男	17—23 岁
	深度访谈	1	1	男女均有	24—30 岁
服装	焦点小组	2	10	男女均有	17—25 岁
	深度访谈	3	3	女	24—30 岁

焦点小组进行了 7 场，每场 4—5 人，共 33 人。用焦点小组法收集资料时，研究人员需要首先针对研究对象设置好访谈提纲。本研究分别针对化妆品、电影、笔记本电脑和服装设置了四份访谈提纲，附录 1 列出了具体的访谈提纲。每场访谈 45 分钟左右，访谈开始前，研究人员将访谈提纲分发给访谈对象，对访谈内容和注意事项进行简单的介绍，并对访谈对象有疑问的地方进行答疑解惑。随后访谈对象围绕访谈提纲自由进行讨论，研究人员负责掌握讨论的时间，并确保每位访谈对象都有机会发表自己的观点。

深度访谈共针对 5 名被试进行了 9 场访谈，其中 2 名被试均针对多个研究对象进行多次访谈，剩余 3 名被试仅针对单一研究对象进行访谈。其中 2 个人均是分别针对化妆品、电影和服装进行了3次访谈，另外3个人是针对单一产品进行的访谈，每次访谈半个小时左右。访谈开始前，研究人员设置好半结构化的研究主题和范围，然后与访谈对象面对面进行自由轻松的交谈。在焦点小组和深度访谈的过程中研究人员均会进行录音，将收集到的原始数据随机预留部分数据用作后续的理论性饱和检验，其余数据均用来构建理论。

四、数据分析

（一）开放式译码

开放式译码是将原始数据进行概念化和范畴化的过程，具体是指研究人员保持开放的心态，将收集到的原始资料逐句逐段地进行分析，归纳提取出相应的概念，并根据相似性或相关性原则对概念进行合并，形成范畴（Glaser 和 Strauss，2009）。在开放式译码阶段，研究人员首先根据焦点小组和深度访谈的录音整理出书面材料，然后逐字逐句地进行分析提取概念。由于原始材料内容过多，本研究仅以化妆品为例，举例说明开放式译码的概念提取过程，如表6-3所示。所有产品访谈材料总共提取出了68个概念，根据相关性或相似性原则对概念进行合并，最终形成了29个范畴，如表6-4所示。

表6-3　化妆品访谈资料的开放性译码分析举例

原始语句（截取部分信息碎片作为例证）	初步提取概念
咱们现在身边都是同龄人，用的都差不多，没有代沟	良好的交流环境

续表

原始语句（截取部分信息碎片作为例证）	初步提取概念
我觉得是化妆品市场问题，品牌数量过多，可选择范围太大，有的都有选择困难症，还有厂商宣传过多，不知道哪些到底是真的有效果还是假的，还有就是国内产品价格与国外差距过大，造成个人销售渠道层出不穷，但是个人销售渠道中卖家信用普遍较低，以及国内化妆品市场假货横行，这些市场不规范问题造成消费者的厂商信任程度很低，只能依靠传统的口口相传途径进行	产品选择太多； 厂商对产品夸大宣传； 国内外产品价差大； 个人销售渠道多； 个体卖家信用偏低； 市场假货横行； 厂商信任度普遍偏低
产品效果差异化太明显，每位消费者的肤质不一样，同一款产品对于不同的消费者来说效果不同，即使是对同一位消费者来说，在不同时期，同一款产品的效果也会有所差异，因此，为了在特定时期取得想要达到的产品效果，消费者就会通过各种方式了解跟自己肤质相近并且想要实现的目标相同的其他消费者的经验	产品效果差异化显著
一个好产品希望得到别人认可	希望产品得到认可
只是想告诉大家这个好用，希望大家的脸都好	帮助他人制定决策
自己用着好推荐给别人，高兴，我本善良	高兴；善良
我之前用的××、×××，后来脸部过敏非常严重，就改成用药妆××了，感觉效果非常好，推荐给你们	产品效果显著
我认为个人的仪表形象非常重要，同时我愿意不断尝试新产品，所以我喜欢在在线社区中搜寻不同品牌化妆品的相关信息，但是我属于潜水者，不会发帖，因为发帖是一件非常耗费时间和精力的事情，拍照、编辑图片和文字太复杂	提升个人形象； 喜欢尝试新产品

表 6-4　范畴提取结果

范畴	概念
年龄	年龄
性别	性别
经济基础	经济基础限制
性格	善良
消费者创新性	喜欢尝试新产品
从众心理	从众心理
产品使用性能	产品效果显著；产品质量不好；产品实际质量与描述质量差距大
产品性能差	产品效果差异化显著
产品价格	产品价格高
产品种类	产品选择太多
产品销售渠道	个人销售渠道太多
商家信誉	厂商信任度普遍偏低；个人卖家信用低
商家宣传	厂商对产品夸大宣传；厂商雇用“水军”
市场规范度	国内外产品价差大；市场假货横行
社会环境	良好的交流环境；信息获取渠道增多；科学技术的发展；分享的社会风气；生活水平提高
自我提升	彰显身份地位；经济条件象征；提升个人形象；获得产品相关的艺术造诣提升；获得满足感；虚荣心；得到别人认可和肯定；享受成就感；获得归属感
吸引他人关注	吸引异性关注；获取别人关注
情感分享	发泄负面情绪；分享产品使用心情；惩罚报复商家
自我记录	写电影观后感为了记录

续表

范畴	概念
认知需求	(购买前) 获取产品相关信息; (购买后) 加深产品知识; 寻求特定功效产品; 降低产品失败风险
利他主义	帮助他人制定购买决策; 信息回报; 希望产品获得别人认可; 帮助店家进行宣传
社交需求	和他人交流话题; 构建人际网络
经济利益驱动	获得经济利益; 了解求职信息途径; 获得免费产品; 当在线顾客契合当成职业; 好评返现; 组织团购活动 (当版主); 验证产品真伪
追求享乐	高兴; 寻找电影穿帮镜头来娱乐; 喜欢寻求/观看剧组服装; 追星; 了解电影背后制作团队
品牌信任	对店主信任
品牌偏爱	品牌喜欢
品牌与个人关系	品牌形象与自己相契合; 店主形象与自己相契合
产品需求特点	产品功能诉求高/低; 产品需求无尽头
惯性	习惯进行分享

(二) 主轴译码

开放式译码提取到的范畴间关系比较独立和模糊，需要通过主轴译码进一步发现并建立不同范畴之间的关联 (Glaser 和 Strauss, 2009)。通过分析各范畴在概念层面上的相互关联和逻辑顺序，找出内在联系，并重新进行归类 (姚延波、张丹和何蕾, 2014)，最终归纳得到 17 个主范畴 (如表 6-5 所示)。

(三) 选择式译码

选择式译码是在主轴译码结果基础上，进一步梳理范畴之间的关系，通过开发出合理的“故事线”，识别并挖掘出能够统领其他范畴的核心范畴，并将其他范畴围绕核心范畴建立起逻辑联系，最终发展出系统的理论框架（Glaser 和 Strauss，2009）。在对原始数据比较互动的基础上，通过深入剖析开放式译码提取出的 68 个概念和主轴译码得到的 17 个主范畴，逐渐涌现出“在线品牌社区顾客契合”这一概念，能够很好地囊括和反映其他范畴之间的本质联系，因此将该概念作为核心范畴（姚延波、张丹和何蕾，2014）。

表 6–5　主轴译码结果

类别	主范畴	初始范畴
顾客层面	个人整合需求	自我提升
		吸引他人关注
		情感分享
		自我记录
	认知需求	认知需求
	社会整合需求	利他主义
		社交需求
	经济利益需求	经济利益驱动
	享乐需求	追求享乐
	品牌态度	品牌信任
		品牌偏爱
		品牌与个人关系
	产品需求特点	产品需求特点
	惯性	惯性
顾客层面	顾客个体特征	年龄
		性别
		经济基础
		性格
		消费者创新性
		从众心理
产品层面	产品质量	产品使用性能
		产品性能差
	产品价格	产品价格
	产品种类	产品种类
	产品销售渠道	产品销售渠道
商家层面	商家信誉	商家信誉
	商家宣传	商家宣传
环境层面	市场规范度	市场规范度
	社会环境	社会环境

表 6–5 所示的 17 个主范畴中，个人整合需求、认知需求、

社会整合需求、经济利益需求、享乐需求、品牌态度、产品需求特点、惯性和顾客个体特征可以进一步归纳为顾客层面的范畴，其中，前8个主范畴对在线品牌社区顾客契合的形成具有直接的影响，而顾客个体特征则主要发挥间接的影响，调节其他范畴与在线品牌社区顾客契合之间的关系。产品质量、产品价格、产品种类和产品销售渠道属于产品层面的范畴，商家信誉和商家宣传属于商家层面的范畴，这两个层面的范畴也可以直接影响在线品牌社区顾客契合的形成。市场规范度和社会环境属于环境层面的范畴，与顾客个体特征类似，这两个范畴主要起到调节其他范畴与在线品牌社区顾客契合之间关系的作用。综上，可以构建在线品牌社区顾客契合形成机理模型（如图6-2所示）。

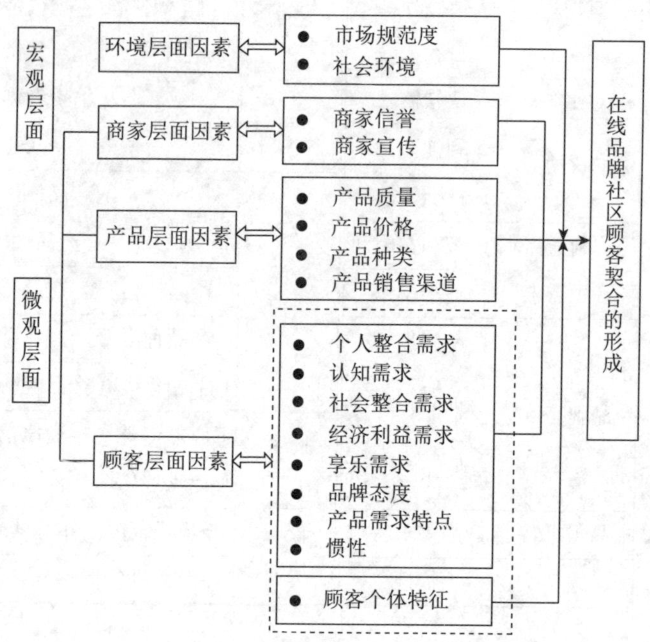

图6-2　在线品牌社区顾客契合形成机理模型

（四）理论饱和性检验

理论饱和性是指通过对访谈资料进行分析无法获得新的范畴时理论构建趋于饱和（Glaser 和 Strauss，2009）。完成上述三个编码分析步骤后，本研究进一步对预留的数据进行编码分析，以验证理论饱和性。编码过程中没有提取到新的概念或范畴，已有范畴之间也没有发现新的关系，因此，可以认为在线品牌社区顾客契合形成机理的理论构建已经达到饱和。

五、模型阐释

通过扎根理论的编码分析，共提取得到顾客、产品、商家和环境四个层面的 17 项在线品牌社区顾客契合驱动要素，接下来将逐一分析这些要素对顾客契合的影响机制。

（一）顾客层面范畴

顾客层面，在线品牌社区顾客契合包含 9 项驱动要素，分别为个人整合需求、认知需求、社会整合需求、经济利益需求、享乐需求、品牌态度、产品需求特点、惯性和顾客个体特征（如图 6-3 所示）。

1. 个人整合需求

个人整合需求范畴是指个体获得良好的声誉、身份地位的认可和提高，以及自我效能成就感的需求（Katz，Blumler 和 Gurevitch，1973），可以进一步细分为自我提升、情感分享和自我记录三个维度。

首先，自我提升是指个体希望获得他人的关注、认可或肯定，进而提升自身的整体形象（刘肖岑、桑标和窦东徽，2011）。消费者通过在线品牌社区顾客契合不仅希望获得同性好友的认可或肯定，还希望能够吸引异性的关注，如在针对化妆品的焦点小组访谈过程中，有访谈者提到“……在微信朋友圈发布自己的化妆品相关信息……有助于吸引异性的关注……”，甚至是在网络营造的虚拟世界中，取得众多虚拟个体的认可，如有访谈者提到“……通过微博分享自己心情可以增加粉丝数量……”。

其次，情感分享是指个体间分享自己消费或使用产品的相关经验（阎俊、蒋音波和常亚平，2011），可以是正面的情感分享，如“……用到一款好的化妆品有的时候可以通过微博分享一下自己的心情……”，也可能是负面的情感分享，如“……观看一部差的电影，就会向别人吐槽，抒发一下自己的心情……”。事实上，以往学者们在针对顾客契合的行为表现之一口碑传播的研究中也指出，自我提升和情感分享是消费者进行网络口碑传播的两项重要动机（阎俊、蒋音波和常亚平，2011）。

最后，自我记录（Self-documentation）是指个体将产品的购买或使用经历记录下来。消费者进行自我记录的目的不是获得他人的关注或认可，也不是取得某种形式的物质奖励，而是更好地记住发生过的事物，如在针对电影的焦点小组访谈过程中，有访谈者提到“……有的时候看完电影我会写很长的电影观后感，就是为了记录……”。Wu 和 Pearce（2016）在针对中国在线旅游社区的研究中发现，许多社区成员会发表非常详尽、篇幅很长的旅行攻略，免费提供给其他个体观看，学者们将这种行为定义为在线社区成员在创造孤独星球（Lonely Planets），并指出自我记录是社区成员创造孤独星球的重要动机之一，在学者们的研究过程中有的被试明确表示，其进行自我记录不是为了他人，而是希望在将来回忆起这段旅程时，可以根据自我记录的内容回味旅行过程中的细节，这些内容是自己在这个世界上存在过的印记。

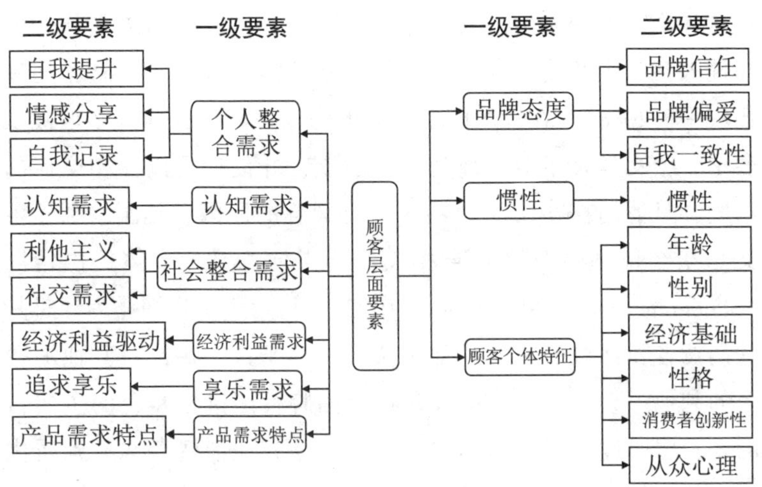

图 6–3　顾客层面的在线品牌社区顾客契合驱动要素

2. 认知需求

认知需求范畴是指个体获取产品（服务）相关知识以降低购买风险的需求（Katz，Blumler 和 Gurevitch，1973）。产品购买前和购买后的认知需求都可以驱动消费者在在线品牌社区进行契合，如在针对电影的深度访谈过程中，有被试明确区分了产品购买不同阶段的认知需求，“……在产品购买前，例如电影，我会大量搜索电影简介、主演、导演等信息看这个电影是不是自己喜欢的类型，电影看完之后，我还会搜索简短类型的电影评论或者专业影评，看自己对电影的理解是否准确，是否有自己忽略的情节……”。Verhagen 等（2015）在虚拟社区的研究中也指出，认知需求是顾客契合意愿的一个重要影响因素。

3. 社会整合需求

社会整合需求范畴是指个体建立、维持良好的社会关系，并获得友谊和归属感的需求（Katz，Blumler 和 Gurevitch，1973），包含社交需求和利他主义两个维度。首先，社交需求是指个体与他人互相沟通交流并构建人际网络的需求（侯楠、赵希男和杨皎平，2018），在针对四个产品的访谈过程中，均有多名被试表示，结交具有相似兴趣爱好的朋友，并创造可以互相交流的话题，是他们在在线品牌社区进行契合的原因。其次，利他主义是指个体通过分享自身相关经历以便为其他个体提供帮助（Sundaram，Mitra 和 Webster，1998），可以进一步细分为针对其他消费者和针对商家的利他主义。具体来说，在针对其他消费者的利他主义方面，消费者在在线品牌社区进行契合的主要目的是希望通过分享产品相关经验，帮助其他消费者选购到质优价廉的产品，或者避免经历相似的失败购物体验，如访谈过程中有多名被试提到“……希望能够帮助到别人选择最适合自己的产品……”，“……看到不好看的电影，我也希望告诉别人不要去看啊，那些豆瓣电影评分啊不也正是这个作用……”。另外，消费者在他人的帮助下购买到合适的产品希望也通过自己的消费经历能够帮助其他消费者，即进行信息回报。例如，在针对化妆品的焦点小组访谈过程中，有访谈者提到“……有的人因为浏览了某个社区中的帖子或者别人的评论选购到了非常满意的化妆品，那么基于回报心理，就会将自己的产品使用经验进行发布希望也能够给别人提供帮助……”。阎俊、蒋音波和常亚平（2011）在针对网络口碑传播动机的研究中也发现信息回报是消费者进行网络口碑传播的一个重要驱动要素。在针对商家的利他主义方面，顾客进行契合的目的是希望通过传播愉悦的购物体验，让其他消费者认可并购买该企业产品，进而为企业带来更多收益，如有被试提到“……遇到一个好的产品，你非常认可，就会想要帮这家店进行宣传……”。以往学者们在针对顾客契合的行为表现之一口碑传播的研究中指出，利他主义是消费者进行正面和负面口碑传播的重要动机（Sundaram，Mitra和Webster，1998），Wu和Pearce（2016）的研究也证实了利他主义是消费者在在线社区上创造孤独星球的动机之一。

4. 经济利益需求

消费者在与企业（品牌）或其他消费者契合的过程中可以获得多种形式的经济奖励，如有的被试表示“为了能够组织团购活动方便自己以较低的价格购买化妆品”而去在线品牌社区担任版主，有的被试“为了获得好评返现”而对所购产品发表正面的在线评论，还有的被试“为了获得积分奖励”而积极参与在线品牌社区发起的各种活动。以往关于顾客契合行为表现的研究也肯定了经济利益需求的重要驱动作用（Hennig-Thurau等，2004），但在中国情境下，还存在着一种特殊形式的经济利益，即验证产品真伪，避免买到假货承受经济损失，如在针对化妆品的深度访谈过程中，有被试提到“……买完化妆品之后我还会在上网搜搜或者发帖验证我买的是正品……”。这主要归因于现阶段，代购市场中充斥着大量素质参差不齐的从业者，在缺乏充足有效的市场监管和法律法规的情况下，许多从业者为了赚取高额利润不惜向消费者销售假冒伪劣产品，这就导致通过代购渠道购买产品的消费者经常在在线品牌社区进行多种形式的契合行为，以辨别所购产品的真伪。

5. 享乐需求

在线品牌社区顾客契合可以帮助消费者实现差异化的享乐目的，有的被试是“……喜欢寻找电影穿帮镜头来娱乐……”，有的被试是“……喜欢观看剧组各种各样漂亮的服装……”，还有的被试是“……为了追某个明星……”。

6. 品牌态度

品牌态度是指个体对某一品牌产品（服务）的认知、情感和行为倾向（张新安和田澎，2007）。扎根理论的编码分析结果显示，品牌态度可以细分为品牌信任、品牌偏爱以及自我一致性三个维度，它们均会对在线品牌社区顾客契合的形成产生影响。其中，品牌信任是指消费者对某一品牌能力表现、诚实善良以及由此形成的总体信任（金玉芳、董大海和刘瑞明，2006），品牌偏爱是指消费者对企业品牌（产品）的特殊偏爱（邵景波、陈珂珂和吴晓静，2012），自我一致性指的是消费者的自我概念与产品使用者形象保持一致，从而令消费者产生认同感（Sirgy 等，1997）。例如，在焦点小组和深度访谈过程中，有一些被试表示“……因为非常信任这个品牌……”（品牌信任），“……对某家品牌真心的喜欢或者不喜欢才会产生这种消费外行为……”（品牌偏爱），“……比如卡玛（一个服装品牌）给你一种自由散漫的感觉，跟自己的观念比较符合……”（自我一致性）。

7. 产品需求特点

本书选取的两个研究对象，服装和化妆品，在消费者需求方面都具有“需求无上限”的特点，如在访谈过程中，有被试提到“……女生对于化妆品的需求是没有尽头的，不管现在有没有能用的，我们都会想要继续购买，还有服装也是，有一句话叫‘你的衣柜里永远缺一件衣服’……”，还有多名被试也表达过类似的意思。这种“无上限”的产品需求特点，致使许多消费者总是处于需要了解更多最新产品信息和他人使用经验的状态，进而驱动其在在线品牌社区进行契合。但在针对电影和笔记本电脑的访谈中没有访谈者提到类似观点，这可能与这两类产品的生产方式和价格有关。对于电影来说，在一段固定时间内院线上映的电影数量是确定的，不会随着消费者需求的增加而提高上映电影数量。笔记本电脑的价格相对较高，并且消费者对笔记本电脑的需求主要是其功能性，在笔记本电脑功能能够满足消费者需求的情况下通常不会频繁更换。

8. 惯性

顾客在在线品牌社区初次参与契合的动机可能各不相同，但其中一部分顾客随着参与契合的时间和次数的增长，会逐渐形成契合的习惯，此时顾客进行契合主要是受惯性的驱动，初始参与动机发挥的作用变得微乎其微。如在针对服装的深度访谈过程中，有被试提到“……现在微博分享已经成为很多人日常生活的一部分，她可能习惯每天进行分享，而没有什么特殊的目的……”。当前，惯性对消费者行为的重要作用逐渐引起了学者们的重视，并取得了一定的研究成果，如崔楠、徐岚和谢雯婷（2016）将消费者错过第一次合意机会后，面对第二次次优机会仍倾向于不购买的消费现象称为不作为惯性，并分析了不作为惯性的影响因素，郭俊辉（2017）则探讨了农产品购买中消费者的渠道利用惯性问题。本书通过扎根理论分析提取到契合惯性这一范畴，论证了其对在线品牌社区顾客契合的驱动作用，拓展了现有顾客契合影响因素的研究成果。

9. 顾客个体特征

顾客个体特征范畴包括性别、年龄、经济基础、性格（如善良）、消费者创新性、从众心理等方面，它们主要调节其他因素对顾客契合的影响程度。例如，在针对化妆品的深度访谈过程中，有被试提到“……本科生的经济基础普遍较差，经常消费的品牌产品价位相对较低，那么产品不适合自己的机会成本就会较低，同时本科生年龄相对较小，对化妆品的诉求比较简单，基础补水和保湿就可以，购买产品失败的风险也会较低，所以进行顾客契合的动力不大，对于研究生来说，随着年龄的增长，美白、抗衰老、抗氧化等产品诉求就会明显增加，不同品牌产品在这两方面功效上效果差异很大，并且具有抗衰老等功效的产品价位通常很高，购买产品失败的机会成本就会较高，因此，进行顾客契合寻求到适合的产品的动机就会更高……”；在针对服装的焦点小组访谈过程中，有被试提到“……周围的人都这么做（在线评论、口碑传播等），由于从众心理，自己也会跟着这么做……”，由此可以看出从众心理对在线品牌社区顾客契合的重要影响。

（二）产品层面范畴

产品层面，在线品牌社区顾客契合包含产品质量、价格、种类和销售渠道四项驱动要素。

1. 产品质量

产品质量包含产品质量好坏和产品质量差异两个维度。产品质量好坏是影响消费者购买意愿的一项重要因素，通常来说，在作出购买决策前，消费者希望通过搜索产品评论，与其他消费者互动交流等多种非购买行为，提高产品熟悉度，增加产品知识，以确保能够选购到称心如意的产品质量，降低购买风险；购买行为发生后，消费者还会通过在线口碑传播将产品实际质量分享给其他消费者，帮助他们制定正确的购买决策。在针对化妆品、电影、笔记本电脑和服装的访谈过程中，均有多名被试表示产品质量是其在在线品牌社区进行契合的一个原因。邵景波、张君慧和蔺晓东（2017）在针对顾客契合行为形成机理的研究中也指出，产品质量好坏主要通过影响顾客满意进而驱动顾客契合行为的形成。产品质量差异则主要体现在产品实际质量与商家描述质量一致性和产品效果差异化两个方面。现阶段，网络购物是消费者购买产品的一个重要渠道，在收到产品之前，消费者无法通过实际感知判断产品质量的好坏，只能通过商家描述进行推断，而收到产品后，消费者会将实际感知质量与预期质量进行比较，如果差距较大，就会产生顾客不满，进而通过在线品牌社区顾客契合进行宣泄。在针对服装的访谈过程中，多名被试提到产品实际质量与商家描述质量不符是其在在线品牌社区进行契合的一个推动力。产品效果差异化主要是指同一型号、质量的产品，对不同消费者来说，使用效果会有差异，即使是对于同一消费者来说，在不同的使用时间，效果可能也会大不相同。这在针对化妆品的访谈过程中体现得尤为显著，有被试提到"……每位消费者的肤质不一样，同一款产品对于不同的消费者来说效果不同，即使是对同一位消费者来说，在不同时期，同一款产品的效果也会有所差异，因此，为了在特定时期取得想要达到的产品效果，我们就会通过各种方式了解跟自己肤质相近并且想要实现的目标相同的其他消费者的经验……"。

2. 产品价格

对于价格较高的产品，消费者承受的产品失败成本会相对较高。为了有效降低感知风险，顾客会通过在线品牌社区契合的方式增加产品知识，避免选购到不适合的高价产品。如有被试提到，"……学生党没有充足的资金以供不断尝试寻找最适合自己的产品，但是又希望使用较贵的产品，只能通过参考别人的经验选择可能适合自己的高端产品……"。

3. 产品种类

社会生产力的提高促使企业可以为同一产品设计生产不同的颜色、口味、包装等，以最大化满足消费者的差异化需求。如彩妆品牌魅可（MAC）的时尚系列唇膏共有 110 种不同的色号，如何从种类繁多的产品中挑选到心仪的产品就成为消费者面对的一个问题，而通过在线品牌社区顾客契合与其他消费者交流产品心得属于行之有效的解决办法。在针对服装的访谈过程中，有被试提到“……与服装款式多样化有关，以前服装款式很少，大家也没有什么可推荐的，现在服装款式和品牌变多了，每个人的兴趣爱好也各不相同，导致消费外行为的增加……”。

4. 产品销售渠道

产品销售渠道范畴主要体现为个体销售渠道过多，在针对化妆品和服装的访谈过程中被多次提到。与经济利益需求范畴中的验证产品真伪类似，该范畴也主要归因于我国规模庞大的代购市场。根据中国电子商务研究中心监测数据显示，2016 年中国海外代购市场的交易规模高达 1.1 万亿元，其中，各种类型的个体销售者，如海外留学生、旅居国外人士等，数量繁多，他们通过微信、微博、淘宝等在线平台销售产品。为了挑选到值得信赖的卖家，顾客经常会通过在线品牌社区契合相互交流购买心得，来降低交易风险。

（三）商家层面范畴

商家层面，在线品牌社区顾客契合主要有两项驱动要素：商家信誉和商家宣传。

1. 商家信誉

商家信誉范畴对化妆品行业在线品牌社区顾客契合的影响尤为显著。在前文提到的代购行业中，有的卖家通过正规渠道销售货真价实的正品，具有较好的商业信誉；有的卖家为获得超额利益，以次充好，销售假冒伪劣产品，商业信誉度极低。由于买卖双方之间存在信息不对称，消费者往往无法准确识别信誉度高和信誉度低的卖家，而在线品牌社区顾客契合可以帮助消费者获取更多的卖家信息，有效甄别不同信誉度的卖家。例如，在针对化妆品的访谈中，有被试提到“……个人销售渠道层出不穷，但是个人销售渠道中卖家信用普遍较低，以及国内化妆品市场假货横行，这些市场不规范问题造成消费者的厂商信任程度很低，只能依靠传统的口口相传途径进行”。

2. 商家宣传

商家宣传范畴主要是指企业采用的营销推广策略，扎根理论的编码分析结果显示，能够对在线品牌社区顾客契合产生影响的商家宣传主要体现在两个方面：商家对产品的夸大宣传和商家雇用“水军”。在针对化妆品、服装、电影和笔记本电脑的访谈过程中，均有被试表示企业对产品的营销宣传经常存在名过其实的现象，还有一些企业会雇用“水军”在网络上发表言论，试图引导舆论导向，以更快更好地实现营销宣传目标。这两个方面的因素均会导致消费者往往无法仅凭企业一面之词准确推断出产品的质量，通过在线品牌社区了解其他消费者的产品购买和消费经验可以帮助消费者解决这一难题，因此，商家宣传可以显著影响在线品牌社区顾客契合的形成。

（四）环境层面范畴

环境层面，在线品牌社区顾客契合包含市场规范度和社会环境两项驱动要素，它们对顾客契合的影响是间接的，主要是在其他因素对顾客契合直接影响的过程中起到调节作用。邵景波、张君慧和蔺晓东（2017）在针对顾客契合行为形成机理的研究中也肯定了外部环境对顾客契合行为的间接驱动性作用，但学者们仅仅关注了商家推动和网络发展两个外部因素。本研究将商家从外部环境中摘选出来，单独探讨商家层面因素对顾客契合的影响，着重分析市场规范度和社会环境这两个外部环境因素对顾客契合的影响，其中社会环境因素包含网络发展。

1. 市场规范度

市场规范度范畴是指产品市场内各个主体规范有序运营的程度，主要体现在国内外产品价差大和假货横行两个方面，它们均为中国情境下比较独特的在线品牌社区顾客契合驱动要素。首先，国内外产品价差大在针对化妆品和笔记本电脑的访谈中尤为显著。例如，某一款彩妆产品（烟熏盘）2017 年美国售价为 36 美元（按照当时汇率折合成人民币约为 247 元），而国内官方定价却高达 460 元，几乎是美国同款产品价格的 1.86 倍。如此巨大的产品价格差导致许多国内消费者不愿意通过国内官方渠道购买产品，而是希望可以寻找到其他更合适的渠道，购买到同款但价格相对比较便宜的产品，在线品牌社区顾客契合由此产生。其次，正是由于很多消费者放弃通过企业官方销售渠道购买产品，导致一些销售者为赚取高额利润向消费者销售假冒伪劣产品。消费者又通常缺乏足够的产品真假辨别知识，只能依赖与其他消费者相互交流的方式，获取更多产品知识，避免购买到虚假产品。在针对化妆品的焦点小组访谈中，有被试表示化妆品假货太多是其进行在线品牌社区顾客契合的一个重要原因，“……因为化妆品假货太多了，不知道怎么才能买到真正的产品，所以就只能不停地找啊找，问啊问……”。

2. 社会环境

社会环境范畴主要体现在五个方面：良好的交流环境、分享的社会风气、科学技术的发展、信息渠道的增多和生活水平的提高。社会环境对在线品牌社区顾客契合具有正向的促进作用。例如，在针对服装的焦点小组访谈中，有被试表示“……以前人们关心的内容可能是是否吃饱穿暖，随着生活水平的提高，人们关注的重点、品味发生变化，开始关注是否穿得好、用得好，再加上技术的发展，人们了解信息的渠道不断增加，共同促进了消费外行为……”，同时，顾客契合的产生还与“……周围环境有关，比如，像学校，周围人多大家都聊，如果周围人少可能消费外行为也会较少……”，此外，还存在着“……社会风气的原因，现在大家都会浏览在线社区啊，发表产品评论啊，等等，那么自己也会跟着这么做……”。

六、研究启示

本书针对在线品牌社区，采用扎根理论法探讨了顾客契合的形成机理。结果显示，顾客、产品、商家和环境四个层面的17项要素能够驱动在线品牌社区顾客契合的形成。顾客层面的要素包括个人整合需求、认知需求、社会整合需求、经济利益需求、享乐需求、品牌态度、产品需求特点、惯性和顾客个体特征，其中，前8项要素对在线品牌社区顾客契合的形成具有直接的影响，顾客个体特征起到间接的作用，调节其他因素与在线品牌社区顾客契合之间的关系。产品层面的要素包括产品质量、价格、种类和销售渠道。商家层面的要素包括商家信誉和商家宣传，这两个层面的要素可以直接影响在线品牌社区顾客契合的形成。环境层面的要素包括市场规范度和社会环境，与顾客个体特征类似，该层面的因素也主要发挥调节作用。研究结果对顾客契合领域相关研究和企业制定提升在线品牌社区顾客契合的管理措施均具有重要的贡献。

（一）理论贡献

首先，顾客契合自2006年提出以来，学者们围绕顾客契合的概念、维度、前因和结果进行了广泛深入的研究。其中，在顾客契合的前因方面，多数学者关注于顾客契合的影响因素，缺少对驱动要素和顾客契合之间作用路径的探讨，仅有少数学者在研究中涉及顾客契合的形成（Bowden，2009；Sashi，2012），但没有聚焦于在线品牌社区。本研究探讨了在线品牌社区顾客契合的形成机理，厘清了形成过程中的诸多驱动要素，明确了这些要素对在线品牌社区顾客契合的作用路径，研究结果可以在一定程度上补充和完善顾客契合前因方面的理论研究。

其次，现有顾客契合成果大多是以西方文化背景下的相关理论为基础展开的研究，本书采用扎根理论法，凭借其独特的“扎根性”特点，有效挖掘出三项中国情境下特有的在线品牌社区顾客契合驱动要素——产品销售渠道、商家信誉和市场规范度，识别出两项以往学者未曾关注过的顾客契合驱动要素——产品需求特点和惯性，并结合在线品牌社区顾客契合这一特定研究情境，拓展了一些要素的关键维度，如经济利益需求的一个重要维度是验证产品真伪，商家宣传应划分为商家对产品的夸大宣传和商家雇用“水军”两个维度等。在此基础上，系统性地整合了已有研究中顾客契合的影响因素，厘清了不同因素之间的逻辑关系和作用路径，最终构建了包含顾客、产品、商家和环境四个层面的17项驱动要素在内的在线品牌社区顾客契合形成机理模型，为后续学者研究顾客契合的结果提供了有益的理论参考。

（二）实践意义

扎根理论的分析结果表明，顾客、产品、商家和环境四个层面的多项要素均可以驱动在线品牌社区顾客契合的形成，正所谓“条条大路通罗马”，企业可以从多个方面入手，制定在线品牌社区顾客契合的提升策略。

1. 顾客层面因素

研究结果显示顾客层面的因素包含个人整合需求、认知需求、社会整合需求、经济利益需求、享乐需求、品牌态度、产品需求特点、惯性和顾客个体特征。企业在制定在线品牌社区顾客契合驱动策略时应该从以下几点着手。

首先，对客户群体进行细分，充分了解每一类顾客的需求特点。例如，对于希望通过在线品牌社区契合活动提升个人整合需求的顾客来说，如果企业制定能够提升社会整合需求的策略则可能收效甚微。企业还可以组织一些线下活动促进在线社区中成员间的互动交流，更好地满足其社交需求。例如，小米公司每年都会定期组织爆米花家宴活动，邀请小米在线社区中具有较高等级的活跃成员齐聚北京，小米社区还设有同城版块，大多版块都会定期举办同城会员聚会，这些线下活动促使小米社区成员间由虚拟世界中的社交联系发展成为真实世界中的社会关系，线上和线下社会关系的相互融合能够进一步加深和巩固成员间的社交联系强度。

其次，在扎根理论研究中很多访谈者都提到像化妆品和服装这种产品需求是无限的，从而促使在线品牌社区顾客契合的形成。“女人的衣橱里永远缺一件衣服”就是对这一现象的形象描述。但产品需求无上限并非化妆品和服装产品与生俱来的特点，而是消费者赋予产品的一种特性。在物资相对比较紧缺的

20 世纪 70 年代到 90 年代，消费者关心的仅仅是如何才能购买到产品，随着经济社会的发展，产品供求市场由卖方市场转变为买方市场，再加上居民生活水平不断提高，社会民众在具备更高消费支付能力的同时也面临着更多产品选择，需求也变得越来越多样化。此时商家也发挥了非常重要的促进作用，它们通过各种营销宣传潜移默化地引导消费者的消费理念。例如，出席不同场合需要不同搭配的衣服，每一季又会有最新的流行趋势，天气变化甚至是心情起伏也需要不同搭配的衣服，从而导致消费者总是需要购买一套符合最新流行趋势，并且符合当时场合、天气、心情等因素的衣服。上述经济、社会、商家因素共同导致了消费者形成某些产品具有需求无上限特点的观念。由此可以看出，企业可以在充分考量经济社会背景的情况下，结合产品特点制定合理的营销策略引导和培养消费者需求。在这方面可以借鉴我国手机行业的发展历史。在 2010 年之前，诺基亚手机、摩托罗拉手机、三星手机等深受消费者的喜爱，彼时大众消费者普遍认为手机可以使用 2 年左右甚至更久再淘汰购置新机。随后，苹果手机、小米手机、华为手机快速发展，逐渐取代上述手机品牌成为国内手机市场的佼佼者，这些品牌推出新品手机的速度很快，基本每年都会推出新一代手机，现在许多消费者购买新手机的原因可能不再是手机使用故障，而是随着企业推出新品的节奏一年一换手机。随着时间的推移，消费者对手机的需求特点已经发生明显变化。

再次，企业还应该注意顾客个体特征对顾客契合形成的影响。对于具有同类需求的顾客来说，男性和女性、年龄高和年龄低、高学历和低学历等类型顾客的契合活动也可能有所不同。例如，与年龄高的顾客群体相比，低年龄层顾客对各种社交媒体的掌握程度和使用频率会相对较高，他们更倾向于通过在线品牌社区进行顾客契合，反之，年龄高的顾客可能更偏向于传统线下的渠道进行契合。

最后，从众心理也是企业应该着重注意的一个关键因素。从众心理是社会心理学的研究领域，它反映了个体在群体压力环境下产生行为改变的倾向，时蓉华（2002）指出只有很少的一部分个体能够保持绝对独立不受外界影响，绝大多数个体都会具有从众心理。而不同个体从众心理的程度是不同的，例如，陈文涛和桑青松（2009）在针对大学生从众心理的研究中发现不同性别和年龄的大学生从众心理是存在差异的，女生比较容易情绪化，当看到周围朋友拥有一件漂亮的物品时，出于攀比心理或嫉妒心理等，也会想法拥有同样一件漂亮的物品，而男生的行为则相对比较理性，能够比较客观地看待他人的消费行为。因此，企业在尝试通过从众心理激发在线品牌社区顾客契合时应该意识到不同个体从众心理的差异，不能一视同仁，而应该根据不同顾客群体受从众心理影响的程度制定相应强度的营销措施。

企业需要注意的是即便对于受从众心理影响程度相同的群体，从众心理对每个个体行为的影响路径也可能是不同的。Park 和 Lessig（1977）的研究结果显示从众心理主要通过信息性从众、规范性从众和价值表达性从众三条路径对个体行为产生影响，其中，信息性从众是指参照群体成员的行为、观念和意见被个体视为有意义的信息进行参考进而改变自身行为。规范性从众是指消费者为了遵守其所属群体规范而参考其他人的行为和观点。价值表达性从众是指个体为了自我形象的提升，如虚荣心满足、社会地位展示等而改变行为。信息性从众和价值表达性从众都属于个体主动接受的影响，规范性从众则是个体被动接受的影响。例如，当顾客在考虑是否在在线品牌社区上进行契合行为时，信息性从众和价值表达性从众表现为顾客获得了他人建议了解到契合行为是有益的，或者顾客为了自我形象的提升，而主动选择进行契合行为；而规范性从众则表现为顾客所属群体都进行了契合行为，不管顾客认为契合行为是否能为自身带来收益以及带来何种收益，为了与他人保持一致，顾客仍然会选择进行契合行为。显然，信息性从众和价值表达性从众这种个体主动接受的影响对个体行为改变的影响程度更高和持续性更强，企业应该着重关注从众心理通过信息性从众和价值表达性从众两条路径作用于在线品牌社区顾客契合，而相对弱化规范性从众对在线品牌社区顾客契合的影响。

2. 产品层面因素

扎根理论分析结果显示产品层面的在线品牌社区顾客契合驱动要素包含产品质量、价格、种类和销售渠道，其中，产品质量又分为质量好坏和产品质量差异化显著两个方面。

在网络购物环境下，消费者在实际收到产品前无法感知产品质量，商家的产品描述就成为消费者获取产品相关信息的一个重要途径。在这种信息不对称的环境下，很多企业为了提高产品销量都会采取夸大产品描述的方式，引导消费者认为产品质量或性能优于实际水平，Fang（2012）称这种行为为感知欺骗。正因如此，许多顾客在制定购买决策之前会通过在线品牌社区契合行为试图了解产品真实的质量和性能。但企业需要特别注意的是，虽然夸大产品描述使得产品实际质量与描述质量不符会促进在线品牌社区顾客契合，但一定要掌握合适的产品描述夸大程度，以及是否具备完善的售后退货政策。Riquelme

和 Román（2014）的研究指出网络购物的消费者如果买回来的产品与预期存在差距，但只要在可接受的范围内都不会对商家进行投诉。即使产品差距超过消费者可以接受的范围，完善的退货政策也可以使得商家规避掉产品夸大描述的负面影响。

另外，企业产品种类多和每种产品效果差异化显著是现阶段市场普遍存在的一个现象。以化妆品为例，每个人的肤质不同，产品使用的季节、气候不同，效果也会千差万别。在这种情况下，企业应该鼓励不同消费者在在线品牌社区发表产品使用测评，形成话题，吸引具有相似需求的消费者参与到讨论中，进而实现通过在线品牌社区顾客契合促进顾客购买的目标。小米在线社区正是这一策略的践行者，社区设置“酷玩帮”版块，成员可以接收社区发放的免费新品，但需要发表详细的产品使用测评帖子。

3. 商家层面因素

商家层面的在线品牌社区顾客契合驱动要素包含商家信誉和商家宣传。该层面因素与产品层面的因素有一个共同点，即某些因素的消极面，如产品的销售渠道不规范、商家信誉低和商家不良宣传，反而是顾客在在线品牌社区进行契合的原因。但这并不意味着企业应该主动打乱销售渠道、降低商家信誉或者采取不良的产品宣传策略以促进在线品牌社区顾客契合，这样做对企业带来的负面效应会远超过顾客契合对企业的正面效应。因此，企业可以考虑借助其他商家低信誉和不良宣传带动在线品牌社区顾客契合的契机，向顾客传达自己较高的信誉和良好的品牌形象，加大顾客心目中不同商家的对比反差。与此同时，企业应该提高产品（服务）质量，制定合理的产品（服务）价格，并且通过各种宣传渠道向消费者明确展示出不同产品（服务）的功效差异，促使顾客购买适合自己的满意产品（服务），进而促进正面顾客契合的形成。

4. 环境层面因素

环境层面的因素包含市场规范度和社会环境。虽然它们均属于宏观方面的因素，但是企业也可以通过以身作则帮助提高整个市场的规范程度，或者通过舆论宣传引导有助于顾客契合形成的社会风气，间接促进顾客在该企业品牌社区上的契合行为。

（三）研究局限与不足之处

在研究对象选择方面，虽然采用了两种产品分类方法力求覆盖不同的产品类别，并依据理论性抽样原则，挑选有助于完善理论的被试进行访谈，但是不能保证这些研究对象和被试覆盖了在线品牌社区顾客契合实践中的所有情况，其他个别产品可能存在一些特殊的顾客契合实践是本研究不能反映的，因此，后续需要针对更多的产品进行调研以完善本书研究成果。此外，一直以来，学术界对扎根理论的信度和效度颇有争议，但本研究构建的在线品牌社区顾客契合形成机理模型涉及的因素较多，每个因素又包含诸多细分维度，因此，未来可以考虑对机理模型进行可操作性简化，进而实证检验不同构念之间的作用路径。

第七章
在线品牌社区不同效价顾客契合演化过程

一、研究问题描述

上一章是针对在线品牌社区顾客契合形成的探讨，接下来我们将对在线品牌社区顾客契合形成后契合状态的演化过程进行论述，包括不同效价顾客契合演化的阶段划分及各阶段顾客心理机制和行为表现两个研究问题。具体而言，希望通过研究厘清：在线品牌社区顾客契合形成后，随着时间的推移，正面和负面顾客契合的状态如何发生变化？可以分为几个阶段？每个阶段顾客的心理机制和行为表现是怎样的？正面顾客契合和负面顾客契合的演化过程存在哪些差异？

本研究将参考 Brodie 等（2013）针对新西兰一个在线品牌社区的研究中的做法，采用网络志法厘清上述问题。与传统民族志方法相比，网络志法在互联网技术的支持下能够更加快捷、简便地收集资料，成本也相对更加低廉（Kozinets，2002）。同时，网络志法不仅分析在线社区中的文字，也关注社区的方方面面，交流各方的特点、类型、语言、历史等，这些内容为研究人员提供了一个数量庞大、内容丰富的资料库（周志民等，2012）。此外，与扎根理论法类似，网络志法也不需要研究者在事前提出理论假设，而是通过在线观察社区成员行为、特征和文化分析归纳得到理论，这样在弥补了现有顾客契合演化过程研究匮乏的同时，也使得研究结果更加符合中国情境下的现实情况。

二、研究设计

（一）研究对象选取

本研究以小米在线社区（http://bbs. xiaomi. cn/）为研究对象。小米在线社区是小米科技有限责任公司创办的官方社区网站，成立于2011年，致力于为小米用户打造一个交流产品使用经验、了解公司最新动态以及参与社区互动活动的平台。在其成立5年多，为小米品牌培养了数百万名粉丝，属于在线品牌社区成功运营的典范之一（贺爱忠和李雪，2015）。发展至今，社区活跃用户已累计超过1700万，社区上存在着大量的离散信息发布者，并且社区成员之间以及成员与企业之间也进行了大量的互动交流，形成了十分丰富的顾客契合信息，这为在线品牌社区正面顾客契合和负面顾客契合的演化过程分析提供了一个良好的研究环境。

负面顾客契合的短期演化过程和长期演化过程可能会存在明显不同，因此将负面顾客契合的演化过程分为短期演化过程和长期演化过程分别进行研究。正面顾客契合没有区分的必要。负面顾客契合的长期演化过程是指较长一段时间内负面顾客契合的发展变化过程。本研究提取小米在线社区成立时（2011年）起到数据收集时（2016年）5年间社区成员的互动数据来分析在线品牌社区负面顾客契合的长期演化过程。

负面顾客契合的短期演化过程则是指相对较短一段时间内

围绕一个典型事件的负面顾客契合的发展变化过程。具体到小米在线社区上，本研究选取小米手机 5 新品发布作为一个典型事件。每当小米公司推出新产品时，公司几乎都会采取饥饿营销策略，即向市场供应远低于消费者需求数量的产品，从而导致新产品在较短的时间内就会销售一空。例如，2016 年 3 月 1 日上午 10 点小米开始发售小米手机 5，随后每个星期二上午 10 点进行一次开售，每次均是几分钟不到就全部售罄。从 3 月 31 日开始到 4 月 6 日为期 7 天的小米周年庆期间，小米每天上午 10 点发售新产品，在活动最后一天也就是 4 月 6 日甚至增加为在 6 个时间段发售新产品，依然是供不应求。与此同时，小米在线社区上涌现出了大量围绕新产品发售的负面顾客契合。除此之外，小米在线社区上还存在着围绕产品质量、功能、售后服务等方面的负面顾客契合，但这些负面契合或持续时间很短，或涉及用户较少，唯有新产品发售这一主题可以在相对集中的一段时间内，吸引大量社区用户持续参与到话题讨论与互动中，由此产生的海量信息非常适合用来进行在线品牌社区负面顾客契合短期演化过程的研究。因此，本研究选取 2016 年 3 月 1 日到 4 月 10 日，小米在线社区上以小米手机 5 发售为主题的成员间互动，来研究在线品牌社区负面顾客契合的短期演化过程。

（二）数据收集与处理

本研究采用理论性抽样挑选小米在线社区上的调研对象，通过在线观察调研对象之间的互动交流获取研究数据。理论性抽样在构建或完善理论的研究中是一种非常有效的数据收集方法（Bryman and Bell，2007），它要求研究者先锁定一些调研对象，收集数据并分析，然后根据结果有选择性地挑选有助于理论完善的对象进一步研究。

1. 在线品牌社区负面顾客契合演化过程数据收集

在在线品牌社区负面顾客契合短期演化过程的研究中，初次抽样根据 3 个标准挑选调研对象，以尽力保证样本的典型性和差异性：第一，曾经进行过以“小米手机 5 发售”为主题的负面顾客契合；第二，隶属不同的 VIP 等级（根据发帖和评论数量小米在线社区成员隶属于 0—8 级不同的 VIP 等级）；第三，尽量保证调研对象的注册时间分属于不同年份（周志民等，2015）。据此，本研究首先锁定了 5 位小米在线社区成员，注册时间从 2011 年到 2015 年。由于所选取研究时间段内以“小米手机 5 发售”为主题进行负面契合的成员大多属于较低的 VIP 等级，因此所选取的调研对象为无 VIP 等级到 VIP2，且通过观察他们的发帖及与其他成员之间的互动无法完全掌握成员的性别、年龄、归属地等个体基本特征。根据上述 5 位成员所有发帖和评论的初步分析结果，基于理论性抽样原则又有选择性地挑选了一些能提供新信息的调研对象进一步研究，直至新抽取的样本不能再产生新的理论见解为止。最终共选取了 18 位调研对象，他们的基本信息如表 7-1 所示。

表 7-1 在线品牌社区负面顾客契合短期演化过程研究的调研对象

VIP 等级	序号	ID	注册时间
VIP 1	1	孤男！熊	2011 年 10 月 24 日
	2	批发唐装	2012 年 6 月 18 日
	3	全仙	2012 年 10 月 28 日
	4	无声猎人	2013 年 9 月 26 日
	5	殘畵落雨	2013 年 11 月 15 日
	6	meiziqing	2014 年 1 月 24 日

续表

VIP 等级	序号	ID	注册时间
VIP 1	7	曹山山	2014 年 5 月 12 日
VIP 2	8	G1314	2011 年 11 月 19 日
	9	磨才有	2012 年 2 月 2 日
	10	一年一季!	2012 年 8 月 5 日
	11	林安果	2012 年 10 月 12 日
	12	zllystan12	2012 年 11 月 13 日
	13	于仁善	2013 年 4 月 22 日
	14	一如既往等你	2013 年 6 月 3 日
	15	白晓猪	2013 年 11 月 13 日
	16	有小小怕	2014 年 5 月 29 日
	17	梦中 de 天堂	2014 年 11 月 1 日
无等级	18	灰起来不寻常	2013 年 8 月 8 日

注：同一 VIP 等级的调研对象分别按照注册时间的先后顺序进行排列。

在在线品牌社区负面顾客契合长期演化过程的研究中，同样为了体现样本的典型性和差异性，调研对象不仅要满足隶属不同 VIP 等级和注册时间的条件，还须满足三个标准：第一，曾进行过负面顾客契合，但不局限于与小米手机 5 购买相关；第二，与其他成员进行过较多的互动，有大量的互动信息可追溯（周志民等，2015）；第三，通过观察调研对象与其他成员之间的大量互动信息可以掌握调研对象的个体基本特征，尽量保证调查对象在个体特征方面保持均匀分布，且所在地隶属于不同的省份。最终通过理论性抽样确定了 10 位调研对象，他们的基本信息如表 7-2 所示。

表 7-2 在线品牌社区负面顾客契合长期演化过程研究的调研对象

性别	序号	ID	年龄	LV 等级	注册时间	发帖数	回复数
男	1	Cx 暗夜皇族	30	LV. 7	2011 年 11 月 1 日	499	5212
	2	lilianxi	60—70	LV. 8	2012 年 2 月 25 日	502	3486
	3	柠栀雪	20—30	LV. 4	2012 年 3 月 14 日	560	3847
	4	Canon、杰	25—30	LV. 3	2012 年 8 月 15 日	103	661
	5	武术天王	25—30	LV. 6	2012 年 10 月 26 日	162	6702
	6	mi 是阿贝	25	LV. 5	2013 年 4 月 19 日	223	654
	7	德州冬小麦	50—60	LV. 7	2013 年 9 月 19 日	2849	22 945
	8	锁小心	18—25	LV. 3	2015 年 1 月 24 日	138	1462
女	9	怕毒哦	25—35	LV. 2	2011 年 11 月 10 日	41	225
	10	-乌咪-	30—36	LV. 8	2012 年 2 月 28 日	542	7233
	11	我叫小蕊蕊	20—30	LV. 2	2014 年 6 月 22 日	116	656

注：男性调研对象和女性调研对象分别按照注册时间的先后顺序进行排列。发帖数和回复数的截止日期为 2018 年 4 月 20 日。

2. 在线品牌社区正面顾客契合演化过程数据收集

在在线品牌社区正面顾客契合演化过程的研究中，将在线品牌社区负面顾客契合长期演化过程所选取的 10 位调研对象也纳入数据收集范围，除此之外，又挑选了 5 位从来没有进行过负面顾客契合的调研对象进行理论完善和饱和性检验，他们的个体特征信息、社区发帖和评论情况如表 7-3 所示。

表 7-3　在线品牌社区正面顾客契合演化过程研究的调研对象

性别	序号	ID	年龄	LV 等级	注册时间	发帖数	回复数
男	1	hobysun	25—35	LV. 3	2012 年 12 月 26 日	173	182
	2	肩冲	30—40	LV. 3	2013 年 8 月 16 日	434	187
	3	MIDou 小米豆	25—35	LV. 6	2013 年 12 月 15 日	78	4197
女	4	淡淡玫瑰香	30—40	LV. 2	2012 年 1 月 4 日	27	199
	5	张乐怡_ Zly	20—30	LV. 3	2015 年 2 月 3 日	33	1459

注：男性调研对象和女性调研对象分别按照注册时间的先后顺序进行排列。发帖数和回复数的截止日期为 2018 年 4 月 20 日。

在数据收集的半年多时间里，研究者每天都会登录小米在线社区，浏览帖子，观察不同成员的评论，同时，研究者是小米多种产品的用户和在线社区成员，对社区的发展历程、成员间的交流方式以及独特的语言习惯有相当程度的理解，保证了网络志研究要求的“文化进入”，有利于后续的数据编码分析。

3. 数据处理

虽然目前有多种定性分析软件，在数据分类和编码方面具有一定的优势，但在很多情况下，这些软件为了构建清晰明了的理论会舍弃许多具有丰富含义的原始数据（Kozinets，2002）。因此，人工分析方法仍然受到诸多学者的认可和青睐（如 Oakes 等，2013），本研究即采用人工分析方法对数据进行编码。数据分析时以一个成员的所有发帖作为分析对象，通过编码分析提炼出其负面顾客契合演化过程中所涉及的概念和范畴，之后依次对基于理论性抽样所选取的其他调研对象进行数据分析，不断补充和完善提取到的概念和范畴（周志民等，2015）。在数据分析过程中，两位研究人员首先分别独立对原始数据进行分析，针对结果不一致的地方反复进行讨论修改，直至最终观点达成一致（Brodie 等，2013）。这一过程符合 Bryman 和 Bell（2007）提倡的研究人员三角测量（Investigator Triangulation），能够在强化分析结果准确度的同时提高研究结果的可信度。

三、研究结果

（一）在线品牌社区负面顾客契合演化过程

1. 短期演化过程

通过前述研究可以发现，负面顾客契合的短期演化可以分为五个子过程：发泄、建设性讨论、威胁性退出、协商、报复（或妥协，或回避），如图 7-1 所示。进行负面顾客契合的成员并非按部就班经历五个子过程，有的成员可以跳过其中一个或者几个子过程循环发展，在图 7-1 中任意两个子过程间用双向箭头连接表示。

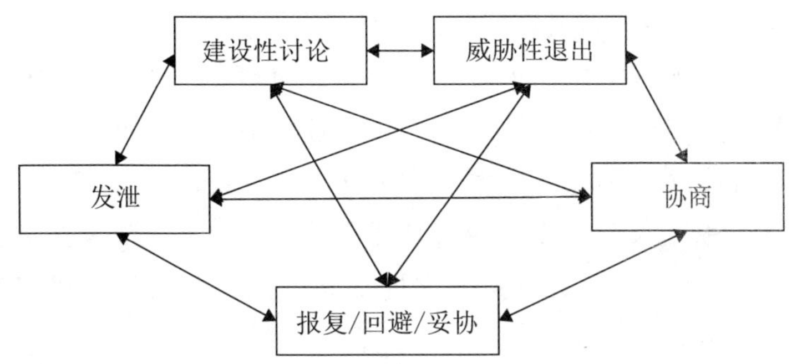

图 7-1　在线品牌社区负面顾客契合的短期演化过程

注：双向箭头表示成员并非按部就班经历上述五个子过程，其中任一子过程都可能成为在线品牌社区成员负面顾客契合的起始阶段，然后跳过其中一个或者几个子过程循环发展。

（1）发泄。当用户在产品购买或者消费过程中受到不公平对待时，在社区上发帖宣泄自己的遭遇是一种比较常见的表达方式。小米公司从 2 月 24 日举办小米手机 5 产品发布会到 2 月 28 日预约截止，共有 1680 万个用户预约购买，而《经济日报》报道小米公司在 3 月 1 日的首轮发售中仅仅准备了约 400 万台的库存，不仅如此，在 3 月 31 日开始的小米周年庆期间，公司为小米手机 5 尊享版的首次售卖也仅准备了 2000 台库存。如此巨大的供给缺口，加之后续产品发售中库存量的持续乏力，使得许多消费者纷纷在社区上发帖倾诉小米手机 5 的一机难求，抱怨声此起彼伏。

（2）建设性讨论。建设性讨论是指个体积极进行讨论以寻求问题的解决方案（Hibbard 等，2001）。在服务不满意情境下，建设性讨论是一种比较常见的顾客反应（王丽丽等，2009）。在小米在线社区，新手机的供不应求迫使想要购买的社区成员积极寻求或与其他成员商讨行之有效的产品购买策略。例如，ID为“灰起来不寻常”的社区成员在前期抢购新品未果的情况下，在社区上发表“分析一下，下次大量放货是哪天?”的帖子，希望与其他成员交流如何才能及时有效地购买到新手机；类似地，ID为“林安果”的成员在新品开售前发表“今天尊享版好抢么?”的帖子，以期与其他成员共同讨论预测当日手机销售情况。

需要特别指出的是，建设性讨论属于正向反应的负面顾客契合，Hibbard等（2001）将建设性讨论视为正面的抱怨，类似地，王丽丽等（2009）在针对中国餐馆行业的实证研究中也证实了建设性讨论是服务不满意情境下顾客的正向反应类型。

（3）威胁性退出。威胁性退出是指服务关系中买方威胁卖方终止关系的倾向（Hibbard等，2001）。在小米在线社区，当用户无法如愿购买到小米手机时，会通过发帖向企业和其他用户传达如若仍无法购买手机则会放弃小米或者转向竞争对手品牌。例如，ID为“梦中de天堂”的用户从小米手机5的预售期就开始关注产品信息，在产品正式发售后多次购买未果的情况下表示：

“希望今天能买到小米5，如果今天再买不到就打算买个华为P9算了。”

（4）协商。协商是指个体处于一个相对弱势的地位希望与企业沟通寻求问题的解决策略，此时，个体通常会愿意承担一些额外的成本，更有甚者处于一种乞求的姿态，恳请他人进行援助。如ID为“zllystan12”的用户在无法抢购到小米手机5的情况下表示：

“要尊享版的心声……你可以官方升价300起，只要你有现货的，我们都接受。只要不是黄牛的加价我都可以接受。”

（5）在经历上述四个子过程或其中某几个子过程后，负面顾客契合会分化成三种不同的状态：报复、回避或妥协。

第一，报复。报复是指个体在经历了无法接受的消费体验后对企业产生的报复性行为（Grégoire 和 Fisher，2008）。小米在线社区成员报复的行为表现多种多样。例如，ID 为“有小小怕”的用户发帖说“已经举报小米公司，大家速度一起”；ID 为“殘畵落雨”的用户则呼吁“你们能不能真正的放弃小米?”，号召其他用户一起抵制小米公司；ID 为“一如既往等你”的用户在社区发帖“直接打电话举报，欺骗消费者，看他还敢不敢这样”。

第二，回避。回避则是指消费者不再与企业维持合作关系以避免在未来承受更多的伤害和损失。报复和回避是网络公开抱怨的两种主要反映模式（Grégoire 等，2009），它们均是在消费者无法原谅企业行为的情况下产生，但报复属于顾客的主动性行为，回避属于被动性行为（庞隽等，2014）。主要表现为，一些用户在多次抢购小米手机 5 未果的情况下表示放弃购买小米品牌产品，或者转向其他竞争对手的产品。例如，ID 为“一年一季!”的用户在社区上发表了“别了，小米社区，一个多月了”的帖子，帖子中明确说明“这应该是我最后一次买小米手机了，以后再也不会关注小米了”；ID 为“孤男！熊”的用户发表了“立帖为证小米再见!”的帖子，同时表示购买了其他竞争品牌的手机；ID 为“于仁善”的用户在社区上晒出了其他品牌手机的购买记录，并表示“我也算脱离苦海了”。

第三，妥协。妥协是指消费者为了能够继续与企业保持合作关系而愿意作出一定的让步。中国属于东方集体主义文化国家，在传统儒家文化的支配和影响下，以和为贵的中庸思想是为人处世的重要原则（黄静等，2014），并且在思维方式上倾向于换位思考，从对方的角度看待和理解问题（Nisbett 和 Miyamoto，2005），因此，遇到冲突时妥协也是一种比较常见的冲突解决策略（Rahim，1983；宝贡敏和赵卓嘉，2008；黄静等，2014）。小米的许多用户在新品预售期努力尝试却无法抢购到新产品，但仍迫切想要得到新产品，此时只能通过其他渠道加价购买。

2. 长期演化过程

通过对调研对象 2011 年到 2015 年的社区行为信息进行分析发现，从长期来看，在线品牌社区负面顾客契合的演化过程会衍生出两种不同的发展路径：能够形成社区认同的顾客会逐渐转向正面顾客契合，而那些无法形成社区认同的顾客则会产生回避，逐渐退出在线品牌社区。

前文选取小米手机 5 发售作为典型事件分析了在线品牌社区负面顾客契合的短期演化过程。除了小米手机 5，小米公司其他产品新上市时也会产生围绕该产品的大量负面顾客契合。究其原因，主要是与小米公司的营销策略有关。小米公司在新产品上市时通常会综合运用虚位营销（李东进等，2015）和饥饿营销策略，新产品上市初期的供不应求造成小米在线社区负面顾客契合的此起彼伏，但产品上市一段时间以后市场供应量会逐步攀升，消费者都能陆续买到心仪的产品，围绕新品发售的负面顾客契合也会逐渐消失。ID 为“mi 是阿贝”的用户在小米手机 4 初上市时也曾在小米社区上进行过一些负面顾客契合，如发帖“吐槽一下，小米手机 4 移动 and 小米手环让我抢的好累???? 期待你的开放购买!!!”，“小米 4 真心伤不起，抢了好几周，一无所获，买华为算啦”，等等，后续通过小米在线社区个人主页上点亮的已购买产品图标可以看出，该用户顺利购买了小米手机4，自此，其针对小米手机4购买的负面顾客契合再没有出现。

随着导致负面顾客契合发生的事件逐渐平息，用户在小米在线社区上与其他社区成员之间的信息交换和人际交往也会越来越多，不断增强的虚拟社区感会促使其认为自身与社区的联系越来越紧密，其对社区的依赖和情感卷入也会随之加深，并逐渐将自身视为社区的重要一分子，进而形成社区认同（马向阳等，2017），转向正面顾客契合（韩小芸等，2016）。如上述曾针对小米手机4发表过负面顾客契合帖子的ID为“mi是阿贝”的用户，在后续小米在线社区参与过程中，不仅加入了顾问团，成为一名积极帮助其他米粉解决问题和帮助小米手机应用不断完善的正式顾问成员，还积极参与社区酷玩测评，提交产品测评报告，获得了“小米7周年荣誉勋章”“小米社区荣誉顾问团”“小米社区MI-Boy”等11项社区勋章。又如ID为“Canon、杰”的用户在刚注册小米在线社区时曾因为小米手机的物流服务和产品质量问题而在社区上进行一些负面顾客契合，如“小米发货真慢……等小米发货等得我心碎啊”，“前天买的小米，今天居然死机……”，但随后加入小米社区摄影组，发布了几十篇使用小米手机拍摄美图的帖子，社区VIP等级不断提升，通过社区个人主页贡献值可以看出，该用户对小米社区的贡献值高达1910分。

值得注意的是，小米社区用户由负面顾客契合转向正面顾客契合之后，并不意味着再不会出现负面顾客契合，如果在产品购买和使用过程中产生不满，不定时地出现负面顾客契合也在情理之中，表现为负面顾客契合和正面顾客契合交替出现。例如，ID为“Sawalice”的用户在购买小米旗下的红米手机后因为对物流服务的不满，在社区抱怨“悲剧发了什么如风达。。。。。。。。以前都是发顺丰的。。买小米3发顺丰，红米发如风达??”后续对小米手机3的使用体验又使其在社区上，先是夸赞“自从用了米三，看什么手机都嫌小，看屏幕都嫌差，这是我现在唯一的感受，越来越喜欢米三．真是太棒了”等，后又吐槽“小米3，真心伤不起，雷总啊！雷总！难道小米3的设计就是卡槽缺陷，然后用户认为拉扯导致卡槽无法读取SIM卡，问售后维修，一个元件竟然要动用换整块主板，一点伤就要999元维修，真心的小米伤不起!”ID为“德州冬小麦”的用户在初加入小米社区时由于对小米产品质量的不满吐槽“硬伤是无屏幕呀”，随后以正面顾客契合为主，但在购买红米Note2手机时因为不满物流服务而在社区上抱怨。

虽然有些小米社区用户能够由负面顾客契合转向正面顾客契合，但在后续社区参与过程中可能还会遇到诸如对产品质量或公司营销策略不满，甚至是糟糕的社区体验等问题，如果这些问题无法得到妥善解决，成员随时都可能退出社区（Brodie等，2013）。然而，还有一些用户随着参与正面顾客契合的增多，其品牌忠诚度也会越来越高（韩小芸和袁静，2013），退出社区的可能性也会越来越小。上文中提到的“mi是阿贝”用户于2013年4月注册成为小米在线社区用户，在短短5年间累计购买了小米公司28种不同类型产品，具有很高的品牌忠诚度，虽然时不时会在社区上发帖倾诉一下小米产品使用过程中遇到的BUG或其他质量问题，如“红米note3标配版全网通指纹识别经常按压无反应，反复开关机好几次还是不中”等，但参与社区的积极性并没有受到负面影响，依然不断地进行正面顾客契合，积极完成各种社区任务，发表被评定为精华的产品测评报告。当然，那些始终无法形成社区认同的用户也会逐渐退出小米在线社区。

综合上述在线品牌社区负面顾客契合短期和长期演化过程的分析结果，可以构建如图 7-2 所示的综合框架图。

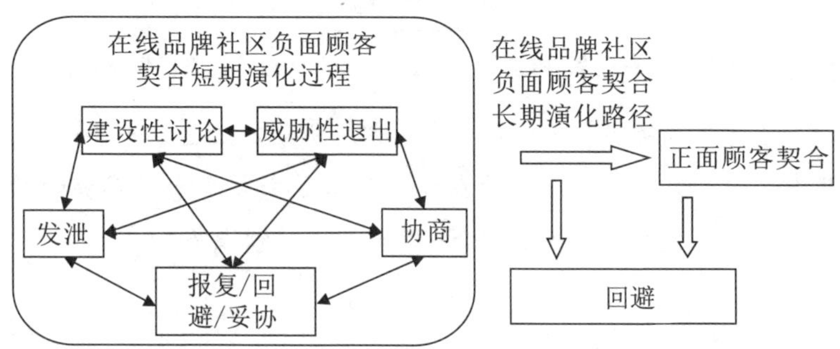

图 7-2　在线品牌社区负面顾客契合短期和长期演化过程综合框架

（二）在线品牌社区正面顾客契合演化过程

在小米在线社区，正面顾客契合的过程可以划分为学习、分享、拥护、社交、共同研发和社会增强六个阶段。需要指出的是，与负面顾客契合短期演化过程阶段类似，消费者并非按部就班经历六个正面顾客契合过程阶段，有的成员可以跳过其中一个或者几个阶段循环发展，如图 7-3 所示。

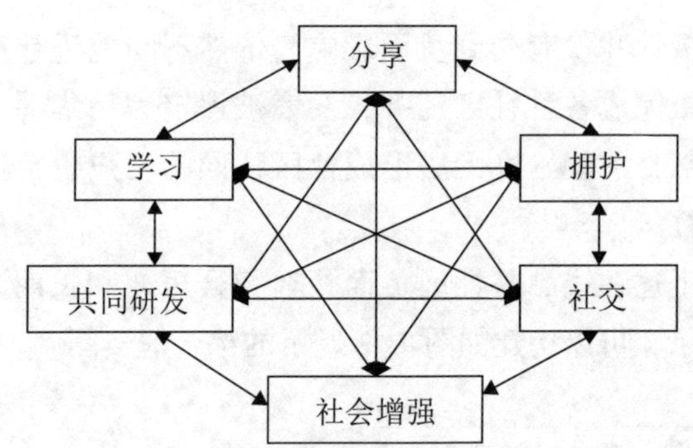

图 7-3　在线品牌社区正面顾客契合演化过程的阶段划分

注：双向箭头表示成员并非按部就班经历上述六个子过程，其中任一子过程都可能成为在线品牌社区成员正面顾客契合的起始阶段，然后跳过其中一个或者几个子过程循环发展。

第一，学习。学习是指消费者向企业或者其他用户学习产品购买和使用的相关信息，以便作出更好的购买决策。在小米在线社区，学习还包括用户学习论坛的相关知识。学习通常是消费者在在线品牌社区上进行正面顾客契合的第一个阶段。例如，ID 用户“hobysun”在小米在线社区上发表的第一篇帖子就是学习论坛积分知识，“stat here！可是不知道怎么才能有积分啊”；ID 用户“MIDou 小米豆”在论坛上发表的第一篇帖子也是关于社区 VIP 认证问题，“我的手机官网 VIP 认证不了，求助哇”。

第二，分享。分享是指消费者在在线品牌社区中向其他用户分享自身相关信息或者产品购买和使用的相关信息。例如，ID 用户“张乐怡_ Zly”在小米在线社区上分享了大量自身生活相关信息，从分享旅行信息的“米粉爱生活：难忘的爆米花之旅——长沙”，到分享郊游生活的“米粉爱生活：爬山之旅”，再到分享日常生活每时每刻心情的“米粉爱自拍：记录美时美刻”。还有的用户喜欢在在线社区上分享产品购买和使用的相关信息。例如，ID 用户“肩冲”不仅分享小米产品的相关信息“【酷玩帮】小米 90 分旅行箱——行走峨眉”，还在社区中分享了大量与小米产品不相关的产品信息，如“【酷玩帮】DOSS 妙音盒蓝牙音响体验”“【酷玩帮】不见不散 T6 wifi 智能云影院体验”等，不管是小米产品的相关信息，还是非小米产品的相关信息，该用户图文并茂地分享了产品的功能和使用心得。

第三，拥护。拥护是指消费者积极向其他消费者推荐品牌、产品以及使用方法。小米公司产品涵盖手机、电话卡、笔记本、电视、耳机、服装等十几个产品类别，在小米在线社区中，用户可以向其他用户推荐适合的产品及型号，或者提供相关产品使用方法。例如，ID 用户“MIDou 小米豆”在其他用户提出“净水机出水率和水温有多大关系啊？”的问题时，热心对其回复“您好，水温高的确是会影响净水器的制水效率的，但只是一个方面”。

第四，社交。社交是指消费者与他人之间建立双向的、非功能性的互动。在线品牌社区是现代社会人们扩展社交范围的一个重要途径。通过社区成员可以突破地域的限制，接触并认识来自不同地区甚至不同国家的人们，同时，成员间的交流方式也更加多样化，成员可以选择在任意时间与任何数量的其他成员共同参与同一话题的讨论。社交又可以分为虚拟世界中的社交和真实世界中的社交。虚拟世界（Virtual Worlds）是由计算机模拟出来的一个可供多个用户相互之间互动的环境。在线品牌社区作为一种典型的虚拟世界，用户可以在社区上通过创建一个个性化的虚拟人物作为其在虚拟世界中的化身，并通过操控该虚拟人物来探索所处的虚拟世界（人机间交互），与其他用户的化身进行交流协作（用户间交互）等。用户通过社交不仅可以构建虚拟世界中的联系，甚至可以发展到线下形成真实世界中的社会关系。小米在线社区从2011年开始每年定期举办“小米爆米花”盛典活动，小米公司会邀请一定数量的来自全国各地的社区会员齐聚北京，与公司高层领导一起聚会交流。例如，ID用户“MIDou小米豆”发表了“难以忘怀铭刻在心·小米家宴米豆之行”的帖子，分享了从出发登机到回程登机的详细过程，表示“……之所以发表此帖，只为与大家分享我与小米的故事，让没能参加小米家宴的米粉感受家宴的氛围。2017，小米豆最大的愿望就是找到同样热爱小米的另一半，组建自己的家庭！……”。

第五，共同研发。共同研发是指消费者向企业提供产品使用相关建议以帮助企业更好地改进产品。例如，ID用户“hoby-sun”在小米在线社区上发表了“miui相机被屏蔽的raw功能”的帖子，文中详细对比了不同版本手机中raw文件的处理方式，并指出不同做法的优缺点，最后向小米公司提出了改进建议。

第六，社会增强。社会增强是指消费者积极努力提高自己在在线品牌社区上的地位和声望。小米在线社区上不同成员具有不同的VIP等级，从VIP1级的潜力级手机控到VIP7级的火星级手机控，每一等级的提升都需要成员完成相应的社区任务。不同的VIP等级可以享受不同的待遇。例如，在米粉节等节日获得相应等级的优惠券；获得酷玩资格，享受免费试用新产品的资格；等级高的成员还有机会获得现场参与小米新产品发布会和参加小米爆米花家宴的资格；等等。这些待遇不仅可以给社区成员带来一定的经济利益，同时也是一种社区地位的象征，它向其他无法获得上述待遇的成员传达了只有社区地位高才能获得更优待遇的讯息。此外，小米在线社区还划分了小米手机、红米手机、电视盒子、智能硬件、MIUI、游戏、活动、综合八大版块，每个版块又划分了许多子版块，总共包含 58 个子版块，每个子版块都设有相应的数量不等的版主。在小米在线社区这个虚拟世界中，版主充当着“领导者”角色，他们在付出相应努力保证论坛健康持续发展的同时，也享受着领导者所拥有的社会地位和声望。

四、研究启示

本研究基于时间序列视角探讨了在线品牌社区正面顾客契合和负面顾客契合的演化过程。针对小米在线社区的网络志研究结果表明，从短期来看，负面顾客契合会经历发泄、建设性讨论、威胁性退出、协商、报复（或回避，或妥协）五个发展阶段，顾客可能从上述任一阶段开始进行负面顾客契合，或按部就班经历每个阶段，或跳过其中几个阶段循环发展。从长期来看，随着导致负面顾客契合发生的事件逐渐平息，有的社区用户能逐渐形成社区认同，进而由负面顾客契合转向正面顾客契合，而那些始终无法形成社区认同的用户则会选择回避，进而退出社区。在线品牌社区正面顾客契合的演化过程可以分为学习、分享、拥护、社交、共同研发和社会增强六个阶段，与负面顾客契合短期演化过程类似，消费者并非按部就班经历正面顾客契合演化过程六个阶段，有的成员可以跳过其中一个或者几个阶段循环发展。研究结果对顾客契合领域相关研究和企业应对正面顾客契合和负面顾客契合的管理措施均具有重要的贡献。

（一）理论贡献

首先，本研究勾勒出了不同效价顾客契合在在线品牌社区上的演化过程。顾客契合形成后，契合状态和复杂性会随着时间不断发生变化。与以往顾客契合演化机制研究不同的是（如Brodie等，2011，2013），本研究基于效价将顾客契合分为正面顾客契合和负面顾客契合，并且研究了不同效价顾客契合演化过程的阶段划分，以及不同阶段的契合状态，研究结果在丰富和完善顾客契合理论研究的同时，对企业制定增加正面顾客契合积极影响、减小负面顾客契合消极影响的有效措施有一定的参考价值。

其次，本研究分别探讨了在线品牌社区负面顾客契合短期演化和长期演化过程，并指出了二者的差异。而目前学者们对顾客契合的形成（韩小芸和余策政，2013；Harrigan等，2017）、演化（Brodi等，2013；Kunz等，2017）以及结果（王高山等，2014；Zhang等，2017）的研究，大多是基于静态视角而针对某一个时点进行分析。事实上，顾客与企业（品牌）及其他顾客的互动是一个动态的迭代过程（Brodi等，2011），在不同的时点上，顾客契合可能呈现出不同的状态。而基于时间序列对在线品牌社区负面顾客契合短期和长期演化过程以及正面顾客契合演化过程的研究，恰好可以在一定程度上补充现有顾客契合研究在动态演化方面的成果。

最后，在研究方法方面，应用网络志法研究顾客契合问题的成果并不多见，Brodie等（2013）针对新西兰一家健身公司在线社区顾客契合的研究中应用了该方法。此外，现有采用网络志法针对市场营销领域的研究多数是在西方情境下进行的，仅有少数学者如贺和平等（2014）、周志民等（2015）运用网络志法分别探讨了中国情境下微博成瘾行为和在线品牌社区关系的形成机制，但整体来说研究成果相对偏少。无独有偶，国内学者也纷纷认识到将在西方国家发展起来的社会科学理论和研究典范移植到中国社会会出现“水土不服”的现象，而网络志法作为一种质化研究方法，尤其适合本土情境下对理论问题的探索（陈晓萍等，2012）。因而，本书针对小米在线社区的研究，不仅在中国情境下对网络志法在顾客契合研究中的应用进行了大胆尝试，还可以为国内其他学者运用网络志法构建本土社会科学新理论提供一定的参考。

（二）实践价值

从短期来看，在线品牌社区负面顾客契合会经过五个不同的子过程，每个子过程都有独特的特点。企业知晓了进行负面顾客契合的顾客所处的阶段，就可以采用匿名或非匿名的方式有针对性地与顾客进行沟通、互动，解决导致负面顾客契合产生的事件，以意见领袖的身份倡导积极的、正向的顾客契合，进而提高在线品牌社区的活跃度。尤其值得注意的是，当负面顾客契合发展到第五个阶段时会产生报复、妥协或回避。妥协的顾客在短期内由于继续与企业保持合作关系，表面上看没有明显的问题，但事实上顾客对企业的信任和忠诚度已然受到影响，同时企业也容易误以为这类顾客仍愿意与企业继续保持关系，而忽视他们曾经遇到的问题。产生回避的顾客会拒绝与企业再有任何的接触和联系，企业也就丧失了为这类顾客进行服务补救的机会（庞隽等，2014）。可以看出，虽然妥协和回避避免了顾客和企业之间的直接尖锐冲突，但仍会对企业造成严重的负面影响，尤其是深受传统集体主义文化理念影响的中国消费者，在遇到冲突时更倾向于采用妥协或回避的方式解决问题。

因此，在小米在线社区这种企业创建且以企业管理为主的在线品牌社区上，可以考虑通过营造畅所欲言的社区氛围，或设立企业及时响应的顾客投诉建议通道，鼓励和激发社区用户采用调查式或其他积极面对的方式解决问题（黄静等，2014）。只要顾客仍然愿意与企业沟通交流服务过程中遇到的问题，那么企业就有机会通过服务补救措施加以解决，吸引顾客再次购买。

从长期来看，虽然在线品牌社区负面顾客契合有可能转变为正面顾客契合，但转变发生的关键在于消费者逐渐形成社区认同，而那些无法形成认同的顾客则会退出在线品牌社区。因此，企业不能断章取义，认为负面顾客契合会转变为正面顾客契合而疏于应对。反之，企业应该首先从其短期发展过程入手，寻找负面顾客契合的原因，并提供相应的补救措施，在减少进行负面顾客契合的顾客流失的同时争取尽快促进顾客由负面顾客契合向正面顾客契合转变。

（三）研究局限与不足之处

研究结果表明在在线品牌社区负面顾客契合短期演化过程的最后一个阶段，负面顾客契合可能会发展成报复、妥协或回避三种不同的结果，但是并没有详细论述每一种结果的产生情境。因此未来可以尝试进一步分析产品、服务环境或顾客个体特征因素对负面顾客契合短期演化不同结果的影响，并探讨具体的影响机制。此外，为了便于样本的收集和研究的实施，本书以移动互联网公司小米的在线社区作为研究对象，未来可以针对其他领域及公司，如奢侈品领域、快速消费品领域等，对在线品牌社区进行探索，以实现样本更好的代表性和研究结果的普适性。

第八章

在线品牌社区顾客契合对顾客购买意愿的影响

一、研究问题描述

在第二章顾客契合结果的相关研究中，通过对顾客契合结果的文献回顾可以看出，顾客契合不仅可以对契合各方产生作用，影响顾客忠诚（韩小芸和余策政，2013）、顾客感知价值（Marbach 等，2016）、顾客价值共创行为（陈慧和杨宁，2019）以及企业销量（Cheung 等，2015），还能够对其他企业（品牌）以及它们的顾客产生影响，加剧行业竞争（van Doorn 等，2010）。虽然众多研究已经证实了顾客契合影响的广泛性和深远性，但顾客契合对顾客购买意愿的内在影响机制依旧无法通过现有理论成果进行解释。企业所有营销活动的最终目的都是促进顾客购买企业产品（服务），而顾客购买意愿是预测顾客消费行为的重要指标，只有明确了顾客契合对购买意愿的影响机制，企业才有可能以结果为指针，知晓其营销资源投入是否合理，为有限资源的合理配置提供指引。

此外，在现有顾客契合的相关研究中，采用定性方法的研究大多以案例为基础，通过迭代式的归纳或演绎从案例中提取概念并形成理论。研究结果在很大程度上取决于研究人员能够收集到的案例数量以及案例的独特性，这极大地降低了研究结果的普遍适用性。而在顾客契合的定量研究中，又以回归分析法和结构方程法（如韩小芸和余策政，2013；王芳等，2015）的应用居多。从本质上来说，这两种方法均是将自变量和因变量间的关系视为对称性的，进而分析自变量对因变量的“净效应”。变量间的对称性关系是指当自变量 X 取值较高时，因变量 Y 也可以获得较高的值；当自变量 X 取值较低时，因变量 Y 的取值也较低。其实，现实世界中存在着大量的非对称性关系。例如，假定智商是自变量，考试成绩是因变量，通常情况下人们会认为智商越高的人越容易取得较好的考试成绩，但是在现实生活中存在着许多智商不太高但仍然能够取得较好考试成绩的人，以及智商较高却取得较差考试成绩的人，他们的存在削弱了自变量和因变量之间的对称性关系。若从集合论的视角进行理解，智商较高的人属于一个集合，取得较好考试成绩的人属于一个集合，那么“智商越高的人越容易取得较好的考试成绩”的含义是指上述两个集合中前者是后者的一个子集，那么是否存在其他集合同样导致较好的考试成绩并不会影响“智商越高的人”和“取得较好的考试成绩”之间的关系。显然，从集合论视角进行的研究将因素之间的关系视为非对称性的，研究结果会更加符合客观现实。学者们在市场营销其他领域的研究中也发现并证实了大量非对称关系的存在，如 Russo 等（2016）针对退货管理和顾客忠诚关系的理论分析认为退货管理正向影响顾客忠诚，在实证研究中却发现存在着许多退货管理取值较低而顾客忠诚较高，以及退货管理取值较高而顾客忠诚较低的样本。Woodside（2014）将这些样本称为逆向案例，并大力提倡学者们应用构型理论研究变量间的非对称关系。构型理论认为不同因素间可以形成多种复杂的、非线性的构型组合，其中任何单一因素可能会对结果因素施加正向或负向的影响，这种影响取决于它与其他因素间的构型组合方式。

综上，该部分研究以社会认同理论和构型理论为基础，探讨在线品牌社区顾客契合对购买意愿的影响机制及边界条件，提出相关假设，并构建在线品牌社区顾客契合对顾客购买意愿影响的概念模型。为更好地理解变量之间的统计关系和集合关系，本书采用结构方程模型实证检验变量之间的因果关系，并运用模糊集定性比较分析方法（fuzzy-set Qualitative Comparative Analysis，fsQCA）对触发顾客购买意愿的前因进行构型分析（易明等，2018）。研究结果不仅可以丰富现有顾客契合领域的理论成果，还可以帮助企业更加有效地管理在线品牌社区上的顾客契合，提升顾客变现能力。

二、理论基础

（一）顾客认同概念界定

认同起源于心理学领域的研究，是一种反映心理依恋的认知状态，表达了个体对某一社会参照同一性或归属感的认知，以及将其成功/失败视为个体自身成功/失败的意愿（Ashforth 和 Mael，1989）。自 Tajfel 和 Turner（1986）提出社会认同理论以来，随着研究的不断深入，认同概念在市场营销领域也受到了广泛关注。社会认同理论指出，当个体面对多个相互关联的社会参照时，可以形成多项认同（Ashforth 和 Johnson，2001）。依据不同的社会参照，顾客在在线品牌社区上可以形成企业认同、品牌认同和社区认同（黄敏学等，2017）。

企业认同是指消费者为了实现一项或者多项自我定义需求而进行的活跃的、有选择性的和意志性的行为（Bhattacharya 和 Sen，2003）。简单来说，企业认同就是消费者将自身视为企业组织的一分子（Haumann 等，2014）。企业认同形成的基础是消费者对企业有意义的社会身份的感知，这些社会身份包含企业核心价值（如领导力、经营理念和组织使命等）和企业背景特征（如企业规模、发展年限、市场地位、来源国形象和地理位置等）（Bhattacharya 和 Sen，2003）。以往研究表明，企业认同会激发消费者产生一系列角色内和角色外的积极行为，如购买意愿、推荐意愿（黄京华等，2016）、顾客公民行为（何美贤和罗建河，2016）、服务补救满意度（肖海林和李书品，2017）等。

品牌认同是指消费者在多大程度上采用相同的属性定义自身和品牌（Hughes 和 Ahearne，2010）。Michael（1998）指出团体内的正式成员身份并非认同的必要条件，这意味着不管消费者是否曾经购买过特定品牌的产品（服务），都有可能对其形成品牌认同。在顾客眼中，品牌是企业向顾客传达的非物质符号系统，是一个企业综合特征的表现（康俊等，2014），但顾客对品牌的认同不等同于企业认同，因为在消费者头脑中，品牌具有聚焦的、个性化的品牌形象，而企业则是模糊的、具有多个焦点的客观物体（Bhattacharya 和 Sen，2003）。

社区认同是指消费者对社区形成归属感，将自身视为社区成员中重要的一分子（Algesheimer 等，2005）。社区认同是衡量消费者与社区关系的重要指标之一，具有社区认同的消费者愿意遵守社区的行为规范，拥护社区的价值观，并且积极谋求社区的健康发展。社区认同与品牌认同也有所差异，社区认同强调的是个体对社区的归属感，品牌认同则强调个体对品牌的依恋情感（黄敏学等，2017）。

（二）社会认同理论

作为社会心理学领域研究的重要理论，社会认同理论（Social Identity Theory）由 Tajfel 和 Turner（1986）提出，主要是用来解释群体行为的理论。社会认同理论的基本观点认为个体通过社会分类将自身与其他群体区分开来，对自身所属群体产生认同，并通过得到和维持积极的社会认同来提升自尊和自我价值。对群体产生认同的个体通常会倾向于认为自身所属群体优于其他群体，并有可能产生群体间偏见或者冲突等行为。

Tajfel（1982）指出个体在形成社会认同的过程中通常会经历三个阶段，分别是社会分类、社会比较和积极区分。首先，社会分类是指个体在与他人接触时会根据自身与他人的异同来对他人进行分类以便区分管理。在此基础上，Turner（1985）进一步提出自我归类理论来发展和完善社会认同理论。自我归类理论认为当个体进行分类时会将自身也归类于某一类别中，并且沿袭和发展内群体的特征，结果就是个体在与内群体成员之间相似性不断增强的同时，与外群体成员之间的相异性也不断加大。Hogg，van Knippenberg 和 Rast（2012）将这一自我归类过程归纳总结为个体转换为群体的过程。与传统社会心理学研究相比，社会认同理论和自我归类理论存在一个本质的区别，即传统社会心理学研究关注的是群体中的个体行为，而社会认同理论和自我归类理论则关注的是个体中的群体行为。其次，社会比较是指个体将自身所归属的群体与其他群体进行比较。在比较的过程中，个体通常倾向于在某些维度上夸大自身所属群体的优势，给群体内成员更高的评价，进而使其与其他群体之间的差异性更加显著。这种不对称的群体间评价会促使个体在认知、情感和行为上更加认同自身所属群体。最后，积极区分是指个体在自我激励的动机驱动下，督促自己在群体间比较的相关维度上比其他群体成员表现得更加出色的过程。

社会分类、社会比较和积极区分三个过程是互相依赖、相互促进的：正是有了社会比较，社会分类才具有意义；而社会比较则需要通过积极区分实现；积极区分又是在个体所属团体表现出色的比较维度上与其他群体通过比较完成。不管是哪个过程，个体的最终目的都是提升、维护自尊和实现自我价值。在上述三个过程的共同作用下，个体逐渐对所属群体产生了认同，进而发展诸如内群偏好、外群歧视等群体维护行为。

目前，社会认同理论在市场营销相关领域的研究中得到了广泛应用。例如，曾伏娥、代婷婷和朱妮亚（2013）运用社会认同理论和群体动力学理论分析了社会认同、群体利益规范和社会联结等社会因素如何影响在线社区成员对社区广告的积极反应，并揭示了相应的逻辑演化路径；李先国、陈宁颉和张新圣（2017）结合社会认同理论研究发现在线品牌社区上消费者的感知价值能够显著影响其品牌认同和群体认同，而这两个变量又会进一步影响消费者的新产品购买意愿，除了这条间接影响机制，感知价值还能够对消费者的新产品购买意愿产生直接的影响。

（三）调节匹配理论

调节匹配理论（Regulatory Fit Theory）是在调节定向理论（Regulatory Focus Theory）的基础上发展而来，因此在介绍调节匹配理论之前，首先对调节定向理论进行简单的介绍。

第一，调节定向理论。在传统动机理论的研究中，享乐主义原则一直占据主导地位，它认为个体总是趋利避害，并且不断规避痛苦、追求快乐。但是该原则并没有解释清楚个体是如何趋利避害的，同时，也无法解释面对相同的情境，为何不同个体的反应不同。例如，面对同样一件打折产品，有的消费者关注的是价格折扣所带来的经济节余，而有的消费者却关注的是打折的产品是否具有和正价产品一样的质量。在这种背景下，Higgins（1997）提出了调节定向理论来解释个体在实现特定目标的过程中如何控制和改变自身行为。

调节定向理论认为个体的目的性行为受到两个不同的动机系统——促进定向（Promotion Focus）和防御定向（Prevention Focus）支配。Wu 等（2015）指出促进定向反映了个体的成就、希望、抱负，以及对积极目标实现的热切关注，而防御定向则反映了个体的躲避、义务、安全，以及对消极目标的极力规避。促进定向体现了个体对目标最大化的追求，即个体希望能够得到的最大值，而防御定向体现了个体对目标最小化的追求，即个体能够容忍承受的最低值。对于希望实现目标最大化的个体来说，他们关注的是超越目标点能够取得的更优结果，而对于追求目标最小化的个体来说，他们关注的则是如何能够规避导致目标点以下部分实现的可能性。例如，一位即将参加考试的考生如果在促进定向的支配下就会更多地考虑如何能够超常发挥，取得超乎平常的优异成绩，而如果在防御定向的支配下就会考虑如何才能保证正常发挥，避免意料之外事情的发生。

第二，调节匹配理论。Higgins（2000）在调节定向理论的基础上进一步拓展提出了调节匹配理论，用来解释个体的调节定向如何支配其追求目标的行动方式。具有促进定向和防御定向特质的个体在追求目标的过程中倾向于采取不同的策略。促进定向个体具有较高创新性，敢于冒险，努力追求与期望目标相匹配的事物，即“渴望—接近”策略。防御定向个体则比较保守，警惕并规避各种可能降低安全或造成损失的事物，即“警惕—规避”策略。

综上，调节定向理论和调节匹配理论之间的关系如图 8-1 所示。

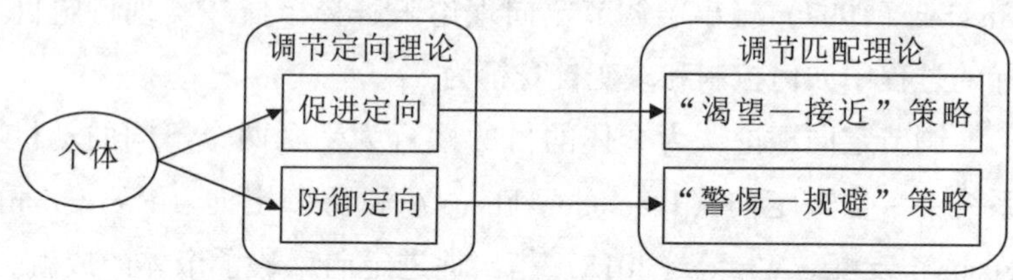

图 8-1　调节定向理论和调节匹配理论之间的关系

在市场营销领域的相关研究中，学者们对调节定向理论和调节匹配理论给予了较多的关注，并运用该理论取得了大量研究成果。例如，施卓敏、李璐璐和吴路芳（2013）在针对网上促销方式的研究中发现，对于促进定向的消费者来说，由于他们对积极结果的高度敏感性导致积极促销框架能够对其网络购买意愿施加更大的影响；反之，消极促销框架对防御定向消费者的网络购买意愿的影响更大；Tong，Zheng 和 Zhao（2013）在针对金钱启动的研究中发现，金钱概念启动后，消费者会更倾向于采用防御定向目标体系，在购买决策中则更加追求产品的功能性和安全性，选择实用品的概率更高；汪明远和赵学锋（2015）综合调节定向理论和效价理论分析了消费者的感知收益和感知努力如何影响其移动优惠券使用态度，以及促进定向、防御定向分别在感知收益和感知努力与移动优惠券使用态度关系中的调节作用。

（四）构型理论

构型理论的思想源于复杂理论。早在 1962 年，Simon 就提出复杂系统的观点，经由后续学者们的不断拓展和完善形成复杂理论，并在诸多领域内广泛应用。在市场营销领域，营销大师科特勒在 1967 年就指出，企业的营销环境中包含大量动态的、非线性的、随机的不充分信息，而营销决策就是在此基础上作出的。科特勒的观点隐含了复杂理论的思想，但在随后 50 多年的营销理论发展过程中，复杂理论并没有得到足够的重视。近些年，随着定性比较分析法应用的增多，一些学者开始尝试运用复杂理论中的构型观点去解释营销现象，构建营销理论，Ordanini，Parasuraman 和 Rubera（2014）将这种构型观点称为构型理论。

构型理论主要包含三个重要的基本原则。第一，结果因素几乎不可能由单一原因属性导致。第二，原因属性几乎不可能单独产生影响。这两条原则与当年科特勒的观点不谋而合。第三，任何单一属性可能会对结果施加正向或负向的影响，这取决于不同原因属性之间的构型组合方式。例如，Russo 等（2016）在针对顾客忠诚影响因素的研究中发现，较宽松的退货管理政策既可能导致较高的顾客忠诚，也可能导致较低的顾客忠诚，并且感知转换成本、顾客价值、顾客满意与顾客忠诚的关系也存在类似的结果，因此作者引入构型理论，分析了这些因素之间的构型组合对顾客忠诚的影响。

学者们还基于构型理论的三个基本原则提出了另外两个原则：等价原则和因果关系非对称性原则。等价原则意为存在着多种不同的构型组合均能够导致类似的结果（Woodside，2014）。假定原因属性的数量为 N，那么可以产生 2^N 个构型组合（Ragin，

2008)，这就意味着即使原因属性的数量较少也可以产生多个构型组合，势必存在着能够导致相同结果的不同构型组合。该原则也印证了一句古代谚语“条条大路通罗马”。有营销学者在最近的研究中运用并证实了该原则。例如，Russo 等（2016）研究发现感知转换成本、退货管理、顾客价值和顾客满意四个变量可以产生四种不同的等价构型组合，均可以导致较高的顾客忠诚；Pappas 等（2015）研究结果证实个性化质量、信息质量、个性化益处、较强的积极情感、较弱的积极情感、较强的消极情感和较弱的消极情感七个原因属性可以产生九种不同的等价构型组合，均可以导致较高的消费者网络购买意愿。另一个因果关系非对称性原则意指导致结果出现的构型组合是独特的，该组合的对立面并非一定导致结果的不出现（Woodside，2014）。换言之，导致结果出现的构型组合与导致其不出现的构型组合之间没有太大关联，无法根据其中一个推测出另一个。该原则同样在学者们的研究中得到了印证。例如，Misangyi 和 Acharya（2014）在针对企业治理机制的研究中发现，存在六种治理机制的构型组合可以导致较高的企业利润，而导致较低企业利润的构型组合仅有两种。

与传统定性和定量研究不同，构型理论更加重视因素间的非对称关系，因此，在实证分析中无法采用质化研究法、回归分析法、结构方程模型等传统定性和定量方法，而通常采用定性比较分析法（Qualitative Comparative Analysis）进行研究。该方法从集合论的视角分析每个案例在不同集合间的隶属关系，可以将其视为定性研究方法，同时，定性比较分析法还关注案例在集合内的隶属程度，以及不同案例在集合内隶属程度的差异，这又可以将其视为定量研究方法（Woodside，2014）。因此，定性比较分析是一种集定性与定量研究优势于一体的社会研究方法。定性比较分析的核心思想包括以下两点。

第一，运用集合论的观点理解社会科学理论。集合论中一个非常重要的概念是子集，如果集合 A 中的每个元素都属于集合 B，那么集合 A 可以称为集合 B 的子集。定性比较分析将每个样本视为案例，并分析案例在相应集合内的隶属情况。例如，对于“对产品满意的消费者愿意回购产品”这一说法，如果从定量分析方法来理解，即为产品满意度越高的消费者越愿意回购产品，其中也暗含了满意度低的消费者不愿意回购产品的观点，定量分析法实际上是将因素“消费者满意度”和因素“产品回购行为”之间的关系视为对称性的。上述说法如果运用集合论观点理解即为集合消费者高满意度（集合 A）是集合产品回购行为（集合 B）的子集，而集合消费者满意度低是不是集合产品回购行为的子集则未知，这也反映了因素间的非对称关系。

第二，关注因素间的构型组合对结果的影响。根据社会网络理论，网络是由一系列的节点（例如个人或企业）及它们之间相互关系的集合组成，对某一结果产生影响的众多因素也可以视为一个小型的网络，网络内不同节点之间相互联系、互为依赖，那么众多因素应该是相互作用共同对结果施加影响，而以往定量研究侧重于提炼单一因素对结果影响的显著程度，这显然是不符合客观实际情况的。此外，定量研究的做法倾向于使研究者仅仅关注被研究变量，忽视其他变量的重要性。单一变量可以对结果施加比较大的影响，但其本身不可能对结果产生决定性的影响。定性比较分析能够克服定量研究的上述不足，运用构型观点分析因素间的相关关系。

三、理论分析及模型构建

（一）在线品牌社区顾客契合对顾客认同的影响

在线品牌社区是以计算机网络为基础，围绕某一品牌（产品）建立的虚拟平台，属于典型的关系型社区（王永贵和马双，2013）。在在线品牌社区上，顾客通过契合可以结识其他品牌爱好者，共同参与社区活动，获得更多的乐趣（杨晶等，2017），并与其他社区成员形成良好的人际关系，满足社交需求。这些情感体验有助于消费者意识到参与在线品牌社区的价值和意义，进而提高社区参与意愿，并发展成为社区的一分子，形成社区认同。

同时，在线品牌社区上顾客契合也可以表现为顾客与其他社区成员分享产品购买和使用经验，从而掌握更多品牌（产品）知识，形成密切的品牌关系。以品牌功能性价值为基础的顾客品牌关系又可以进一步促进品牌认同的形成（Lam 等，2010）。

此外，顾客在在线品牌社区上还可以通过契合参与到企业新产品研发过程中，与企业共创价值。顾客与企业之间的良性互动有助于消费者对企业形成社会依附，调整自身的利益与企业的利益相匹配，进而形成企业认同（Hall-Phillips 等，2016）。综上，可以提出如下假设：

H1：在线品牌社区中顾客契合正向影响品牌认同。

H2：在线品牌社区中顾客契合正向影响企业认同。

H3：在线品牌社区中顾客契合正向影响社区认同。

（二）顾客认同对顾客购买意愿的影响

为了研究顾客认同对企业长期绩效的作用，本书将顾客购买意愿细分为顾客重复购买意愿和顾客交叉购买意愿两个维度，并分别探讨顾客认同对这两个维度的影响。其中，顾客重复购买意愿是指顾客对企业生产的同一种类产品多次购买的意愿，顾客交叉购买意愿则指顾客购买企业生产的不同种类产品的意愿（Verhoef 和 Donkers，2005）。以往研究表明，顾客认同有助于顾客对企业品牌（产品）形成长期、持续性的偏爱（Bhattacharya 和 Sen，2003），从而降低品牌转换概率（Lam 等，2010），形成品牌忠诚（Marzocchi 等，2013），顾客重复购买意愿也会相应增加（Oliver，1999）。另外，顾客认同还会促使顾客形成品牌承诺（Carlson 等，2008；Tuškej 等，2013），而品牌忠诚和品牌承诺又会进一步提升顾客交叉购买意愿（Verhoef 等，2002）。由此，可以提出如下假设：

H4：品牌认同正向影响顾客的重复购买意愿和交叉购买意愿。

H5：企业认同正向影响顾客的重复购买意愿和交叉购买意愿。

H6：社区认同正向影响顾客的重复购买意愿和交叉购买意愿。

（三）调节定向特质的调节作用

依据调节定向理论，个体的目的性行为主要受到促进定向和防御定向两个不同动机系统的支配（Higgins，1997）。其中，促进定向反映了个体的成就、希望和抱负，以及对积极目标实现的热切关注；而防御定向则反映了个体的躲避、义务、安全，以及对消极目标的极力规避（Wu 等，2015）。这两种不同特质的顾客在在线品牌社区契合的过程中会采取不同的信息处理模式。促进定向特质的顾客倾向于采用风险性（Risky）的信息处理模式，敢于冒险，努力追求与期望目标相匹配的事物，具有较高的创新性；防御定向特质的顾客则偏向采用警惕性

(Vigilant）的信息处理模式，比较关注信息的消极因素以规避可能产生的损失（Friedman 和 Förster，2001；马双等，2016）。由此可以看出，与防御定向特质的顾客相比，促进定向特质的顾客更容易在在线品牌社区中建立起良好的社区成员关系和品牌关系，进而形成更高的社区认同和品牌认同，这类顾客也更倾向于与企业进行深入的互动并形成较高的企业认同。综上，可以提出如下假设：

H7：调节定向特质在在线品牌社区顾客契合和顾客认同的关系中起到调节作用。具体来说，

H7a：与防御定向特质的顾客相比，对于促进定向特质的顾客来说，在线品牌社区顾客契合对品牌认同的正向影响会更强；

H7b：与防御定向特质的顾客相比，对于促进定向特质的顾客来说，在线品牌社区顾客契合对企业认同的正向影响会更强；

H7c：与防御定向特质的顾客相比，对于促进定向特质的顾客来说，在线品牌社区顾客契合对社区认同的正向影响会更强。

（四）理论模型构建

本研究将顾客认同根据认同对象的不同划分为品牌认同、企业认同和社区认同，并分析了在线品牌社区顾客契合对品牌认同、企业认同和社区认同的影响，提出了假设 1、假设 2 和假设 3。然后将顾客购买意愿根据深度/广度细分标准划分为重复购买意愿和交叉购买意愿两个维度，在此基础上，探讨了品牌认同、企业认同和社区认同对顾客重复购买意愿和顾客交叉购买意愿的影响，提出了假设 4、假设 5 和假设 6。最后，分析了两种调节定向特质——促进定向和防御定向分别在在线品牌社区顾客契合与品牌认同、企业认同和社区认同关系中的调节作用，进而提出了假设 7。综上所述，可以构建如图 8-2 所示的在

线品牌社区顾客契合对顾客购买意愿影响的理论模型。

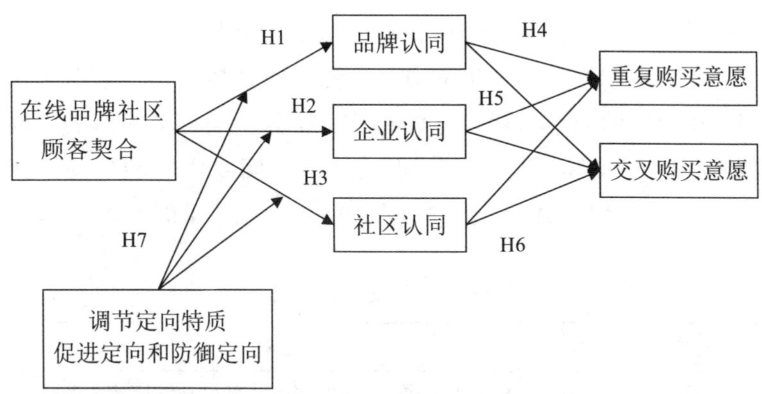

图 8-2　在线品牌社区顾客契合对顾客购买意愿影响的理论模型

四、实证研究设计

（一）测量题项

问卷中所有构念的量表均来源于以往学者的相关研究，并根据研究情境对题项进行了相应的修订。各变量的具体题项如表 8-1 所示。在线品牌社区顾客契合的六个测量题项来源于 Schamari 和 Schaefers（2015）的研究；品牌认同的五个测量题项来源于 Zhou 等（2012）的研究；企业认同的三个测量题项来源于 Mael 和 Ashforth（1992）的研究，该量表已经被 So 等（2013）以及 Su，Swanson 和 Chen（2016）的研究证实在酒店行业具有较高的适用性；社区认同的五个测量题项来源于 Algesheimer，Dholakia 和 Herrmann（2005）的研究；重复购买意愿两个测量题项来源于 Kim，Kim 和 Kim（2009）的研究，交叉购买意愿的两个测量题项来源于 Ngobo（2004）和 Soureli，Lewis 和 Karantinou

（2008）的研究；调节定向的两个维度促进定向和防御定向的十个题项来源于 Haws，Dholakia 和 Bearden（2013）的研究。在后续数据处理过程中，将促进定向题项的平均分减去防御定向题项的平均分得到相对促进定向分值，然后将其按照中位数折成两半，得分高的一半为促进定向特质，得分低的一半为防御定向特质（Higgins 等，2001；陈锟，2009）。问卷中的题项均采用李克特 5 级量表，1 表示非常不同意，5 表示非常同意。

表 8-1　各变量的测量题项

构念	指标	题项
在线品牌社区顾客契合（Online Travel Communities Customer Engagement）	CE1	我会经常在在线品牌社区中发表与××酒店相关的帖子
	CE2	我会积极参与在线品牌社区中的话题讨论
	CE3	我会向在线品牌社区中的其他用户提供信息支持
	CE4	我会向在线品牌社区中的其他用户传播关于××酒店的积极信息
	CE5	我会向在线品牌社区中寻求××酒店信息的其他用户推荐该酒店
	CE6	在线品牌社区中我会毫不犹豫地把××酒店推荐给其他用户
促进定向（Promotion Focus）	PMF1	*我发觉我通常会对一些对我重要的事情完成得并不理想
	PMF2	我经常会构想我如何才能够实现我的理想和抱负
	PMF3	当我意识到我喜欢做的事情有一个非常好的契机时，我会立刻变得兴奋起来
	PMF4	我认为我属于会努力去实现理想和抱负，进而实现“理想自我”的人
	PMF5	我感觉自己已经向着人生成功的方向迈进了

续表

构念	指标	题项
防御定向（Prevention Focus）	PVF1	我是否经常服从父母规定的规章制度
	PVF2	＊有的时候粗心大意给我带来了麻烦
	PVF3	我经常担心我会犯错误
	PVF4	我经常会考虑如何在生活中避免犯错误
	PVF5	我认为我属于会努力实现我的责任和义务，进而成为我应该成为的人
品牌认同（Brand Identification）	BI1	我认为××酒店的成功也是我的成功
	BI2	我非常感兴趣其他人对××酒店的看法
	BI3	当我谈论××酒店时，经常会形容这是“我们”的品牌，而不是“他们”的品牌
	BI4	当有人表扬××酒店时，我也感到荣耀
	BI5	当有人批评××酒店时，我也感到受到伤害
企业认同（Company Identification）	CPI1	我认为××集团的成功也是我的成功
	CPI2	我非常感兴趣其他人对××集团的看法
	CPI3	当有人表扬××集团时，我也感到荣耀
社区认同（Community Identification）	CMI1	我与社区中其他成员之间感到非常亲密
	CMI2	我与在线社区中的其他成员拥有相似的行为目标
	CMI3	＊我与社区中其他成员建立起来的友谊对我来说没有意义
	CMI4	我认为我属于社区中的一分子
	CMI5	当社区中其他成员组织活动时，我认为我应该作为活动的重要参与者积极参与，而并非无关紧要的旁观者
重复购买意愿（Repurchase Intention）	RI1	当我下次旅游时，我会愿意再次入住××酒店
	RI2	当我旅游时，××酒店总是我首先考虑的居住地方

续表

构念	指标	题项
交叉购买意愿（Cross-buying Intention）	CP1	除了××酒店，我愿意考虑选择入住××酒店集团旗下其他的酒店品牌
	CP2	如果××酒店集团推出其他产品类别的品牌，我愿意考虑选择购买该品牌的产品（服务）

注：加 * 为反向题项，以考察被试填写认真程度。

（二）问卷设计和数据收集

本研究以经济型酒店行业为例，实证检验在线品牌社区顾客契合对顾客购买意愿影响的概念模型。自 1996 年我国第一个经济型酒店问世以来，行业一直保持着高速发展的态势，根据《2020 中国酒店集团 TOP50 报告》的调查结果显示，截至 2020 年 1 月 1 日，全国共有经济型酒店 36 853 家，客房数 2 413 704 间，行业竞争非常激烈。Verhagen 等（2015）指出，高度竞争行业中的企业善于利用在线品牌社区等虚拟环境维系顾客关系，以提高顾客忠诚度，因此，选择经济型酒店行业进行实证分析具有一定的合理性，研究结果也可以为经济型酒店管理在线品牌社区顾客契合提升顾客购买意愿，进而为从激烈的行业竞争中脱颖而出提供决策指导。在经济型酒店行业中，如家酒店和 7 天酒店具有较高的市场份额，《2019 中国酒店连锁发展与投资报告》显示，2019 年如家酒店的市场占有率为 5. 62%，排名行业第一，7 天酒店的市场占有率为 4. 85%，说明这两家酒店均具有较高的品牌熟悉度。综上，本研究最终确定如家酒店和 7 天酒店作为实证研究对象。

为了降低首因效应对研究结果的干扰，将问卷中所有构念的题项顺序随机打乱，针对如家酒店和 7 天酒店分别设计出两份题项顺序不同的调查问卷（Hollebeek 等，2014）。以参与过如家酒店和 7 天酒店在线品牌社区的消费者为调研对象，共发放问卷 900 份，剔除无效问卷后，得到 546 份有效问卷，有效问卷率为 60.67%。

（三）研究方法

本研究同时采用结构方程模型法和模糊集定性比较分析法对调查问卷数据进行实证检验。其中，结构方程模型可以分析在线品牌社区顾客契合对顾客购买意愿影响理论模型中不同因素之间关系的强弱，而模糊集定性比较分析则可以厘清不同因素的构型组合对结果的影响，两种方法互相补充，使得研究结果更加完善。结构方程模型在第三章已进行了介绍，接下来主要介绍模糊集定性比较分析法。

模糊集定性比较分析法是一种以布尔代数运算法则为基础，通过分析案例在不同集合间的隶属关系进而判别不同原因属性构型组合与结果之间关系的研究方法（Ordenes 等，2014），也因此可以将其视为定性研究方法，同时，它还关注案例在集合内的隶属程度，以及不同案例在集合内隶属程度的差异，又可以将其视为定量研究方法（Ragin，2008）。最初定性比较分析主要应用于国际政治学和社会学的相关研究中，Fiss 于 2007 年在 *Academy of Management Journal* 上发表该方法的应用文章，标志着其在经济管理学领域应用的开端。此后，Woodside 主编于 2013 年开始在 *Journal of Business Research* 上大力推广定性比较分析在管理学领域的研究和应用。定性比较分析可以分为简单集定性比较分析和模糊集定性比较分析，前者采用二分变量（如存在或不存在）描述属性特征，后者适合分析以问卷调查收集的连续型变量数据。本研究就将采用后者即模糊集定性比较分析方法，并借助 fsQCA2.0 软件完成数据的处理和分析，整个分析过程包括校准、构建真值表、基于频率和一致性得分的初步细化、精炼原因属性组合（Ruso 等，2015）。

第一，校准。由于模糊集定性比较分析是以集合论的思想探讨每个案例在不同属性集合内的隶属情况，这就需要首先通过校准的方法将通过问卷调查获得的原始数据转换成模糊集成员得分。校准的关键在于针对原始数据确定三个阈值，以实现数据的转换：完全成员身份（取值为 1）、完全非成员身份（取值为 0）、交叉成员身份（取值为 0.5），其中交叉成员身份反映了一个案例属于还是不属于一个集合的最大模糊度。研究中，可以参考 Leischnig 和 Kasper-Brauer（2015）确定阈值的做法，对应通过李克特五分量表获得的原因属性各变量得分，5 分（完全同意）编码为完全成员身份，3 分（同意）编码为交叉成员身份，1 分（完全不同意）编码为完全非成员身份，4 分和 2 分分别对应着中间的身份。

第二，构建真值表。用真值表列出所有原因属性二维状态（存在与不存在）的可能组合，以及每种组合的最佳案例数量和该组合对应的结果。通过校准，我们已经获得每个案例在每个原因属性和结果所代表的集合内的模糊集成员身份度得分，接下来就需要采用布尔代数运算法则分别求得每个案例在所有构型组合所代表的集合内的成员身份度得分。假定研究中涉及 2 个原因属性 A 和 B，可以产生 A · B、~A · B、A · ~B、~A · ~B 共 4 个构型组合，其中“ · ”表示布尔代数运算法则中的“并”（And），“~”表示“反”（Negation），~B 表示原因属性 B 不存在。当两个或以上的集合相“并”时，其中最低成员身份度得分即为复合集的成员身份度得分。例如，若某案例在集合 A 和集合 B 内的成员身份度得分分别为 0.5 和 0.9，那么它在复合集 A · B 的成员身份度得分为 0.5。每个案例只可能在一种构型组合集合内的得分大于0.5，该案例就称为此构型组合的最佳契合案例（best-fit case）。

第三，基于频率和一致性得分的初步细化。由于问卷调查的被试者数量是有限的，不同构型组合的最佳契合案例数量会呈现不均匀分布。此时，需要设置频率阈值将所有构型组合划分为相关组合（relevant）和备用提醒组合（reminders）。频率阈值根据样本容量大小确定，一般来说，包含10—50个案例的中等数量样本，频率阈值可以设为1，随着样本容量的增大，频率阈值也逐渐增加（Ragin，2008）。

设置完频率阈值后就需要根据一致性得分进一步对构型组合进行筛选。当一个案例在某构型组合集合内的得分小于或等于由结果所代表集合内的得分时，那么对于该案例来说，该构型组合集合属于结果集合的一个子集。每个构型组合中符合此标准案例的得分除以所有案例的得分即可得构型组合的一致性得分，如公式（8-1）所示，其中，X_i表示案例在原因属性构型组合所代表集合内的模糊集成员身份度得分，Y_i表示案例在结果所代表集合内的模糊集成员身份度得分。

$$\text{consistency}\ (X_i \leqslant Y_i) = \sum\ [\min\ (X_i,\ Y_i)] / \sum\ (X_i) \qquad (8\text{-}1)$$

基于准充分性的观点，判断原因属性构型组合集合属于结果集合的子集，也即判断原因属性构型组合是实现结果的充分条件，并不需要一致性得分为1，只需其达到一定的阈值即可。目前尚无法确定阈值，待实际收集数据求得一致性得分后结合以往学者的研究经验确定，并将超过该阈值的构型组合结果编码为1，低于该阈值的构型组合结果编码为0。

第四，精炼原因属性组合。在所有构型组合中，会存在某些构型组合由于样本量限制没有达到频率阈值而被划为备用提醒组合，也可以称之为反事实案例（counterfactual case）。为了解决有效样本多样性不足的问题，可以采用反事实推论法对反事实案例可能产生的结果进行分析。反事实推论法分为简单反事实推论法和复杂反事实推论法。简单反事实推论法是指在已知属于结果集合子集的原因属性构型组合集合中增添一个原因属性。例如，假定根据调研样本推知原因属性构型组合 A·B·~C 可以导致结果的出现，A·B·~C 表示原因属性 A 和 B 的存在以及 C 的不存在，同时，根据以往相关领域的研究成果可以推断在 A 和 B 存在的情况下 C 也可以导致结果的出现，简单反事实推论法就认定构型组合 A·B·~C 和 A·B·C 均可以导致结果的出现，根据布尔代数运算法则 A·B·~C+A·B·C=A·B·(~C+C)=A·B。反之，复杂反事实推论法是指在已知属于结果集合子集的原因属性构型组合集合中删除一个原因属性。

根据反事实推论法的应用情况，运用 fsQCA2.0 软件对真值表精炼可以求得三个结果：复杂解（complexity solution）、吝啬解（parsimony solution）和中间解（intermediate solution）。复杂解在对真值表的精炼过程中不考虑任何反事实案例，所得结果的表现形式最为复杂；吝啬解考虑所有反事实案例，综合运用简单反事实推论法和复杂反事实推论法，所得结果的表现形式也最为简单；中间解是对复杂解和吝啬解进行折中，根据反事实案例的合理性适度采纳。

求得结果后可以根据一致性得分（consistency）和覆盖率（coverage）两个指标对结果进行衡量。覆盖率衡量的是一致性的构型组合在结果集合中所占的比例，如公式（8-2）所示。

$$\text{coverage}\ (X_i \leqslant Y_i) = \sum [\min (X_i, Y_i)] / \sum (\mathrm{Y_i}) \qquad (8\text{-}2)$$

覆盖率值越接近于 1，表示案例属于非 X 集合和 Y 集合的概率越小（倪宁和杨玉红，2009）。覆盖率可以分为原始覆盖率（raw coverage）和唯一覆盖率（unique coverage）。

五、数据分析与结果

（一）描述性统计分析

表 8-2 描述了样本的基本情况。可以看出在 546 份有效问卷中，男性被试和女性被试的数量基本均衡，其中学生的数量最多（60.3%）。

表 8-2　样本的描述性分析结果

		频数/人	比重/%			频数/人	比重/%
性别	男	252	46.2	学历	高中及以下	3	0.5
	女	294	43.8		专科	121	22.2
年龄	17 岁以下	0	0		本科	280	51.3
	18—24 岁	158	28.9		硕士及以上	142	26.0
	25—34 岁	388	71.1	收入	2000 元以下	324	59.3
	35—44 岁	0	0		2001—5000 元	81	14.8
	45 岁以上	0	0		5001—10 000 元	137	25.2
职业	学生	329	60.3		10 000 元及以上	4	0.7
	个体经营者	4	0.7				
	企业职工	89	16.3				
	公务员或事业单位	124	22.7				
	其他	0	0				

（二）信度和效度分析

信度和效度分析结果如表 8-3 和表 8-4 所示。

表 8-3 各变量的测量题项和信度效度分析结果

构念	指标	因子荷载	AVE	CR	Cronbach α
在线品牌社区顾客契合	CE1	0.84	0.57	0.89	0.93
	CE2	0.78			
	CE3	0.80			
	CE4	0.72			
	CE5	0.76			
	CE6	0.60			
促进定向	PMF1	0.78	0.62	0.89	0.90
	PMF2	0.82			
	PMF3	0.73			
	PMF4	0.77			
	PMF5	0.83			
防御定向	PVF1	0.76	0.63	0.89	0.80
	PVF2	0.82			
	PVF3	0.81			
	PVF4	0.79			
	PVF5	0.80			
品牌认同	BI1	0.83	0.68	0.92	0.94
	BI2	0.92			
	BI3	0.85			
	BI4	0.72			
	BI5	0.78			

续表

构念	指标	因子荷载	AVE	CR	Cronbach α
企业认同	CPI1	0.91	0.63	0.83	0.93
	CPI2	0.78			
	CPI3	0.67			
社区认同	CMI1	0.91	0.79	0.95	0.96
	CMI2	0.88			
	CMI3	0.93			
	CMI4	0.88			
	CMI5	0.85			
顾客重复购买意愿	RI1	0.92	0.86	0.92	0.92
	RI2	0.93			
顾客交叉购买意愿	CP1	0.94	0.86	0.92	0.91
	CP2	0.91			

表 8-4　各变量区分效度分析结果

	CE	PMF	PVF	BI	CPI	CMI	RI	CP
顾客契合（CE）	**0.755**							
促进定向（PMF）	-0.111	**0.787**						
防御定向（PVF）	-0.086	0.143	**0.793**					
品牌认同（BI）	0.142	-0.006	0.004	**0.825**				
企业认同（CPI）	0.237	0.026	0.014	0.599	**0.793**			
社区认同（CMI）	0.650	-0.037	-0.184	0.448	0.548	**0.889**		
顾客重复购买意愿（RI）	0.453	0.079	-0.099	0.533	0.404	0.620	**0.927**	
顾客交叉购买意愿（CP）	0.439	0.041	-0.088	0.116	0.194	0.353	0.547	**0.927**

注：上表中对角线上的粗体数字为变量平均提取方差值（AVE）的平方根，对角线下的数字为两个变量之间的相关系数。

在信度分析中，每个变量的 Cronbach α 均大于 0.7，并且剔除其中任何一个指标不会显著提高或降低 Cronbach α，表明问卷中使用的量表具有较高的信度。

效度分析包含聚合效度和区别效度。对于聚合效度来说，验证性因子分析结果表明测量模型的 $X^2/DF=4.51$，$P=0.000$，CFI=0.89，RMSEA=0.058，TLI=0.86，NFI=0.88。每个变量测量指标的标准化系数均大于 0.5（Anderson 和 Gerbing，1988），在显著性 0.01 的水平上达到显著。同时，每个变量的组合信度 CR 均大于 0.62，平均提取方差值 AVE 大于 0.57。上述指标说明量表具有较好的聚合效度。对于区别效度来说，每个变量 AVE 的非负算数平方根均大于它与其他构念的相关系数（Fornell 和 Larcker，1981）。

（三）结构方程模型分析结果

首先在不考虑调节定向特质的调节作用的情况下，对在线品牌社区顾客契合对顾客购买意愿影响的理论模型进行初步的验证。

利用 AMOS 软件对数据进行分析的结果显示 CFI 等于 0.77，TLI 等于 0.76，NFI 等于 0.71，所有指标均大于 0.7，说明模型的拟合优度可以接受。模型中各路径系数及其显著性水平如表 8-5 的修正前数据所示。其中，在线品牌社区顾客认同→企业认同的路径系数没有达到显著性水平（$P>0.05$），其余路径系数都达到显著性水平，因此，考虑对模型进行修正，断开在线品牌社区顾客认同对企业认同影响的路径。

修正后模型的分析结果如表 8-5 修正后数据所示。模型的整体拟合情况有了改进，各项拟合指标都有所提升，达到 0.8 以上，同时，模型中所有路径系数都达到 0.05 显著性水平。研究结果支持假设 H1、H3、H4、H5 和 H6。

表 8-5　模型修正前后的路径系数及显著性水平

	修正前		修正后	
	标准化系数	*P*	标准化系数	*P*
在线品牌社区顾客认同→品牌认同（CE→BI）	0. 088	<0. 05	0. 166	<0. 01
在线品牌社区顾客认同→企业认同（CE→CPI）	0. 112	0. 342	—	—
在线品牌社区顾客认同→社区认同（CE→CMI）	0. 539	<0. 001	0. 541	<0. 001
品牌认同→顾客重复购买意愿（BI→RI）	0. 432	<0. 001	0. 446	<0. 001
企业认同→顾客重复购买意愿（CPI→RI）	0. 269	<0. 001	0. 277	<0. 001
社区认同→顾客重复购买意愿（CMI→RI）	0. 551	<0. 001	0. 555	<0. 001
品牌认同→顾客交叉购买意愿（BI→CP）	0. 088	<0. 05	0. 092	<0. 05
企业认同→顾客交叉购买意愿（CMI→CP）	0. 108	<0. 05	0. 120	<0. 01
社区认同→顾客交叉购买意愿（CPI→CP）	0. 347	<0. 001	0. 356	<0. 001

（四）调节变量检验结果

结构方程模型的分析结果显示在线品牌社区顾客契合对企业认同的影响不显著，因此，接下来仅分析调节定向特质在在线品牌社区顾客契合与品牌认同，以及在线品牌社区顾客契合与社区认同关系中的调节作用，验证假设 H7a 和 H7c。温忠麟、侯杰泰和张雷（2005）表示当自变量为连续变量，调节变量为类别变量时，则适合采用分组回归的方法验证调节变量的调节作用。本研究中自变量在线品牌社区顾客契合是连续型变量，而调节变量调节定向特质为类别变量，因此，采用分组回归法分别对促进定向特质和防御定向特质两组样本进行回归分析，结果如表 8-6 所示。在对每组样本进行回归分析时采用层次回归方法，首先将控制变量人口统计特征与两个因变量（品牌认同和社区认同）进行分析，然后将自变量在线品牌社区顾客契合同控制变量人口统计特征与两个因变量进行分析。

对于因变量品牌认同，在促进定向特质组子样本中，当自变量在线品牌社区顾客契合加入模型后，调整后的 R^2 由 0.052（模型 1）变为 0.075（模型 2），模型对因变量方差的解释能力提高了 2.3%。类似地，在防御定向特质组子样本中，当在线品牌社区顾客契合加入模型后，模型对因变量方差的解释能力提高了 1.4%。总体来说，促进定向特质组子样本中在线品牌社区顾客契合对因变量方差的解释能力（7.5%）小于防御定向特质组子样本在线品牌社区顾客契合的解释能力（12%）。

表 8-6 调节变量的分组回归分析结果

因变量：品牌认同	促进定向特质		防御定向特质	
	模型 1	模型 2	模型 3	模型 4
自变量：在线品牌社区顾客契合	—	0.041	—	0.167*
控制变量：性别	-0.126	-0.107	-0.163*	-0.114*
控制变量：年龄	0.020	0.043	-0.038	0.065

续表

因变量：品牌认同	促进定向特质		防御定向特质	
	模型 1	模型 2	模型 3	模型 4
控制变量：学历	−0.158**	−0.162	−0.160**	−0.156**
控制变量：收入	−0.267	−0.265	−0.005	0.016
控制变量：职业	0.049	0.043	−0.286*	−0.303*
Adj R^2	0.052	0.075	0.106	0.120
F	3.291**	2.767*	8.941***	8.578***
因变量：社区认同	促进定向特质		防御定向特质	
	模型 5	模型 6	模型 7	模型 8
自变量：在线品牌社区顾客契合	—	0.554***	—	0.532***
控制变量：性别	−0.422***	−0.166**	−0.432***	−0.273***
控制变量：年龄	−0.518***	−0.217***	−0.372***	−0.043
控制变量：学历	−0.034	−0.086	−0.151**	−0.139**
控制变量：收入	0.016	0.040	0.016	0.084
控制变量：职业	−0.066	−0.158	−0.281**	−0.337***
Adj R^2	0.450	0.570	0.362	0.527
F	28.877***	47.463***	38.952***	63.004***

注：*表示 $P<0.05$，**表示 $P<0.01$，***表示 $P<0.001$。

另外，促进定向特质组子样本中在线品牌社区顾客契合的系数（$\beta=0.041$，$P>0.05$）也小于防御定向特质组子样本在线品牌社区顾客契合的系数（$\beta=0.167$，$P<0.05$），说明调节定向特质在在线品牌社区顾客契合和品牌认同的关系中起到调节作用，但当消费者具有防御定向特质时，在线品牌社区顾客契合

对品牌认同的影响更强。研究结果不支持假设H7a。

对于因变量社区认同，在促进定向特质组子样本和防御定向特质组子样本中，当自变量在线品牌社区顾客契合加入模型后，调整后的R^2和F值均显著增加，模型对因变量方差的解释能力分别提高了12%和16.5%，但在促进定向特质组子样本中，在线品牌社区顾客契合对因变量方差的解释能力（57%）大于防御定向特质组子样本在线品牌社区顾客契合的解释能力（52.7%）。另外，促进定向特质组子样本中在线品牌社区顾客契合的系数（β=0.554，P<0.001）也大于防御定向特质组子样本在线品牌社区顾客契合的系数（β=0.532，P<0.001），说明调节定向特质在在线品牌社区顾客契合和社区认同的关系中起到调节作用，并且当消费者具有促进定向特质时，在线品牌社区顾客契合对社区认同的影响更强。研究结果支持假设H7c。

（五）模糊集定性比较分析结果

结构方程模型和分组回归法的分析结果检验了在线品牌社区顾客契合对顾客购买意愿影响的概念模型的整体拟合程度，并估计出了概念模型中不同因素之间关系的强弱。遗憾的是，这两种方法仅考虑了因素间的对称性关系，在一定程度上导致假设H2和H7a未得到实证检验结果的支持。为了解决这一局限性，同时也为了对概念模型中不同因素之间的关系形成更加深入的理解，本书从因素间非对称性关系视角出发，以构型理论为基础，结合集合论和布尔代数运算法则，运用模糊集定性比较分析法（Woodside，2014），分析概念模型中在线品牌社区顾客契合、品牌认同、企业认同、社区认同和调节定向特质的构型组合对顾客购买意愿的影响，并识别出能够导致相似结果的等价构型组合。

数据处理结果显示，激发消费者较高重复购买意愿的构型组合共有四个（如表 8-7 所示），分别为包含在线品牌社区顾客契合和社区认同的构型组合 1；包含在线品牌社区顾客契合，但不包含企业认同和促进定向特质的构型组合 2；包含品牌认同、社区认同和促进定向特质的构型组合 3；包含品牌认同和企业认同，但不包含在线品牌社区顾客契合和促进定向特质的构型组合 4。

表 8-7　实现较高顾客重复购买意愿的构型组合解

	1	2	3	4
在线品牌社区顾客契合	●	●		◎
品牌认同			●	●
企业认同		◎		●
社区认同	●		●	
促进定向特质		◎	●	◎
Raw Coverage	0. 582	0. 327	0. 215	0. 142
Unique Coverage	0. 164	0. 067	0. 054	0. 044
Consistency	0. 967	0. 948	0. 993	0. 997
Solution Coverage	0. 753			
Solution Consistency	0. 960			

注：●表示该原因属性存在，◎表示该原因属性不存在，空格表示该原因属性存在与否对结果无关紧要。

结构方程模型的分析结果显示在线品牌社区顾客契合对顾客重复购买意愿具有正向的影响，模糊集定性比较分析方法的处理结果进一步说明，在线品牌社区顾客契合并非实现较高顾客重复购买意愿的必要条件，当一个构型组合包含此因素时，若该组合同时包含社区认同（如表 8-7 中的构型组合 1），可以实现较高的顾客重复购买意愿；当一个构型组合不包含此因素时，该组合仅需包含品牌认同和社区认同（如表 8-7 中的构型组合 4）也可以实现相似的结果。因此，在线品牌社区顾客契合对顾客重复购买意愿的影响结果取决于它与其他四个因素的构型组合方式。

表 8-7 中有四个构型组合均可以实现较高的顾客重复购买意愿，它们属于等价构型组合，这符合构型理论中的等价原则，即存在着多种不同的构型组合均能够导致类似的结果（Woodside, 2014）。但通过一致性得分和覆盖率两个指标可以看出，这些等价构型组合对结果的解释程度有所差异。一致性得分（Consistency）衡量的是该构型组合属于结果因素所代表集合的子集的程度。覆盖率（Coverage）衡量的是一致性的构型组合在结果集合中所占的比例，可以分为原始覆盖率（Raw Coverage）和唯一覆盖率（Unique Coverage）。在定性比较分析中原始覆盖率的意义不大，因此不作为衡量指标，而只须考虑唯一覆盖率。表 8-7 的结果显示，对于实现较高顾客重复购买意愿，上述四个构型组合解均达到了较高的整体一致性得分和整体覆盖率，其中构型组合 1 的唯一覆盖率最高，意味着该组合对结果的解释程度最高。

模糊集定性比较分析方法的结果还显示，激发消费者较高交叉购买意愿的构型组合也有四个（如表 8-8 所示），分别为在线品牌社区顾客契合和社区认同均存在（构型组合 1）；在线品牌社区顾客契合存在，企业认同和促进定向特质不存在（构型组合 2）；在线品牌社区顾客契合不存在，品牌认同和企业认同存在（构型组合 3）；品牌认同、社区认同和促进定向特质均存在（构型组合 4）。

表 8-8　实现较高顾客交叉购买意愿的构型组合解

	1	2	3	4
在线品牌社区顾客契合	●	●	◎	
品牌认同			●	●
企业认同		◎	●	
社区认同	●			●
促进定向特质		◎		●
Raw Coverage	0. 668	0. 350	0. 275	0. 237
Unique Coverage	0. 177	0. 046	0. 065	0. 021
Consistency	0. 807	0. 736	0. 906	0. 797
Solution Coverage	0. 830			
Solution Consistency	0. 763			

注：●表示该原因属性存在，◎表示该原因属性不存在，空格表示该原因属性存在与否对结果无关紧要。

表 8-8 的四个构型组合也属于等价构型组合，其中，构型组合 3 与结果的相关性最高（一致性得分为 0. 906），而构型组合 1 对结果的解释程度最高（唯一覆盖率为 0. 177）。分析结果还显示，在线品牌社区顾客契合也不是实现较高顾客重复购买意愿的必要条件，一个构型组合中无论是否包含在线品牌社区顾客契合，都有可能实现较高的顾客交叉购买意愿。

（六）结果分析

本研究分析了在线品牌社区顾客契合对顾客认同和顾客购买意愿的影响机制，提出相关假设，构建了在线品牌社区顾客契合对顾客购买意愿影响的理论模型，并通过结构方程模型进行实证研究。假设检验结果如表 8-9 所示。

表 8–9　假设检验结果汇总

代码	假设内容	结果
H1	在线品牌社区中顾客契合正向影响品牌认同	支持
H2	在线品牌社区中顾客契合正向影响企业认同	不支持
H3	在线品牌社区中顾客契合正向影响社区认同	支持
H4	品牌认同正向影响顾客的重复购买意愿和交叉购买意愿	支持
H5	企业认同正向影响顾客的重复购买意愿和交叉购买意愿	支持
H6	社区认同正向影响顾客的重复购买意愿和交叉购买意愿	支持
H7	调节定向特质在在线品牌社区顾客契合和顾客认同的关系中起到调节作用	部分支持
H7a	与防御定向特质的顾客相比，对于促进定向特质的顾客来说，在线品牌社区顾客契合对品牌认同的正向影响会更强	不支持
H7b	与防御定向特质的顾客相比，对于促进定向特质的顾客来说，在线品牌社区顾客契合对企业认同的正向影响会更强	不支持
H7c	与防御定向特质的顾客相比，对于促进定向特质的顾客来说，在线品牌社区顾客契合对社区认同的正向影响会更强	支持

假设 H2 不成立可能与选取的研究对象有关。7 天酒店成立于 2005 年，2013 年铂涛酒店成立，收购 7 天酒店后，在企业十余年的发展历程中，曾进行过大量的品牌延伸，陆续推出了喆啡酒店、麗枫酒店、希岸酒店等 17 个子品牌。铂涛酒店集团在

营销推广时着力塑造每个独立子品牌的形象，没有凸显整个集团及其与子品牌之间的关系，在线品牌社区也大多围绕单一子品牌建立，从而导致在线品牌社区顾客契合有助于品牌认同的形成，但对企业认同的影响不显著。

此外，假设 H2 不成立可能还与研究方法有关。结构方程模型主要是基于因素间的对称性关系，分析自变量对因变量的线性影响（Woodside，2014），而依据构型理论，在线品牌社区顾客契合可以与品牌认同、企业认同、社区认同和调节定向特质形成 32（$2^5=32$）种构型组合，组合中任一因素可能会对结果施加正向或负向的影响，取决于它与其他因素间的构型组合方式（Ordanini 等，2014）。这就意味着，随着在线品牌社区顾客契合与其他因素形成的构型组合方式发生变化，其对顾客购买意愿的影响可能显著，也可能不显著。研究方法方面的局限性可能也是导致假设 H7a 不成立的一个原因。

六、研究启示

本研究聚焦于在线品牌社区，以社会认同理论和构型理论为基础，探讨了在线品牌社区顾客契合对顾客购买意愿的影响机制。基于结构方程模型的实证研究结果发现，在线品牌社区顾客契合正向影响品牌认同和社区认同，而品牌认同、企业认同和社区认同又进一步正向影响顾客的重复购买意愿和交叉购买意愿，调节定向特质在在线品牌社区顾客契合和社区认同的关系中起到调节作用。在此基础上，本书采用模糊集定性比较分析方法分别研究了触发顾客重复购买意愿和顾客交叉购买意愿的前因构型，并识别出了能够导致相似结果的等价前因构型，进一步深化了对在线品牌社区顾客契合和顾客购买意愿之间关系的理解。研究结果在丰富现有顾客契合研究理论成果的同时，对企业引导和规范在线品牌社区顾客契合具有重要的指导作用。

（一）理论贡献

本研究的理论贡献主要体现在以下两个方面。首先，在顾客契合研究方面，学者们围绕顾客契合的结果进行了大量的探索，分析了顾客契合对顾客忠诚、顾客价值共创等因素的影响（韩小芸和余策政，2013；陈慧和杨宁，2019），但遗憾的是，关于顾客契合对顾客购买意愿影响机制的研究较为欠缺。本研究在前人研究基础上，将顾客购买意愿细分为顾客重复购买意愿和顾客交叉购买意愿两个方面，探讨了在线品牌社区顾客契合对顾客购买意愿的影响机制，研究结果是对顾客契合现有理论成果的补充和拓展。

其次，本研究从顾客认同视角出发，揭示了在线品牌社区情境下顾客从“契合”到“购买”的转化过程。作为顾客与企业（品牌）及其他顾客进行沟通的虚拟平台，在线品牌社区在影响顾客品牌选择方面具有突出的优势，已发展成为促进企业产品销售的重要工具（杨晶等，2017）。然而，并非所有参与在线品牌社区并进行契合的顾客都具有较高的购买意愿，有些顾客可能仅仅是享受契合过程带来的愉悦感，而对企业产品（服务）没有购买意愿。因此，本研究基于社会认同理论，厘清了在线品牌社区顾客契合对顾客购买意愿的内在影响机制和边界条件，明确了影响过程中品牌认同、企业认同和社区认同的作用，研究结果推进了现有顾客认同和顾客契合理论研究的深度，为进一步理解在线品牌社区顾客契合和顾客购买意愿之间的关系提供了丰富的视野。

(二)实践价值

研究结论对在线品牌社区顾客契合管理实践也具有一定的启示作用。首先,结构方程模型的分析结果显示在线品牌社区中,顾客契合对顾客认同感的影响是非常显著的,而顾客认同又会进一步加强顾客购买意愿。因此,为了提高在线品牌社区中顾客变现能力,企业应该定期对顾客契合进行调查监督,了解这些顾客对企业、品牌和社区认同度的高低,并通过科学地管理引导顾客形成更高的认同感。

其次,模糊集定性比较分析方法的结果帮助企业进一步了解针对不同类型消费者,如何制定有针对性的营销策略,以提升他们的重复购买意愿和交叉购买意愿。例如,对于具有促进定向特质的消费者,企业应该通过培养品牌认同感和社区认同感以提升其重复购买意愿(如表 8-7 中的构型组合 2),而对于具有防御定向的消费者,企业若想实现较高的重复购买意愿,则应该努力培养在线品牌社区顾客契合(如表 8-7 中的构型组合 3)。此外,模糊集定性比较分析方法还识别出了导致相似结果的等价构型组合,这意味着针对不同类型消费者,企业均可以采取多种策略实现较高的重复购买意愿和交叉购买意愿,但一致性得分和覆盖率得分也表明不同策略的实施效果会有一定的差异,因此,企业应该在了解营销预算配额的基础上,根据不同类型顾客特点,选择能够取得最佳实施效果的营销策略。

(三)研究局限与不足之处

以往顾客契合领域的研究分析了顾客契合对顾客忠诚、关系质量、品牌资产等因素的影响,在此基础上,本研究进一步探讨了在线品牌社区顾客契合对顾客购买意愿的影响。对于企业来说,无论是追求较高的顾客忠诚、关系质量,还是致力于品牌资产、顾客购买意愿的提升，其终极目的都是让顾客为企业创造价值，并且不是某一时点上的价值，企业努力实现的是顾客在整个生命周期中为其创造价值的最大化，而能够体现企业这一目的的指标就是顾客资产，它不仅包含了现有和潜在的顾客为企业创造的价值，还包含了这些顾客在当前和未来可能为企业创造的价值。因此，探讨在线品牌社区顾客契合对顾客资产的影响，揭示其作用机制，不仅具有创新性，而且具有重要的理论价值和现实意义，未来可以尝试进行相关方面的研究。

主要参考文献

1. 侯杰泰、温忠麟、成子娟:《结构方程模型及其应用》，教育科学出版社2004年版。
2. 林聚任:《社会网络分析：理论、方法与应用》，北京师范大学出版社2009年版。
3. 时蓉华编著:《社会心理学》，上海人民出版社2002年版。
4. 柏喆、刘波、马永斌:“虚拟品牌社区特征对消费者忠诚的影响研究——基于参与感的中介作用”，载《消费经济》2015年第4期。
5. 宝贡敏、赵卓嘉:“冲突处理模式的维度划分与测量”，载《浙江大学学报（人文社会科学版）》2008年第4期。
6. 常亚平、陆志愿、朱东红:“在线社会支持对顾客公民行为的影响研究——基于品牌社区的实证分析”，载《管理学报》2015年第10期。
7. 陈慧、杨宁:“社会网络视角下在线品牌社群价值共创机制研究——顾客契合的中介作用”，载《中国流通经济》2019年第9期。
8. 陈海强、程学旗、刘悦:“基于用户兴趣的寻找虚拟社区核心成员的方法”，载《中文信息学报》2009年第2期。
9. 陈文涛、桑青松:“大学生消费从众心理差异性调查研究”，载《心理研究》2009年第1期。
10. 崔楠、徐岚、谢雯婷:“做会后悔还是不做会后悔？——自我调节模式对不作为惯性的影响”，载《心理学报》2016年第4期。
11. 戴智华等:“考虑客户参与的新产品开发创新绩效研究”，载《系统管理学报》2014年第6期。

12. 丁雪峰等："网络舆论意见领袖特征研究"，载《四川大学学报（工程科学版）》2010 年第 2 期。
13. 樊兴华等："影响力扩散概率模型及其用于意见领袖发现研究"，载《计算机学报》2013 年第 2 期。
14. 高杨等："基于三元闭包的节点相似性链路预测算法"，载《计算机科学与探索》2017 年第 5 期。
15. 宫辉、徐渝："高校 BBS 社群结构与信息传播的影响因素"，载《西安交通大学学报（社会科学版）》2007 年第 1 期。
16. 郭国庆等："口碑传播对消费者品牌转换意愿的影响：主观规范的中介效应研究"，载《管理评论》2010 年第 12 期。
17. 韩小芸、袁静："酒店社会资本、顾客契合及品牌资产关系研究"，载《中大管理研究》2013 年第 3 期。
18. 韩小芸、余策政："顾客契合：个人心理影响因素及对顾客忠诚感的影响"，载《营销科学学报》2013 年第 2 期。
19. 韩小芸、田甜、孙本纶："旅游虚拟社区成员'感知—认同—契合行为'模式的实证研究"，载《旅游学刊》2016 年第 8 期。
20. 贺爱忠、李雪："在线品牌社区成员持续参与行为形成的动机演变机制研究"，载《管理学报》2015 年第 5 期。
21. 贺和平、刘雁妮、周志民："微博何以令人欲罢不能——基于网络志方法的微博成瘾行为研究"，载《营销科学学报》2014 年第 4 期。
22. 何黎、何跃、霍叶青："微博用户特征分析和核心用户挖掘"，载《情报理论与实践》2011 年第 11 期。
23. 何美贤、罗建河："企业声誉对消费者情感依恋和顾客公民行为的影响机制——基于顾客—企业认同视角"，载《中国流通经济》2016 年第 4 期。
24. 侯楠、赵希男、杨皎平："虚拟社区中个人需求、共享动机与竞优行为"，载《管理评论》2018 年第 6 期。
25. 黄静等："人际冲突中，文化信念对消费者行为意向的影响"，载《中国软科学》2014 年第 7 期。

26. 黄京华、金悦、张晶："企业微博如何提升消费者忠诚度——基于社会认同理论的实证研究"，载《南开管理评论》2016 年第 4 期。

27. 黄敏学、廖俊云、周南："社区体验能提升消费者的品牌忠诚吗——不同体验成分的作用与影响机制研究"，载《南开管理评论》2015 年第 3 期。

28. 黄敏学等："评论不一致性对消费者的双面影响：产品属性与调节定向的调节"，载《心理学报》2017 年第 3 期。

29. 黄彦婷等："基于社会影响理论的知识共享意愿产生模型"，载《情报杂志》2013 年第 6 期。

30. 胡迪雅："在线民族志：中国教育人类学的新方向"，载《云南师范大学学报（哲学社会科学版）》2015 年第 4 期。

31. 江若尘、徐冬莉："虚拟品牌社区公民行为概念界定与量表开发"，载《软科学》2012 年第 10 期。

32. 姜洪涛、邵兵家、许博："基于 OCB 视角的虚拟社区知识共享影响因素研究"，载《情报杂志》2008 年第 12 期。

33. 金玉芳、董大海、刘瑞明："消费者品牌信任机制建立及影响因素的实证研究"，载《南开管理评论》2006 年第 5 期。

34. 康俊、江林、郭益："顾客—企业认同研究现状与展望"，载《外国经济与管理》2014 年第 2 期。

35. 李东进、张成虎、李研："脱销的利与弊：以感知稀缺性与心理抗拒感为中介的相似品购买意愿研究"，载《营销科学学报》2015 年第 2 期。

36. 李健、西宝："管制俘获成因的定性比较分析"，载《哈尔滨工程大学学报》2012 年第 7 期。

37. 李先国、陈宁颉、张新圣："虚拟品牌社区感知价值对新产品购买意愿的影响机制——基于群体认同和品牌认同的双中介视角"，载《中国流通经济》2017 年第 2 期。

38. 李玉贞等："微博意见领袖的评估模型"，载《信息安全与通信保密》2013 年第 2 期。

39. 梁文玲、杨文举："虚拟品牌社区信息质量对社区用户持续参与意愿的影响研究”，载《情报杂志》2016 年第 11 期。
40. 林少龙、林月云、陈柄宏：“虚拟品牌社群成员个人特质对品牌社群承诺的影响：社群发起形态的干扰角色”，载《管理学报》2011 年第 10 期。
41. 刘嘉琪、齐佳音：“基于外源动力话题的在线群体形成机理研究”，载《情报科学》2017 年第 1 期。
42. 刘新、杨伟文：“虚拟品牌社群认同对品牌忠诚的影响”，载《管理评论》2012 年第 8 期。
43. 刘伟、丁志慧：“基于参与行为的兴趣型虚拟社区成员分类研究”，载《商业研究》2012 年第 11 期。
44. 刘肖岑、桑标、窦东徽：“自我提升的利与弊：理论、实证及应用”，载《心理科学进展》2011 年第 6 期。
45. 刘永谋、夏学英：“虚拟社区话语冲突研究——以天涯社区为例”，载《长沙理工大学学报（社会科学版）》2006 年第 4 期。
46. 刘志明、刘鲁：“微博网络舆情中的意见领袖识别及分析”，载《系统工程》2011 年第 6 期。
47. 马双、王永贵：“知识获取方式对社区公民成员行为及品牌认同的影响研究——基于虚拟品牌社区的实证研究”，载《南京师大学报（社会科学版）》2014 年第 3 期。
48. 马双、王永贵：“虚拟品牌社区重在‘维系情感’还是‘解决问题’？——基于承诺的差异性影响的实证研究”，载《经济管理》2015 年第 1 期。
49. 马向阳等：“虚拟品牌社区成员的感知、态度和参与行为研究”，载《管理评论》2017 年第 7 期。
50. 毛波、尤雯雯：“虚拟社区成员分类模型”，载《清华大学学报（自然科学版）》2006 年第 S1 期。
51. 毛佳昕等：“基于用户行为的微博用户社会影响力分析”，载《计算机学报》2014 年第 4 期。
52. 倪宁、杨玉红：“《北京青年报》读者消费价值的演变”，载《北京社会科学》2009 年第 3 期。
53. 庞隽、宋卓昭、吕一林："报复欲望和回避欲望：实用性和享乐性产品失败后消费者反应的性别差异"，载《管理评论》2014 年第 2 期。
54. 彭晓东、申光龙："虚拟社区感对顾客参与价值共创的影响研究——基于虚拟品牌社区的实证研究"，载《管理评论》2016 年第 11 期。
55. 邱均平、熊尊妍："基于学术 BBS 的信息交流研究——以北大中文论坛的汉语言文学版为例"，载《图书馆工作与研究》2008 年第 8 期。
56. 邵景波、陈珂珂、吴晓静："社会网络效应下顾客资产驱动要素研究"，载《中国软科学》2012 年第 8 期。
57. 邵景波、张君慧、蔺晓东："什么驱动了顾客契合行为？——形成机理分析与实证研究"，载《管理评论》2017 年第 1 期。
58. 申光龙、彭晓东、秦鹏飞："虚拟品牌社区顾客间互动对顾客参与价值共创的影响研究——以体验价值为中介变量"，载《管理学报》2016 年第 12 期。
59. 施卓敏、李璐璐、吴路芳："'爱礼品'还是'要包邮'：哪种促销方式更吸引你？——影响网上促销框架和网络购买意愿关系的调节变量研究"，载《营销科学学报》2013 年第 1 期。
60. 宋恩梅、左慧慧："新浪微博中的'权威'与'人气'：以社会网络分析为方法"，载《图书情报知识》2012 年第 3 期。
61. 孙康、杜荣："实名制虚拟社区知识共享影响因素的实证研究"，载《情报杂志》2010 年第 4 期。
62. 孙晓娥："扎根理论在深度访谈研究中的实例探析"，载《西安交通大学学报（社会科学版）》2011 年第 6 期。
63. 唐魁玉、于慧："'同妻''同夫'婚姻维持与解体的比较——一项虚拟社会人类学研究"，载《辽东学院学报（社会科学版）》2014 年第 6 期。
64. 田阳、王海忠、王静一："虚拟品牌社群与品牌依恋之间关系的实证研究"，载《经济管理》2010 年第 11 期。
65. 王芳、张辉、牛振邦："顾客契合对用户—图书馆关系质量影响的实证研究”，载《图书情报知识》2015 年第 6 期。
66. 王凤艳、艾时钟、厉敏：“非交易类虚拟社区用户忠诚度影响因素实证研究”，载《管理学报》2011 年第 9 期。
67. 王高山、于涛、张新：“基于感知质量的企业内部网用户采纳模型研究”，载《华东经济管理》2014 年第 5 期。
68. 王君泽等：“微博客意见领袖识别模型研究”，载《新闻与传播研究》2011 年第 6 期。
69. 王丽丽等：“服务不满意情境下的消费者反应类型测评及高阶因子分析”，载《南开管理评论》2009 年第 4 期。
70. 王莉、袁胡艺欣、李沁芳：“虚拟品牌社区中顾客的调节焦点对创新行为的影响机制研究”，载《科学学与科学技术管理》2017 年第 3 期。
71. 汪明远、赵学锋：“消费者调节定向和从众行为对移动优惠券使用意愿的影响研究”，载《管理学报》2015 年第 7 期。
72. 汪涛、崔楠、芦琴：“顾客依赖及其对顾客参与新产品开发的影响”，载《管理科学》2009 年第 3 期。
73. 王永贵、马双：“虚拟品牌社区顾客互动的驱动因素及对顾客满意影响的实证研究”，载《管理学报》2013 年第 9 期。
74. 王永贵、赵宏文、马双：“虚拟品牌社区中知识获取方式对顾客参与的影响研究”，载《审计与经济研究》2016 年第 5 期。
75. 王秀村、饶晨：“虚拟品牌社区中顾客感知支持构成与作用机制”，载《北京理工大学学报（社会科学版）》2015 年第 6 期。
76. 汪旭晖、李璐琳：“基于在线品牌社群的 UGC 互动效用对用户品牌态度的影响——人际易感性的调节作用”，载《现代情报》2015 年第 7 期。
77. 温飞、沙振权：“网络商店的在线口碑传播：信任的中介及性别的调节作用”，载《管理评论》2011 年第 11 期。
78. 温忠麟、侯杰泰、张雷：“调节效应与中介效应的比较和应用”，载《心理学报》2005 年第 2 期。
79. 吴朝彦、赵晓培：“在线品牌社群对消费者溢价购买意愿的影响研究”，载《价格理论与实践》2014 年第 10 期。
80. 吴麟龙、汪波："虚拟品牌社区对品牌关系的影响机制研究——以小米社区为例"，载《管理案例研究与评论》2015 年第 1 期。
81. 吴思、凌咏红、王璐："虚拟品牌社区中互动、信任和参与意愿之间关系研究的"，载《情报杂志》2011 年第 10 期。
82. 肖海林、李书品："企业社会责任感知与消费者归因对服务性企业服务补救满意度的影响——基于顾客认同的中介作用"，载《南开管理评论》2017 年第 3 期。
83. 谢毅、彭泗清："品牌信任和品牌情感对口碑传播的影响：态度和态度不确定性的作用"，载《管理评论》2014 年第 2 期。
84. 徐光等："基于虚拟社区感知与社区参与动机影响的社会资本与组织公民行为关系研究"，载《管理评论》2016 年第 7 期。
85. 徐小龙、黄丹："消费者在虚拟社区中的互动行为分析——以天涯社区的'手机数码'论坛为例"，载《营销科学学报》2010 年第 2 期。
86. 薛可、陈晞："BBS 中的'舆论领袖'影响力传播模型研究——以上海交通大学'饮水思源'BBS 为例"，载《新闻大学》2010 年第 4 期。
87. 阎俊、蒋音波、常亚平："网络口碑动机与口碑行为的关系研究"，载《管理评论》2011 年第 12 期。
88. 杨晶、李先国、陈宁颉："在线品牌社区情境下顾客参与对顾客购买意愿的影响机制研究"，载《中国软科学》2017 年第 12 期。
89. 杨强、张宇、刘彩艳："服务补救、感知控制对消费者正面口碑传播意愿的影响研究"，载《华东经济管理》2014 年第 7 期。
90. 杨强、武一波、张宇："服务补救对消费者正面口碑传播意愿的影响：品牌依恋的调节作用分析"，载《预测》2015 年第 4 期。
91. 杨学成、涂科："共享经济背景下的动态价值共创研究——以出行平台为例"，载《管理评论》2016 年第 12 期。
92. 姚延波、张丹、何蕾："旅游企业诚信概念及其结构维度——基于扎根理论的探索性研究"，载《南开管理评论》2014 年第 1 期。
93. 邓卫华、易明："基于 SOR 模型的在线用户追加评论信息采纳机制研究”，载《图书馆理论与实践》2018 年第 8 期。
94. 曾伏娥、代婷婷、朱妮亚：“网络社区成员回应社区广告的社会性影响因素研究”，载《管理学报》2013 年第 8 期。
95. 赵海峰、万迪昉：“结构方程模型与人工神经网络模型的比较”，载《系统工程理论方法应用》2003 年第 3 期。
96. 赵建彬、景奉杰：“基于心理所有权的网络嵌入对在线品牌社群公民行为的影响研究”，载《管理学报》2015 年第 2 期。
97. 赵建彬、景奉杰、余樱：“品牌社群顾客间互动、心理契约与忠诚关系研究”，载《经济经纬》2015 年第 3 期。
98. 赵文兵等：“微博客用户特性及动机分析——以和讯财经微博为例”，载《现代图书情报技术》2011 年第 2 期。
99. 张德鹏等：“顾客参与创新对口碑推荐意愿的影响研究：心理所有权的中介作用”，载《管理评论》2015 年第 12 期。
100. 张婧、邓卉：“品牌价值共创的关键维度及其对顾客认知与品牌绩效的影响：产业服务情境的实证研究”，载《南开管理评论》2013 年第 2 期。
101. 张敏、郑伟伟、石光莲：“虚拟学术社区知识共享主体博弈分析——基于信任的视角”，载《情报科学》2016 年第 2 期。
102. 张娜：“虚拟民族志方法在中国的实践与反思”，载《中山大学学报（社会科学版）》2015 年第 4 期。
103. 张欣、姚山季、王永贵：“顾客参与新产品开发的驱动因素：关系视角的影响机制”，载《管理评论》2014 年第 5 期。
104. 张新安、田澎：“顾客满意与顾客忠诚之间关系的实证研究”，载《管理科学学报》2007 年第 4 期。
105. 赵建彬、景奉杰：“在线品牌社群氛围对顾客创新行为的影响研究”，载《管理科学》2016 年第 4 期。
106. 周涛、鲁耀斌：“结构方程模型及其在实证分析中的应用”，载《工业工程与管理》2006 年第 5 期。
107. 周裕琼：“网络世界中的意见领袖——以强国论坛‘十大网友’为

例”，载《当代传播》2006年第3期。
108. 周志民等：“网络志评析：一种探索在线社群的定性方法”，载《经济与管理评论》2012年第3期。
109. 周志民、吴群华：“在线品牌社群凝聚力的前因与后效研究”，载《管理学报》2013年第1期。
110. 周志民、郑雅琴、张蕾：“在线品牌社群成员关系如何促进品牌忠诚——基于强弱连带整合的视角”，载《商业经济与管理》2013年第4期。
111. 周志民、张江乐、熊义萍：“内外倾人格特质如何影响在线品牌社群中的知识分享行为——网络中心性与互惠规范的中介作用”，载《南开管理评论》2014年第3期。
112. 周志民等：“在线品牌社群中的关系形成机制——基于奇瑞新奇军论坛的网络志研究”，载《管理案例研究与评论》2015年第6期。
113. 祝帅、郑小林、陈德人：“论坛中的意见领袖自动发现算法研究”，载《系统工程理论与实践》2011年第A2期。
114. 吴记：“在线品牌社区对顾客购买行为和口碑的影响”，中国科学技术大学2015年博士学位论文。
115. Aaker D A, *Building strong brands*, Simon and Schuster, 2012.
116. Abrams D, Hogg M A, *Social identifications: A social psychology of intergroup relations and group processes*, Routledge, 2006.
117. Ashforth B E, Johnson S A, *Which hat to wear*, In Social Identity Processes in Organizational Contexts, 2001.
118. Bryman A, Bell E, *Business research methods*, England: Oxford University Press, 2007.
119. Creswell J W, *Research design: Quantitative and qualitative approaches*, Thousand Oakes: Sage Publication, 1994.
120. Glaser B G, Strauss A L, *The discovery of grounded theory: Strategies for qualitative research*, New Jersey: Transaction Publishers, 2009.
121. Katz E, Lazarsfeld P, *Personal influence*, New York: Free Press, 1955.

122. Katz E, Blumler J G, Gurevitch M, *Utilization of mass communication by the individual*, in Blumler, J. and Katz, E. (Eds), The Uses of Mass Communications: Current Perspectives on Gratifications Research, 1974.

123. Ragin C C. *Redesigning social inquiry*: *Fuzzy sets and beyond*, Chicago: University of Chicago Press, 2008.

124. Abrams D, Hogg M A, "Comments on the motivational status of self-esteem in social identity and intergroup discrimination", *European Journal of Social Psychology*, 1988, 4rd ed. , pp. 317-334.

125. Adjei M T, Noble S M, "Noble C H. The influence of c2c communications in online brand communities on customer purchase behavior", *Journal of the Academy of Marketing Science*, 2010, 5rd ed. , pp. 634-653.

126. Alexander Hars S O, "Working for free? Motivations for participating in open-source projects", *International journal of electronic commerce*, 2002, 3rd ed. , pp. 25-39.

127. Ali M M, Dwyer D S, "Estimating peer effects in sexual behavior among adolescents", *Journal of Adolescence*, 2011, 1rd ed. , pp. 183-190.

128. Algesheimer R, Dholakia U M, Herrmann A, "The social influence of brand community: Evidence from European car clubs", *Journal of Marketing*, 2005, 3rd ed. , pp. 19-34.

129. Alon A, Brunel F, Siegal W S, et al, "Ritual behavior and community life-cycle: Exploring the social psychological roles of net rituals in the development of online consumption communities", *Online Consumer Psychology*: *Understanding How to Interact with Consumers in the Virtual World*, 2005, pp. 5-33.

130. Anderson J C, Gerbing D W, "Structural equation modeling in practice: A review and recommended two - step approach", *Psychological Bulletin*, 1988, 3rd ed. , p. 411.

131. AksoyL, Van Riel A, Kandampully J, et al, "Managing brands and customer engagement in online brand communities", *Journal of Service Management*,

2013, 3rd ed. , pp. 223-244.

132. Asch S H, " Municipal Home Rule in New York", *Yale Law Journal*, 1929, 1rd ed. , pp. 92-100.

133. Ashforth B E, Mael F, "Social identity theory and the organization", *Academy of Management Review*, 1989, 1rd ed. , pp. 20-39.

134. Ashley C, Tuten T, "Creative strategies in social media marketing: An Exploratory study of branded social content and consumer engagement", *Psychology & Marketing*, 2015, 1rd ed. , pp. 15-27.

135. Baldus B J, Voorhees C, Calantone R, "Online brand community engagement: scale development and validation", *Journal of Business Research*, 2015, 5rd ed. , pp. 978-985.

136. Bansal H S, Taylor S F, St. James Y, "Migrating to new service providers: Toward a unifying framework of consumers' switching behaviors", *Journal of the Academy of Marketing Science*, 2005, 1rd ed. , pp. 96-115.

137. Bapna R, Umyarov A, "Do your online friends make you pay? A randomized field experiment on peer influence in online social networks", *Management Science*, 2015, 8rd ed. , pp. 1902-1920.

138. Belen Del Rio A, Vazquez R, Iglesias V, "The role of the brand name in obtaining differential advantages", *Journal of Product & Brand Management*, 2001, 7rd ed. , pp. 452-465.

139. Bell E, Bryman A, "The ethics of management research: An exploratory content analysis", *British Journal of Management*, 2007, 1rd ed. , pp. 63-77.

140. Bender B, "Gatherer-hunter to farmer: A social perspective", *World Archaeology*, 1978, 2rd ed. , pp. 204-222.

141. Bergami M, Bagozzi R P, "Self-categorization, affective commitment and group self-esteem as distinct aspects of social identity in the organization", *British Journal of Social Psychology*, 2000, 4rd ed. , pp. 555-577.

142. Bhattacharya C B, Sen S, " Consumer - company identification: A

framework for understanding consumers' relationships with companies", *Journal of Marketing*, 2003, 2rd ed., pp. 76–88.

143. Bijmolt T H A, Leeflang P S H, Block F, et al, "Analytics for customer engagement", *Journal of Service Research*, 2010, 3rd ed., pp. 341–356.

144. Birkinshaw J, Bessant J, Delbridge R, "Finding, forming, and performing: Creating networks for discontinuous innovation", *California Management Review*, 2007, 3rd ed., pp. 67–84.

145. Black I, Veloutsou C, "Working consumers: Co – creation of brand identity, consumer identity and brand community identity", *Journal of Business Research*, 2017, 1rd ed., pp. 416–429.

146. Bonacich P, "Some unique properties of eigenvector centrality", *Social Networks*, 2007, 4rd ed., pp. 555–564.

147. Bond R M, Fariss C J, Jones J J, et al, "A 61–million–person experiment in social influence and political mobilization", *Nature*, 2012, 7415rd ed., pp. 295–298.

148. Borle S, Dholakia U M, Singh S S, et al, "The impact of survey participation on subsequent customer behavior: An empirical investigation", *Marketing Science*, 2007, 5rd ed., pp. 711–726.

149. Bowden J L H, "The process of customer engagement: A conceptual framework", *Journal of Marketing Theory and Practice*, 2009, 1rd ed., pp. 63–74.

150. Brodie R J, Hollebeek L D, Jurić B, et al, "Customer engagement: Conceptual domain, fundamental propositions, and implications for research", *Journal of Service Research*, 2011, 3rd ed., pp. 252–271.

151. Brodie R J, Ilic A, Juric B, et al, "Consumer engagement in a virtual brand community: An exploratory analysis", *Journal of Business Research*, 2013, 1rd ed., pp. 105–114.

152. Brown J J, Reingen P H, "Social ties and word–of–mouth referral behavior", *Journal of Consumer Research*, 1987, 3rd ed., pp. 350–362.

153. Bursztyn L, Ederer F, Ferman B, et al, "Understanding mechanisms un-

derlying peer effects: Evidence from a field experiment on financial decisions", *Econometrica*, 2014, 4rd ed., pp. 1273-1301.

154. Burt R S, "Social contagion and innovation: Cohesion versus structural equivalence", *American Journal of Sociology*, 1987, 6rd ed., pp. 1287-1335.

155. Calder B J, Isaac M S, Malthouse E C, "How to capture consumer experiences: A context-specific approach to measuring engagement", *Journal of Advertising Research*, 2016, 1rd ed., pp. 39-52.

156. Card D, Giuliano L, "Peer effects and multiple equilibria in the risky behavior of friends", *Review of Economics and Statistics*, 2013, 4rd ed., pp. 1130-1149.

157. Carlson B D, Suter T A, Brown T J, "Social versus psychological brand community: The role of psychological sense of brand community", *Journal of Business Research*, 2008, 4rd ed., pp. 284-291.

158. Casaló L V, Flavián C, Guinalíu M, "Determinants of the intention to participate in firm-hosted online travel communities and effects on consumer behavioral intentions", *Tourism Management*, 2010, 6rd ed., pp. 898-911.

159. Centola D, "The spread of behavior in an online social network experiment", *Science*, 2010, 5996rd ed., pp. 1194-1197.

160. Cha M, Haddadi H, Benevenuto F, et al, "Measuring user influence in twitter: The million follower fallacy", *Icwsm*, 2010, 10-176rd ed., p. 30.

161. Chan T K H, Zheng X, Cheung C M K, et al, "Antecedents and consequences of customer engagement in online brand communities", *Journal of Marketing Analytics*, 2014, 2rd ed., pp. 81-97.

162. Chang A, Hsieh S H, Tseng T H, "Online brand community response to negative brand events: The role of group eWOM", *Internet Research*, 2013, 4rd ed., pp. 486-506.

163. Chang H H, Chuang S S, "Social capital and individual motivations on knowledge sharing: Participant involvement as a moderator", *Information & Management*, 2011, 1rd ed., pp. 9-18.

164. Chang W, Taylor S A, "The effectiveness of customer participation in new product development: A meta-analysis", *Journal of Marketing*, 2016, 1rd ed., pp. 47-64.

165. Chaplin L N, John D R, "Growing up in a material world: Age differences in materialism in children and adolescents", *Journal of Consumer Research*, 2007, 4rd ed., pp. 480-493.

166. Charmaz K, "The body, identity, and self", *The Sociological Quarterly*, 1995, 4rd ed., pp. 657-680.

167. Cheung C M K, Shen X L, Lee Z W Y, et al, "Promoting sales of online games through customer engagemt", *Electronic Commerce Research and Applications*, 2015, 4rd ed., pp. 241-250.

168. Chiu C M, Hsu M H, Wang E T, "Understanding knowledge sharing in virtual communities: An integration of social capital and social cognitive theories", *Decision Support Systems*, 2006, 3rd ed., pp. 1872-1888.

169. Cialdini R B, "Science and practice", *Veterinary Record*, 2013, 13rd ed., pp. 345-345.

170. Cobb N K, Graham A L, Abrams D B, "Social network structure of a large online community for smoking cessation", *American Journal of Public Health*, 2010, 7rd ed., pp. 1282-1289.

171. Cova B, Dalli D, "Working consumers: The next step in marketing theory?", *Marketing Theory*, 2009, 3rd ed., pp. 315-339.

172. Crandall C S, "Social contagion of binge eating", *Journal of Personality and Social Psychology*, 1988, 4rd ed., p. 588.

173. D. Kaltcheva V, Patino A, V. Laric M, et al, "Customers' relational models as determinants of customer engagement value", *Journal of Product & Brand Management*, 2014, 1rd ed., pp. 55-61.

174. De Chernatony L, Christodoulides G, Roper S, et al, "Who's who in brand communities and why?", *European Journal of Marketing*, 2008, 5/6rd ed., pp. 571-585.

175. Demangeot C, Demangeot C, Broderick A J, et al, "Engaging customers during a website visit: A model of website customer engagement", *International Journal of Retail & Distribution Management*, 2016, 8rd ed., pp. 814–839.

176. Dessart L, Veloutsou C, Morgan-Thomas A, "Consumer engagement in online brand communities: A social media perspective", *Journal of Product & Brand Management*, 2015, 1rd ed., pp. 28–42.

177. Deutsch M, Gerard H B, "A study of normative and informational social influences upon individual judgment", *The Journal of Abnormal and Social Psychology*, 1955, 3rd ed., p. 629.

178. De Vries N J, Carlson J, "Examining the drivers and brand performance implications of customer engagement with brands in the social media environment", *Journal of Brand Management*, 2014, 6rd ed., pp. 495–515.

179. De Valck K, Van Bruggen G H, Wierenga B, "Virtual communities: A marketing perspective", *Decision Support Systems*, 2009, 3rd ed., pp. 185–203.

180. Dholakia U M, Bagozzi R P, Pearo L K, "A social influence model of consumer participation in network-and small-group-based virtual communities", *International Journal of Research in Marketing*, 2004, 3rd ed., pp. 241–263.

181. Dholakia U M, Blazevic V, Wiertz C, et al, "Communal service delivery: How customers benefit from participation in firm-hosted virtual P3 communities", *Journal of Service Research*, 2009, 2rd ed., pp. 208–226.

182. D. Kaltcheva V, Patino A, V. Laric M, et al, "Customers' relational models as determinants of customer engagement value", *Journal of Product & Brand Management*, 2014, 1rd ed., pp. 55–61.

183. Doreian P, "Estimating linear models with spatially distributed data", *Sociological Methodology*, 1981, 12rd ed., pp. 359–388.

184. Doreian P, "Network autocorrelation models: Problems and prospects",

Spatial Statistics：*Past*，*Present*，*Future*，1989，pp. 369–389.

185. Doreian P，Teuter K，Wang C–H，"Network autocorrelation models：Some monte carlo results"，*Sociological Methods & Research*，1984，2rd ed.，pp. 155–200.

186. Dow M M，Burton M L，White D R，"Network autocorrelation：A simulation study of a foundational problem in regression and survey research"，*Social Networks*，1982，2rd ed.，pp. 169–200.

187. Ellemers N，Kortekaas P，Ouwerkerk J W，"Self–categorisation，commitment to the group and group self–esteem as related but distinct aspects of social identity"，*European Journal of Social Psychology*，1999，23rd ed.，pp. 371–389.

188. Fang Y H，"Does online interactivity matter? Exploring the role of interactivity strategies in consumer decision making"，*Computers in Human Behavior*，2012，5rd ed.，pp. 1790–1804.

189. Fornell C，Larcker D F，"Evaluating structural equation models with unobservable variables and measurement error"，*Journal of Marketing Research*，1981，1rd ed.，pp. 39–50.

190. Forrester–Jones R，Carpenter J，Coolen–Schrijner P，et al，"The social networks of people with intellectual disability living in the community 12 years after resettlement from long–stay hospitals"，*Journal of Applied Research in Intellectual Disabilities*，2006，4rd ed.，pp. 285–295.

191. Freeman L C，"Centrality in social networks conceptual clarification"，*Social Networks*，1978，3rd ed.，pp. 215–239.

192. Friedman R S，Förster J，"The effects of promotion and prevention cues on creativity"，*Journal of Personality and Social Psychology*，2001，6rd ed.，pp. 1001–1013.

193. Fung–Kee–Fung M，Goubanova E，Sequeira K，et al，"Development of communities of practice to facilitate quality improvement initiatives in surgical oncology"，*Quality Management in Healthcare*，2008，2rd ed.，pp. 174–

185.

194. Gangale F, Mengolini A, Onyeji I, "Consumer engagement: An insight from smart grid projects in Europe", *Energy Policy*, 2013, 6rd ed., pp. 621–628.

195. Goh K Y, Heng C S, Lin Z, "Social media brand community and consumer behavior: Quantifying the relative impact of user–and marketer–generated content", *Information Systems Research*, 2013, 1rd ed., pp. 88–107.

196. Goldenberg J, Libai B, Muller E, "Using complex systems analysis to advance marketing theory development: Modeling heterogeneity effects on new product growth through stochastic cellular automata", *Academy of Marketing Science Review*, 2001, 3rd ed., pp. 1–18.

197. Goldsmith R E, Hofacker C F, "Measuring consumer innovativeness", *Journal of the Academy of Marketing Science*, 1991, 3rd ed., pp. 209–221.

198. Goulding C, "Grounded theory: A magical formula or a potential nightmare", *The Marketing Review*, 2001, 1rd ed., pp. 21–33.

199. Granovetter M S, "The strength of weak ties", *American Journal of Sociology*, 1973, 6rd ed., pp. 1360–1380.

200. Greve G, "The moderating effect of customer engagement on the brand image–brand loyalty relationship", *Procedia–Social and Behavioral Sciences*, 2014, 25rd ed., pp. 203–210.

201. Grégoire Y, Fisher R J, "Customer betrayal and retaliation: When your best customers become your worst enemies", *Journal of the Academy of Marketing Science*, 2008, 2rd ed., pp. 247–261.

202. Grégoire Y, Tripp T M, Legoux R, "When customer love turns into lasting hate: The effects of relationship strength and time on customer revenge and avoidance", *Journal of Marketing*, 2009, 6rd ed., pp. 18–32.

203. Griffith D A, Lee H S, "Cross–national collaboration of marketing personnel within a multinational: Leveraging customer participation for new product advantage", *Journal of International Marketing*, 2016, 4rd ed., pp. 1–19.

204. Groth M, "Customers as good soldiers: Examining citizenship behaviors in internet service deliveries", *Journal of Management*, 2005, 1rd ed., pp. 7–27.

205. Gruner R L, Homburg C, Lukas B A, "Firm-hosted online brand communities and new product success", *Journal of the Academy of Marketing Science*, 2014, 1rd ed., pp. 29–48.

206. Hall-Phillips A, Park J, Chung T L, et al, "I (heart) social ventures: Identification and social media engagement", *Journal of Business Research*, 2016, 2rd ed., pp. 484–491.

207. Harrigan P, Evers U, Miles M, et al, "Customer engagement with tourism social media brands", *Tourism Management*, 2017, 4rd ed., pp. 597–609.

208. Hasan S, Bagde S, "Peers and network growth: Evidence from a natural experiment", *Management Science*, 2015, 10rd ed., pp. 2536–2547.

209. Hau Y S, Kang M, "Extending lead user theory to users' innovation-related knowledge sharing in the online user community: The mediating roles of social capital and perceived behavioral control", *International Journal of Information Management*, 2016, 4rd ed., pp. 520–530.

210. Haws K L, Dholakia U M, Bearden W O, "An assessment of chronic regulatory Focus Measures", *Journal of Marketing Research*, 2013, 5rd ed., pp. 967–982.

211. Haythornthwaite C, "Social network analysis: An approach and technique for the study of information exchange", *Library & Information Science Research*, 1996, 4rd ed., pp. 323–342.

212. Hennig-Thurau T, Gwinner K P, Walsh G, et al, "Electronic word-of-mouth via consumer-opinion platforms: What motivates consumers to articulate themselves on the internet?", *Journal of Interactive Marketing*, 2004, 1rd ed., pp. 38–52.

213. Hennig-Thurau T, Wiertz C, Feldhaus F, "Does Twitter Matter? The impact of microblogging word of mouth on consumers' adoption of new mo-

vies", *Journal of the Academy of Marketing Science*, 2015, 3rd ed., pp. 375-394.

214. Hibbard J D, Kumar N, Stern L W, "Examining the impact of destructive acts in marketing channel relationships", *Journal of Marketing Research*, 2001, 1rd ed., pp. 45-61.

215. Higgins D J, McCabe M P, "Multi-type maltreatment and the long-term adjustment of adults", *Child Abuse Review: Journal of the British Association for the Study and Prevention of Child Abuse and Neglect*, 2000, 1rd ed., pp. 6-18.

216. Higgins E T, "Beyond pleasure and pain", *American Psychologist*, 1997, 12rd ed., pp. 1280-1300.

217. Higgins E T, Friedman R S, Harlow R E, et al, "Achievement orientations from subjective histories of success: Promotion pride versus prevention pride", *European Journal of Social Psychology*, 2001, 1rd ed., pp. 3-23.

218. Hogg M A, van Knippenberg D, Rast III D E, "The social identity theory of leadership: Theoretical origins, research findings, and conceptual developments", *European Review of Social Psychology*, 2012, 1rd ed., pp. 258-304.

219. Hollebeek L D, Glynn M S, Brodie R J, "Consumer brand engagement in social media: Conceptualization, scale development and validation", *Journal of Interactive Marketing*, 2014, 2rd ed., pp. 149-165.

220. Hsieh P L, Wei S L, "Relationship formation within online brand communities: Bridging the virtual and the real", *Asia Pacific Management Review*, 2017, 1rd ed., pp. 2-9.

221. Hsu C L, Lu H P, "Why do people play on-line games? An extended tam with social influences and flow experience", *Information & Management*, 2004, 7rd ed., pp. 853-868.

222. Hsu C L, Lu H P, "Consumer behavior in online game communities: A motivational factor perspective", *Computers in Human Behavior*, 2007,

3rd ed. , pp. 1642-1659.

223. Hsu C L, Lin J C C, "Acceptance of Blog Usage: The roles of technology acceptance, social influence and knowledge sharing motivation", *Information & Management*, 2008, 1rd ed. , pp. 65-74.

224. Hughes D E, Ahearne M, "Energizing the reseller's sales force: The power of brand identification", *Journal of Marketing*, 2010, 4rd ed. , pp. 81-96.

225. Iyengar S S, Lepper M R, "When choice is demotivating: Can one desire too much of a good thing?", *Journal of Personality and Social Psychology*, 2000, 6rd ed. , p. 995.

226. Jaakkola E, Alexander M, "The role of customer engagement behavior in value co-creation: A service system perspective", *Journal of Service Research*, 2014, 3rd ed. , pp. 247-261.

227. Jacoby J, Hoyer W D, "What if opinion leaders didn't know more? A question of nomological validity", *NA-Advances in Consumer Research*, 1981, 8rd ed. , pp. 1-12.

228. Javalgi R R G, Grossman D A, "Aspirations and entrepreneurial motivations of middle-class consumers in emerging markets: The case of India", *International Business Review*, 2016, 3rd ed. , pp. 657-667.

229. Javornik A, Mandelli A, "Behavioral perspectives of customer engagement: An exploratory study of customer engagement with three Swiss FMCG brands", *Journal of Database Marketing & Customer Strategy Management*, 2012, 4rd ed. , pp. 300-310.

230. Jones Q, Ravid G, Rafaeli S, "Information overload and the message dynamics of online interaction spaces: A theoretical model and empirical exploration", *Information Systems Research*, 2004, 2rd ed. , pp. 194-210.

231. Jung N Y, Kim S, Kim S, "Influence of consumer attitude toward online brand community on revisit intention and brand trust", *Journal of Retailing and Consumer Services*, 2014, 4rd ed. , pp. 581-589.

232. Katz L, "A new status index derived from sociometric analysis", *Psy-*

chometrika, 1953, 1rd ed., pp. 39–43.

233. Katz E, Blumler J G, Gurevitch M, "Uses and gratifications research", *The Public Opinion Quarterly*, 1973, 4rd ed., pp. 509–523.

234. Kelman H C, "Compliance, identification, and internalization three processes of attitude change", *Journal of Conflict Resolution*, 1958, 1rd ed., pp. 51–60.

235. Kim J W, Choi J, Qualls W, et al, "It takes a marketplace community to raise brand commitment: The role of online communities", *Journal of Marketing Management*, 2008, 3–4rd ed., pp. 409–431.

236. Koh J, Kim Y G, "Knowledge sharing in virtual communities: An E-business perspective", *Expert Systems with Applications*, 2004, 2rd ed., pp. 155–166.

237. Koh J, Kim Y G, Butler B, et al, "Encouraging Participation in virtual communities", *Communications of the ACM*, 2007, 2rd ed., pp. 68–73.

238. Kozinets R V, "The field behind the screen: Using netnography for marketing research in online communities", *Journal of Marketing Research*, 2002, 1rd ed., pp. 61–72.

239. Kumar V, Aksoy L, Donkers B, et al, "Undervalued or overvalued customers: Capturing total customer engagement value", *Journal of Service Research*, 2010, 3rd ed., pp. 297–310.

240. Kumar V, Pansari A, "Competitive advantage through engagement", *Journal of Marketing Research*, 2016, 4rd ed., pp. 497–514.

241. Kunz W, Aksoy L, Bart Y, et al, "Customer engagement in a big data world", *Journal of Services Marketing*, 2017, 2rd ed., pp. 161–171.

242. Kuo Y F, Feng L H, "Relationships among community interaction characteristics, perceived benefits, community commitment, and oppositional brand loyalty in online brand communities", *International Journal of Information Management*, 2013, 6rd ed., pp. 948–962.

243. Kwon I, Jun D, "Information disclosure and peer effects in the use of anti-

biotics", *Journal of Health Economics*, 2015, 7rd ed., pp. 1–16.

244. Lam S K, Ahearne M, Hu Y, et al, "Resistance to brand switching when a radically new brand is introduced: A social identity theory perspective", *Journal of Marketing*, 2010, 6rd ed., pp. 128–146.

245. Laroche M, Habibi M R, Richard M O, et al, "The effects of social media based brand communities on brand community markers, value creation practices, brand trust and brand loyalty", *Computers in Human Behavior*, 2012, 5rd ed., pp. 1755–1767.

246. Latané B, "The psychology of social impact", *American Psychologist*, 1981, 4rd ed., pp. 343–356.

247. Latané B, L'herrou T, "Spatial clustering in the conformity game: Dynamic social impact in electronic groups", *Journal of Personality and Social Psychology*, 1996, 6rd ed., p. 1218.

248. Lazarsfeld P F, "'Panel' studies", *The Public Opinion Quarterly*, 1940, 1rd ed., pp. 122–128.

249. Leary M T, Roberts M R, "Do peer firms affect corporate financial policy?", *The Journal of Finance*, 2014, 1rd ed., pp. 139–178.

250. Lee H, Reid E, Kim W G, "Understanding knowledge sharing in online travel communities: Antecedents and the moderating effects of interaction modes", *Journal of Hospitality & Tourism Research*, 2014, 2rd ed., pp. 222–242.

251. Leischnig A, Kasper–Brauer K, "Employee adaptive behavior in service enactments" *Journal of Business Research*, 2015, 2rd ed., pp. 273–280.

252. Leung T K, Yee–Kwong Chan R, "Face, favour and positioning: A Chinese power game", *European Journal of Marketing*, 2003, 11/12rd ed., pp. 1575–1598.

253. Levy J, Reid M, "Variations in cerebral organization as a function of handedness, hand posture in writing, and sex", *Journal of Experimental Psychology: General*, 1978, 2rd ed., p. 119.

254. Li F, Du T C, "Who is talking? An ontology-based opinion leader identification framework for word-of-mouth marketing in online social blogs", *Decision Support Systems*, 2011, 1rd ed., pp. 190-197.

255. Lin K Y, Lu H P, "Predicting mobile social network acceptance based on mobile value and social influence", *Internet Research*, 2015, 1rd ed., pp. 107-130.

256. Ling K C, Chai L T, Piew T H, "The effects of shopping orientations, online trust and prior online purchase experience toward customers' online purchase intention", *International Business Research*, 2010, 3rd ed., p. 63.

257. Liu D, Li X, Santhanam R, "Digital games and beyond: What happens when players compete?", *Mis Quarterly*, 2013, 1rd ed., pp. 111-124.

258. Liu L, Tang J, Han J, et al, "Learning influence from heterogeneous social networks", *Data Mining and Knowledge Discovery*, 2012, 3rd ed., pp. 511-544.

259. Luo N, Zhang M, Hu M, et al, "How community interactions contribute to harmonious community relationships and customers' identification in online brand community", *International Journal of Information Management*, 2016, 5rd ed., pp. 673-685.

260. Lurie N H, "Decision making in information-rich environments: The role of information structure", *Journal of Consumer Research*, 2004, 4rd ed., pp. 473-486.

261. Lyons B, Henderson K, "Opinion leadership in a computer-mediated environment", *Journal of Consumer Behaviour*, 2005, 5rd ed., pp. 319-329.

262. Ma M, Agarwal R, "Through a glass darkly: Information technology design, identity verification, and knowledge contribution in online communities", *Information Systems Research*, 2007, 1rd ed., pp. 42-67.

263. Macaulay L A, Keeling K, McGoldrick P, et al, "Co-evolving e-tail and on-line communities: Conceptual framework", *International Journal of Electronic Commerce*, 2007, 4rd ed., pp. 53-77.

264. Macey W H, Schneider B, "Engaged in Engagement: We are delighted we did it", *Industrial and Organizational Psychology*, 2008, 1rd ed., pp. 76-83.

265. Mael F, Ashforth B E, "Alumni and their alma mater: A partial test of the reformulated model of organizational identification", *Journal of Organizational Behavior*, 1992, 2rd ed., pp. 103-123.

266. Maloney - Krichmar D, Preece J, "A multilevel analysis of sociability, usability, and community dynamics in an online health community", *ACM Transactions on Computer-Human Interaction*, 2005, 2rd ed., pp. 201-232.

267. Mangleburg T F, Doney P M, Bristol T, "Shopping with friends and teens' susceptibility to peer influence", *Journal of Retailing*, 2004, 2rd ed., pp. 101-116.

268. Marbach J, Lages C R, Nunan D, "Who are you and what do you value? Investigating the role of personality traits and customer-perceived value in online customer engagement", *Journal of Marketing Management*, 2016, 5-6rd ed., pp. 502-525.

269. Maslow A H, "A theory of human motivation", *Psychological Review*, 2015, 3rd ed., pp. 370-396.

270. Mattila A S, Wirtz J, "The impact of knowledge types on the consumer search process: an investigation in the context of credence services", *International Journal of Service Industry Management*, 2002, 3rd ed., pp. 214-230.

271. Mccauley H L, Bogen K, Miller E, "Identifying support systems of young women in foster care to reduce risky behavior: A mixed methods social network study", *Journal of Adolescent Health*, 2017, 2rd ed., pp. 1-12.

272. Mckenna K Y, Bargh J A, "Causes and consequences of social interaction on the Internet: A conceptual framework", *Media Psychology*, 1999, 3rd ed., pp. 249-269.

273. Mcknight D H, Choudhury V, Kacmar C, "The impact of initial consumer trust on intentions to transact with a web site: A trust building model", *The Journal of Strategic Information Systems*, 2002, 3rd ed., pp. 297-323.

274. Mcmillan D W, Chavis D M, "Sense of community: A definition and theory", *Journal of Community Psychology*, 1986, 1rd ed., pp. 6-23.

275. Michael P J, Cornell W C, "Influence of spreading rate and magma supply on crystallization and assimilation beneath mid-ocean ridges: Evidence from chlorine and major element chemistry of mid-ocean ridge basalts", *Journal of Geophysical Research: Solid Earth*, 1998, 8rd ed., pp. 18325-18356.

276. Misangyi V F, Acharya A G, "Substitutes or complements? A configurational examination of corporate governance mechanisms", *Academy of Management Journal*, 2014, 6rd ed., pp. 1681-1705.

277. Morgan R M, Hunt S D, "The commitment-trust theory of relationship marketing", *Journal of Marketing*, 1994, 3rd ed., pp. 20-38.

278. Moschis G P, Moore R L, "Decision making among the young: A socialization perspective", *Journal of Consumer Research*, 1979, 2rd ed., pp. 101-112.

279. Muniz A M, O'Guinn T C, "Brand community", *Journal of Consumer Research*, 2001, 4rd ed., pp. 412-432.

280. Muntinga D G, Moorman M, Smit E G, "Introducing COBRAs: Exploring motivations for brand-related social media use", *International Journal of Advertising*, 2011, 1rd ed., pp. 13-46.

281. Myers J H, Robertson T S, "Dimensions of opinion leadership", *Journal of Marketing Research*, 1972, 1rd ed., pp. 41-46.

282. Nambisan S, Baron R A, "Different roles, different strokes: Organizing virtual customer environments to promote two types of customer contributions", *Organization Science*, 2010, 2rd ed., pp. 554-572.

283. Nelson P, "Information and consumer behavior", *Journal of Political Economy*, 1970, 2rd ed., pp. 311-329.

284. Newman M E, "A measure of betweenness centrality based on random walks", *Social Networks*, 2005, 1rd ed., pp. 39-54.

285. Ngobo V P, "Drivers of customers' cross-buying intentions", *European Journal of Marketing*, 2004, 9-10rd ed., pp. 1129-1157.

286. Nisbett R E, Miyamoto Y, "The influence of culture: Holistic versus analytic perception", *Trends in Cognitive Sciences*, 2005, 10rd ed., pp. 467-473.

287. Oakes S, Dennis N, Oakes H, "Web-based forums and metaphysical branding", *Journal of Marketing Management*, 2013, 5rd ed., pp. 607-624.

288. Ole Nielsen N, Evans B, King L J, "The concept of rural community practice (RCP)", *Journal of Veterinary Medical Education*, 2006, 4rd ed., pp. 549-553.

289. Oliver R L, "Whence consumer loyalty?", *Journal of Marketing*, 1999, 63rd ed., pp. 33-44.

290. Onishi H, Manchanda P, "Marketing activity, blogging and sales", *International Journal of Research in Marketing*, 2012, 3rd ed., pp. 221-234.

291. Ord K, "Estimation methods for models of spatial interaction", *Journal of The American Statistical Association*, 1975, 349rd ed., pp. 120-126.

292. Ordanini A, Parasuraman A, Rubera G, "When the recipe is more important than the ingredients: A Qualitative Comparative Analysis (QCA) of service innovation configurations", *Journal of Service Research*, 2014, 2rd ed., pp. 134-149.

293. Ordenes F V, Theodoulidis B, Burton J, et al, "Analyzing customer experience feedback using text mining: A linguistics-based approach", *Journal of Service Research*, 2014, 3rd ed., pp. 278-295.

294. Pappas I O, Kourouthanassis P E, Giannakos M N, et al, "Explaining online shopping behavior with fsQCA: The role of cognitive and affective perceptions", *Journal of Business Research*, 2016, 2rd ed., pp. 794-803.

295. Park C W, Lessig V P, "Students and housewives: Differences in susceptibility to reference group influence", *Journal of Consumer Research*, 1977, 2rd ed., pp. 102-110.

296. Park H M, Manchanda P, "When harry bet with sally: An empirical analy-

sis of multiple peer effects in casino gambling behavior", *Marketing Science*, 2015, 2rd ed., pp. 179–194.

297. Perugini M, Bagozzi R P, "The role of desires and anticipated emotions in goal-directed behaviours: Broadening and deepening the theory of planned behaviour", *British Journal of Social Psychology*, 2001, 1rd ed., pp. 79–98.

298. Porter C E, Donthu N, MacElroy W H, et al, "How to foster and sustain engagement in virtual communities", *California Management Review*, 2011, 4rd ed., pp. 80–110.

299. Preece J, Nonnecke B, Andrews D, "The top five reasons for lurking: Improving community experiences for everyone", *Computers in Human Behavior*, 2004, 2rd ed., pp. 201–223.

300. Rahim M A, "A measure of styles of handling interpersonal conflict", *Academy of Management Journal*, 1983, 2rd ed., pp. 368–376.

301. Rhodes R E, Courneya K S, "Investigating multiple components of attitude, subjective norm, and perceived control: An examination of the theory of planned behaviour in the exercise domain", *British Journal of Social Psychology*, 2003, 1rd ed., pp. 129–146.

302. Ridings C M, Gefen D, Arinze B, "Some antecedents and effects of trust in virtual communities", *The Journal of Strategic Information Systems*, 2002, 3rd ed., pp. 271–295.

303. Riquelme I P, Românn S, "The influence of consumers' cognitive and psychographic traits on perceived deception: A comparison between online and offline retailing contexts", *Journal of Business Ethics*, 2014, 3rd ed., pp. 405–422.

304. Ruggiero T E, "Uses and gratifications theory in the 21st century", *Mass Communication & Society*, 2000, 1rd ed., pp. 3–37.

305. Ruso N, "The role of technology: Community based service – learning projects on ethical development", *Turkish Online Journal of Educational*

Technology-TOJET, 2012, 3rd ed., pp. 375-385.

306. Russo I, Confente I, Gligor D M, et al, "To be or not to be (loyal): Is there a recipe for customer loyalty in the B2B context?", *Journal of Business Research*, 2016, 2rd ed., pp. 888-896.

307. Sarkar A, Sreejesh S, "Examination of the roles played by brand love and jealousy in shaping customer engagement", *Journal of Product & Brand Management*, 2014, 1rd ed., pp. 24-32.

308. Sashi C M, "Customer engagement, buyer-seller relationships, and social media", *Management Decision*, 2012, 2rd ed., pp. 253-272.

309. Scarpi D, "Does size matter? An examination of small and large web-based brand communities", *Journal of Interactive Marketing*, 2010, 1rd ed., pp. 14-21.

310. Schamari J, Schaefers T, "Leaving the home turf: How brands can use webcareon consumer-generated platforms to increase positive consumer engagement", *Journal of Interactive Marketing*, 2015, 5rd ed., pp. 20-33.

311. Shang R A, Chen Y C, Liao H J, "The value of participation in virtual consumer communities on brand loyalty", *Internet Research*, 2006, 4rd ed., pp. 398-418.

312. Shenkar O, "International joint ventures' problems in China: Risks and remedies", *Long Range Planning*, 1990, 3rd ed., pp. 82-90.

313. Sherif M, "The psychology of social norms", *American Psychological Association*, 1936, 3rd ed., pp. 364-367.

314. Singh S, Wirth K M, Phelps A L, et al, "Epidural catheter placement in morbidly obese parturients with the use of an epidural depth equation prior to ultrasound visualization", *The Scientific World Journal*, 2013, pp. 695-709.

315. Sirgy M J, "Self-concept in consumer behavior: A critical review", *Journal of Consumer Research*, 1982, 3rd ed., pp. 287-300.

316. Smith D B, Shields J, "Factors related to social service workers' job satisfaction: Revisiting Herzberg's motivation to work", *Administration in Social*

Work, 2013, 2rd ed., pp. 189-198.

317. So K K F, King C, Sparks B, "Customer engagement with tourism brands: Scale development and validation", *Journal of Hospitality & Tourism Research*, 2014, 3rd ed., pp. 304-329.

318. Soureli M, Lewis B R, Karantinou K M, "Factors that affect consumers' cross-buying intention: A model for financial services", *Journal of Financial Services Marketing*, 2008, 1rd ed., pp. 5-16.

319. Sporns O, "Structure and function of complex brain networks", *Dialogues Clin Neurosci*, 2013, 3rd ed., pp. 247-262.

320. Su L, Swanson S R, Chen X, "The effects of perceived service quality on repurchase intentions and subjective well-being of Chinese tourists: The mediating role of relationship quality", *Tourism Management*, 2016, 2rd ed., pp. 82-95.

321. Sundaram D S, Mitra K, Webster C, "Word-of-mouth communications: A motivational analysis", *Advances in Consumer Research*, 1998, 1rd ed., pp. 527-531.

322. Tajfel H, Turner J C, "An integrative theory of intergroup conflict", *The Social Psychology of Intergroup Relations*, 1979, 47rd ed., pp. 94-109.

323. Tajfel H, "Social psychology of intergroup relations", *Annual Review of Psychology*, 1982, 1rd ed., pp. 1-39.

324. Tajfel H, Turner J C, "The social identity theory of intergroup behavior", *Political Psychology*, 1986, 3rd ed., pp. 276-293.

325. Tsai H T, Huang H C, Chiu Y L, "Brand community participation in Taiwan: Examining the roles of individual-, group-, and relationship-level antecedents", *Journal of Business Research*, 2012, 5rd ed., pp. 676-684.

326. Thompson S A, Kim M, Smith K M, "Community participation and consumer-to-consumer helping: Does participation in third party-hosted communities reduce one's likelihood of helping?", *Journal of Marketing Research*, 2016, 2rd ed., pp. 280-295.

327. Tong L, Zheng Y, Zhao P, "Is money really the root of all evil? The impact of priming money on consumer choice", *Marketing Letters*, 2013, 2rd ed., pp. 119-129.

328. Toral S L, Martínez-Torres M D R, Barrero F, "Analysis of virtual communities supporting OSS projects using social network analysis", *Information and Software Technology*, 2010, 3rd ed., pp. 296-303.

329. Tuškej U, Golob U, Podnar K, "The role of consumer-brand identification in building brand relationships", *Journal of Business Research*, 2013, 1rd ed., pp. 53-59.

330. Van Doorn J, Lemon K N, Mittal V, et al, "Customer engagement behavior: Theoretical foundations and research directions", *Journal of Service Research*, 2010, 3rd ed., pp. 253-266.

331. Van Eck P S, Jager W, Leeflang P S H, "Opinion leaders' role in innovation diffusion: A simulation study", *Journal of Product Innovation Management*, 2011, 2rd ed., pp. 187-203.

332. Van Varik F J M, van Oostendorp H, "Enhancing online community activity: Development and validation of the CA framework", *Journal of Computer- Mediated Communication*, 2013, 4rd ed., pp. 454-475.

333. Venkatesh V, "Creation of favorable user perceptions: Exploring the role of intrinsic motivation", *MIS Quarterly*, 1999, 2rd ed., pp. 239-260.

334. Venkatesh V, Davis F D, "A theoretical extension of the technology acceptance model: Four longitudinal field studies", *Management Science*, 2000, 2rd ed., pp. 186-204.

335. Verhagen T, Swen E, Feldberg F, et al, "Benefitting from virtual customer environments: An empirical study of customer engagement", *Computers in Human Behavior*, 2015, 7rd ed., pp. 340-357.

336. Verhoef P C, Donkers B, "The effect of acquisition channels on customer loyalty and cross-buying", *Journal of Interactive Marketing*, 2005, 2rd ed., pp. 31-43.

337. Verhoef P C, Neslin S A, Vroomen B, "Multichannel customer management: Understanding the research-shopper phenomenon", *International Journal of Research in Marketing*, 2007, 2rd ed. , pp. 129-148.

338. Verhoef P C, Reinartz W J, Krafft M, "Customer engagement as a new perspective in customer management", *Journal of Service Research*, 2010, 3rd ed. , pp. 247-252.

339. Verleye K, Gemmel P, Rangarajan D, "Managing engagement behaviors in a network of customers and stakeholders: Evidence from the nursing home sector", *Journal of Service Research*, 2014, 1rd ed. , pp. 68-84.

340. Vivek S D, Beatty S E, Dalela V, et al, "A generalized multidimensional scale for measuring customer engagement", *Journal of Marketing Theory and Practice*, 2014, 4rd ed. , pp. 401-420.

341. Walther J B, Boyd S, "Attraction to computer-mediated social support", *Communication Technology and Society: Audience Adoption and Uses*, 2002, 2rd ed. , pp. 153-188.

342. Wang Y, Fesenmaier D R, "Identifying the success factors of web-based marketing strategy: An investigation of convention and visitors bureaus in the United States", *Journal of Travel Research*, 2006, 3rd ed. , pp. 239-249.

343. Wasko M M, Faraj S, "Why should I share? Examining social capital and knowledge contribution in electronic networks of practice", *MIS Quarterly*, 2005, 1rd ed. , pp. 35-57.

344. Watts J, Priebe S, "A phenomenological account of users' experiences of assertive community treatment", *Bioethics*, 2002, 5rd ed. , pp. 439-454.

345. Wei W, Miao L, Huang Z J, "Customer engagement behaviors and hotel responses", *International Journal of Hospitality Management*, 2013, 6rd ed. , pp. 316-330.

346. Weiss A M, Lurie N H, Macinnis D J, "Listening to strangers: Whose responses are valuable, how valuable are they, and why?", *Journal of Marketing Research*, 2008, 4rd ed. , pp. 425-436.

347. White D R, Burton M L, Dow M M, "Sexual division of labor in african agriculture: A network autocorrelation analysis", *American Anthropologist*, 1981, 4rd ed., pp. 824-849.

348. Wirtz J, den Ambtman A, Bloemer J, et al, "Managing brands and customer engagement in online brand communities", *Journal of Service Management*, 2013, 3rd ed., pp. 223-244.

349. Woodside A G, "Embrace · Perform · Model: Complexity theory, contrarian case analysis, and multiple realities", *Journal of Business Research*, 2014, 12rd ed., pp. 2495-2503.

350. Wu J, Huang L, Zhao J L, et al, "The deeper, the better? Effect of online brand community activity on customer purchase frequency", *Information & Management*, 2015, 7rd ed., pp. 813-823.

351. Wu M Y, Pearce P L, "Tourism blogging motivations: Why do chinese tourists create little 'lonely planets'?", *Journal of Travel Research*, 2016, 4rd ed., pp. 537-549.

352. Zagzebski L, "Divine motivation theory and exemplarism", *European Journal for Philosophy of Religion*, 2016, 3rd ed., p. 109.

353. Zaichkowsky J L, "Measuring the involvement construct", *Journal of Consumer Research*, 1985, 3rd ed., pp. 341-352.

354. Zhang M, Guo L, Hu M, et al, "Influence of customer engagement with company social networks on stickiness: Mediating effect of customer value creation", *International Journal of Information Management*, 2017, 3rd ed., pp. 229-240.

355. Zhang T, Kandampully J, Bilgihan A, "Motivations for customer engagement in online co-innovation communities (OCCs): A conceptual framework", *Journal of Hospitality and Tourism Technology*, 2015, 3rd ed., pp. 311-328.

356. Zhang W, Li X, He H, et al, "Identifying network public opinion leaders based on markov logic networks", *The Scientific World Journal*, 2014,

pp. 1–8.

357. Zhou Z, Zhang Q, Su C, et al, "How do brand communities generate brand relationships? Intermediate mechanisms", *Journal of Business Research*, 2012, 7rd ed. , pp. 890–895.

358. Zhou Z, Wu J P, Zhang Q, et al, "Transforming visitors into members in online brand communities: Evidence from China", *Journal of Business Research*, 2013, 12rd ed. , pp. 2438–2443.

359. Agarwal N, Liu H, Tang L, et al, "Identifying the influential bloggers in a community", *Proceedings of the* 2008 *International Conference on Web Search and Data Mining*, 2008, pp. 207–218.

360. Bakshy E, Hofman J M, Mason W A, et al, "Everyone's an Influencer: Quantifying influence on twitter", *Proceedings of the* 4*th ACM International Conference on Web Search and Data Mining*, 2011, pp. 65–74.

361. Blanchard A L, Markus M L, "Sense of virtual community–maintaining the experience of belonging", *Proceedings of the* 35*th Annual Hawaii International Conference on System Sciences*, 2002, pp. 3566–3575.

362. Fisher D, Smith M, Welser H T, "You are who you talk to: Detecting roles in usenet newsgroups", *Proceedings of the* 39*th Annual Hawaii International Conference on System Sciences*, 2006, p. 59.

363. Goyal A, Bonchi F, Lakshmanan L V, "Learning influence probabilities in social networks", *Proceedings of the third ACM International Conference on Web Search and Data Mining*, 2010, pp. 241–250.

364. Jeh G, Widom J, "SimRank: A measure of structural–context similarity", *Proceedings of the* 8*th ACM SIGKDD International Conference on Knowledge Discovery and Data Mining*, 2002, pp. 538–543.

365. Kempe D, Kleinberg J, Tardos É, "Maximizing the spread of influence through a social network", *Proceedings of the Ninth ACM SIGKDD International Conference on Knowledge Discovery and Data Mining*, 2003, pp. 137–146.

366. Kim J, Kim S–K, Yu H, "Scalable and parallelizable processing of influ-

ence maximization for large-scale social networks?", 2013 *IEEE 29th International Conference on Data Engineering*, 2013, pp. 266-277.

367. Lin H, Fan W, Wallace L, et al, "An empirical study of web-based knowledge community success", *40th Annual Hawaii International Conference on System Sciences*, 2007, pp. 178-179.

368. Matsumura N, Ohsawa Y, Ishizuka M, "Mining and characterizing opinion leaders from threaded online discussions", *Proceedings of the 6th International Conference on Knowledge-Based Intelligent Engineering Systems & Allied Technologies*, 2002, pp. 1267-1270.

369. Patterson P, Yu T, De Ruyter K, "Understanding customer engagement in services", *ANZMAC 2006 Proceedings: Brisbane, Queensland 4-6 December 2006: Advancing Theory, Maintaining Relevance*, 2006, pp. 4-6.

370. Romero D M, Meeder B, Kleinberg J, "Differences in the mechanics of information diffusion across topics: idioms, political hashtags, and complex contagion on twitter", *Proceedings of the 20th International Conference on World Wide Web*, 2011, pp. 695-704.

371. Tan C, Tang J, Sun J, et al, "Social action tracking via noise tolerant time-varying factor graphs", *Proceedings of the 16th ACM SIGKDD International Conference on Knowledge Discovery and Data Mining*, 2010, pp. 1049-1058.

372. Tang J, Zhang J, Yao L, et al, "Arnetminer: extraction and mining of academic social networks", *Proceedings of the 14th ACM SIGKDD International Conference on Knowledge Discovery and Data Mining*, 2008, pp. 990-998.

373. Tang J, Sun J, Wang C, et al, "Social influence analysis in large-scale networks", *Proceedings of the 15th ACM SIGKDD International Conference on Knowledge Discovery and Data Mining*, 2009, pp. 807-816.

374. Weng J, Lim E-P, Jiang J, et al, "Twitterrank: finding topic-sensitive influential twitterers", *Proceedings of the 3th ACM International Conference on Web Search and Data Mining*, 2010, pp. 261-270.

375. Yang J, Leskovec J, "Modeling information diffusion in implicit networks", 2010 *IEEE 10th International Conference on Data Mining*, 2010, pp. 599–608.

376. Turner J C, "Social categorization and the self-concept: A social cognitive theory of group behavior", In T. Postmes & N. R. Branscombe (Eds.), *Rediscovering social identity*, Psychology Press, 2010, pp. 243–272.

377. Verhoef P C, "The joint effect of relationship perceptions, loyalty program and direct mailing on customer share development", Available at SSRN: https://ssrn.com/abstract=370968.

附　录

附录1　在线品牌社区顾客契合形成机理访谈提纲

电影——我们为什么会这么做?

首先，非常感谢您能抽空参与讨论。本次讨论主要围绕电影。除了购票观看电影，我们还会发现许多与电影相关的有趣现象：

√许多人喜欢到电影相关的在线论坛或者社区，例如豆瓣电影、百度贴吧、猫眼网等，发表帖子；与论坛或者社区中的其他成员互动交流，分享电影的观看经历；积极参与论坛或社区组织的各种活动；还有一些人愿意在社区或者论坛上不辞辛劳地免费发表详尽的几百字甚至上千字的影评报告；

√许多人会关注各个电影制作团队在社交媒体（如微博、微信等）上创建的公众账号，留意制作团队公布的最新电影动态信息，参与制作团队发起的活动，与制作团队进行互动；

√…………

从本质上来说，上述现象都属于消费者与其他消费者之间，或者消费者与厂商之间，发生的与购买行为无关的非购买行为。

这些围绕电影的非购买行为正是本次讨论的主题。请您回忆您自身或者周围曾经发生过的，与电影相关的非购买行为，并思考为什么要进行这些非购买行为。

接下来，请您与小组中的其他成员就“在线品牌社区中与电影相关的非购买行为及背后成因”主题进行讨论，讨论时间为45分钟。讨论过程中观点没有对错之分，您的任何想法观点对我们的研究都会具有非常大的帮助，所以请您不要有所顾虑，畅所欲言。讨论过程中会进行录音，但录音文件仅仅是为了后续辅助资料整理使用，绝对不会用于任何商业用途，也绝对不会上传到任何公开网络平台。请您放心，研究完成之后我们就会彻底删除录音文件。

再次感谢您对本次讨论的支持和帮助！

性别：男　女

年龄：17岁及以下　18—24岁　25—34岁　35岁及以上

笔记本电脑——我们为什么会这么做？

首先，非常感谢您能抽空参与讨论。本次讨论主要围绕笔记本电脑。现阶段，笔记本电脑已经成为大学生日常生活中必不可少的重要物品之一。学生们可以使用笔记本电脑完成课程作业，也可以使用笔记本电脑进行游戏、购物、观看电影等娱乐消遣活动。笔记本电脑在提供便利的同时，也极大地丰富了学生们的日常生活。几乎可以认为每位大学生都会选择购买一台或者多台笔记本电脑。除了购买笔记本电脑，我们还会发现许多与笔记本电脑相关的有趣现象：

√许多人喜欢到各个品牌笔记本电脑相关的在线论坛或者

社区，例如联想社区、威锋网（苹果社区）、中关村在线、小米社区电脑版块等，发表帖子；与论坛或者社区中的其他成员互动交流，分享笔记本电脑的使用经验，或者求助电脑使用过程中遇到的问题；积极参与论坛或社区组织的各种活动；

√许多人会关注各个品牌笔记本电脑生产商在社交媒体（如微博、微信等）上创建的公众账号，留意厂商公布的产品最新动态信息，参与厂商发起的活动，与厂商进行互动；

√…………

从本质上来说，上述现象都属于消费者与其他消费者之间或者消费者与厂商之间，发生的与购买行为无关的非购买行为。这些围绕笔记本电脑的非购买行为正是本次讨论的主题。请您回忆您自身或者周围曾经发生过的，与笔记本电脑相关的非购买行为，并思考为什么要进行这些非购买行为。

接下来，请您与小组中的其他成员就“在线品牌社区中与笔记本电脑相关的非购买行为及背后成因”主题进行讨论，讨论时间为 45 分钟。讨论过程中观点没有对错之分，您的任何想法观点对我们的研究都会具有非常大的帮助，所以请您不要有所顾虑，畅所欲言。讨论过程中会进行录音，但录音文件仅仅是为了后续辅助资料整理使用，绝对不会用于任何商业用途，也绝对不会上传到任何公开网络平台。请您放心，研究完成之后我们就会彻底删除录音文件。

再次感谢您对本次讨论的支持和帮助！

性别：男　女

年龄：17 岁及以下　18—24 岁　25—34 岁　35 岁及以上

服装——我们为什么会这么做？

首先，非常感谢您能抽空参与讨论。本次讨论主要围绕服装。每个人的生活都离不开“衣食住行”，“衣”字更是扮演着举足轻重的角色。我们每天都要穿衣服，隔三岔五地也会逛街买衣服。但除了穿衣服、买衣服，你会发现，关于服装还有很多有意思的现象，那便是：

√越来越多的人在买了一件新衣服后，喜欢在人人或是微博上传两张照片，或是晒晒评价；也有人会转个链接，和大家分享一下或是谴责一下自己最近消费过的某个网店；

√在生活中，越来越多的人愿意和同学或朋友闲来聊一聊自己周末采购的某件衣服的优点或是不足；

√当听说自己的某个室友或是闺蜜要上街或下单购置衣服时，越来越多的人愿意劝说她/他去光顾或千万别去光顾自己曾经消费过的某个品牌或是某家服装店；

√当自己的某个好友面临着某个品牌琳琅满目的本季服装款式而不知如何决策时，越来越多的人愿意根据自己对这个品牌的了解帮她/他进行分析和挑选；

√…………

从本质上来说，上述现象都属于消费者与其他消费者之间或者消费者与厂商之间，发生的与购买行为无关的非购买行为。这些围绕服装的非购买行为正是本次讨论的主题。请您回忆您自身或者周围曾经发生过的，与服装相关的非购买行为，并思考为什么要进行这些非购买行为。

接下来，请您与小组中的其他成员就“在线品牌社区中与服装相关的非购买行为及背后成因”主题进行讨论，讨论时间为45分钟。讨论过程中观点没有对错之分，您的任何想法观点对我们的研究都会具有非常大的帮助，所以请您不要有所顾虑，畅所欲言。讨论过程中会进行录音，但录音文件仅仅是为了后续辅助资料整理使用，绝对不会用于任何商业用途，也绝对不会上传到任何公开网络平台。请您放心，研究完成之后我们就会彻底删除录音文件。

再次感谢您对本次讨论的支持和帮助！

性别：男　女

年龄：17岁及以下　18—24岁　25—34岁　35岁及以上

化妆品——我们为什么会这么做？

首先，非常感谢您能抽空参与讨论。本次讨论主要围绕化妆品。在购买化妆品的同时，我们会发现许多与化妆品相关的有趣现象：

√许多人喜欢到各个品牌化妆品相关的在线论坛或者社区，例如闺蜜网、兰蔻官网的玫瑰社区、网易美容、YOKA化妆品论坛等，发表帖子；与论坛或者社区中的其他成员互动交流，分享化妆品的使用经验，或者求助化妆品使用过程中遇到的问题；积极参与论坛或社区组织的各种活动；还有一些人愿意在社区或者论坛上不辞辛劳地免费发表详尽的几百字甚至上千字的产品测评报告；

√许多人会关注各个品牌化妆品生产商在社交媒体（如微博、微信等）上创建的公众账号，留意厂商公布的产品最新动态信息，参与厂商发起的活动，与厂商进行互动；

√…………

从本质上来说，上述现象都属于消费者与其他消费者之间或者消费者与厂商之间，发生的与购买行为无关的非购买行为。这些围绕化妆品的非购买行为正是本次讨论的主题。请您回忆您自身或者周围曾经发生过的，与化妆品相关的非购买行为，并思考为什么要进行这些非购买行为。

接下来，请您与小组中的其他成员就“在线品牌社区中与化妆品相关的非购买行为及背后成因”主题进行讨论，讨论时间为45分钟。讨论过程中观点没有对错之分，您的任何想法观点对我们的研究都会具有非常大的帮助，所以请您不要有所顾虑，畅所欲言。讨论过程中会进行录音，但录音文件仅仅是为了后续辅助资料整理使用，绝对不会用于任何商业用途，也绝对不会上传到任何公开网络平台。请您放心，研究完成之后我们就会彻底删除录音文件。

再次感谢您对本次讨论的支持和帮助！

性别：男　女

年龄：17岁及以下　18—24岁　25—34岁　35岁及以上

附录2　在线品牌社区顾客契合对顾客购买意愿影响的调查问卷

（以7天酒店为例）

亲爱的消费者：

您好，非常感谢您参与此次问卷的调查！

本次调研的目的是了解您对以下各个问题的观点，您的宝贵意见对本研究有很大的帮助和价值，所以敬请您务必根据您的实际情况回答下面的问题。我们郑重向您承诺：您填写的问卷只用作研究分析，绝不做他用，我们会严格为您填写的信息保密。

再次感谢您的支持！

在线品牌社区是指一群通过计算机网络彼此沟通的旅游者所形成的群体，这个群体中的成员彼此有某种程度的认识，分享某种程度的知识和信息，在很大程度上如同对待朋友般彼此关怀。例如，去哪儿网、马蜂窝、穷游网、游多多等。

1. 请问您是否浏览过与 7 天酒店相关的在线旅游社区？

是　否

2. 请问您最常登录的在线旅游社区是？ ______________

3. 在上题填写的社区中，请问您是否针对 7 天酒店进行过除酒店预订以外的行为，例如，浏览 7 天酒店的相关信息、点评 7 天酒店、发表关于 7 天酒店的帖子、向他人推荐 7 天酒店等？是　否

4. 您的性别是：男　女

5. 您的年龄是：17 岁以下　18—24 岁　25—34 岁　35—44 岁　45 岁以上

6. 您的学历是：高中及以下　专科　本科　硕士及以上

7. 您的月收入是：2000 元以下　2001—5000 元　5001—10 000 元　10 000 元以上

8. 您的职业是：学生　个体经营者　企业职工　公务员　其他

请您回忆您最经常浏览的与7天酒店相关的在线品牌社区，并针对该社区回答以下问题。

	非常不同意———				非常同意
我会经常在在线社区中发表与7天酒店相关的帖子	1	2	3	4	5
我会积极参与在线社区中的话题讨论	1	2	3	4	5
我会向在线社区中的其他用户提供信息支持	1	2	3	4	5
我会向在线社区中的其他用户传播关于7天酒店的积极信息	1	2	3	4	5
我会向在线社区中寻求7天酒店信息的其他用户推荐该酒店	1	2	3	4	5
在线社区中我会毫不犹豫把7天酒店推荐给其他用户	1	2	3	4	5
我认为7天酒店的成功也是我的成功	1	2	3	4	5
我非常感兴趣其他人对7天酒店的看法	1	2	3	4	5
当我谈论7天酒店时，经常会形容这是“我们”的品牌，而不是“他们”的品牌	1	2	3	4	5
当有人表扬7天酒店时，我也感到荣耀	1	2	3	4	5
当有人批评7天酒店时，我也感到受到伤害	1	2	3	4	5
我与社区中其他成员之间感到非常亲密	1	2	3	4	5
我与在线社区中的其他成员拥有相似的行为目标	1	2	3	4	5
我与社区中其他成员建立起来的友谊对我来说没有意义	1	2	3	4	5
我认为我属于社区中的一分子	1	2	3	4	5

续表

	非常不同意———				非常同意
当社区中其他成员组织活动时，我认为我应该作为活动的重要参与者积极参与，而并非无关紧要的旁观者	1	2	3	4	5

7天酒店隶属于铂涛集团，该集团旗下还有喆啡酒店、麗枫酒店、希岸酒店等多个酒店品牌，请您回答以下问题。

	非常不同意———				非常同意
我认为铂涛集团的成功也是我的成功	1	2	3	4	5
我非常感兴趣其他人对铂涛集团的看法	1	2	3	4	5
当有人表扬铂涛集团时，我也感到荣耀	1	2	3	4	5
当我下次旅游时，我会愿意再次入住7天酒店	1	2	3	4	5
当我旅游时，7天酒店总是我首先考虑的居住地方	1	2	3	4	5
除了7天酒店，我愿意考虑选择入住铂涛集团旗下其他的酒店品牌	1	2	3	4	5
如果铂涛集团推出其他产品类别的品牌，我愿意考虑选择购买该品牌的产品（服务）	1	2	3	4	5

请您回忆您自身的成长经历，并回答以下问题。

	非常不同意———				非常同意
与其他人相比，我总是无法得到生活中想要的	1	2	3	4	5
随着长大，我会做一些让父母无法接受的“越界”事情	1	2	3	4	5

续表

	非常不同意———				非常同意
我经常能够完成一些可以促使我更加努力的事情	1	2	3	4	5
在成长的过程中，我总是会让父母为我烦心	1	2	3	4	5
我经常会遵守父母定的规矩	1	2	3	4	5
随着长大，有的时候我会以父母认为不对的方式行事	1	2	3	4	5
我对于想做的事情，经常能够做得很好	1	2	3	4	5
很多时候粗心大意给我带来了许多麻烦	1	2	3	4	5
我看重的事情经常做得不理想	1	2	3	4	5
我感觉自己已经向着人生成功的方向迈进了	1	2	3	4	5
我发觉我几乎没有兴趣爱好可以吸引我的注意力或者让我想要花费时间和精力在上面	1	2	3	4	5

附录3　在线品牌社区顾客参与行为形成机制的调查问卷

亲爱的消费者：

您好，非常感谢您参与此次问卷的调查！

本次调研的目的是了解您对以下各个问题的观点，您的宝贵意见对本研究有很大的帮助和价值，所以敬请您务必根据您的实际情况回答下面的问题。我们郑重向您承诺：您填写的问卷只用作研究分析，绝不做他用，我们会严格为您填写的信息保密。

再次感谢您的支持!

在线品牌社区是指一群通过计算机网络彼此沟通的旅游者所形成的群体，这个群体中的成员彼此有某种程度的认识，分享某种程度的知识和信息，在很大程度上如同对待朋友般彼此关怀。例如，华为花粉俱乐部、OPPO 社区、vivo 手机社区、联想论坛、小米论坛、汽车之家论坛，等等。

1. 您的性别是：男　女

2. 您的年龄是：17 岁以下　18—24 岁　25—34 岁　35—44 岁　45 岁以上

3. 您的学历是：高中及以下　专科　本科　硕士及以上

4. 您的月收入是：2000 元以下　2001—5000 元　5001—10 000 元　10 000 元以上

5. 您的职业是：学生　个体经营者　企业职工　公务员　其他

6. 您最常去的一个在线品牌社区是：____________

请您回忆您最常去的在线品牌社区，回答以下问题。

	非常不同意———非常同意				
我经常去该在线品牌社区是为了获取信息	1	2	3	4	5
我经常去该在线品牌社区是为他人提供信息	1	2	3	4	5
我经常去该在线品牌社区是为了进行协商或者议价	1	2	3	4	5
我经常去该在线品牌社区是因为有助于产生想法或观点	1	2	3	4	5
我经常去该在线品牌社区是为了找到一些人为我做事情	1	2	3	4	5

续表

	非常不同意———				非常同意
我经常去该在线品牌社区是为了解决问题	1	2	3	4	5
我经常去该在线品牌社区是为了做决定	1	2	3	4	5
我经常去该在线品牌社区是因为我特别喜欢该品牌的产品	1	2	3	4	5
我经常去该在线品牌社区是因为该品牌于我的价值观和生活方式是一致的	1	2	3	4	5
我经常去该在线品牌社区是因为该品牌的产品是时尚的	1	2	3	4	5
我经常去该在线品牌社区是因为我的朋友使用该品牌的产品	1	2	3	4	5
我经常去该在线品牌社区是因为该品牌的产品具有良好的声誉	1	2	3	4	5
我经常去该在线品牌社区是因为该品牌是行业领导者	1	2	3	4	5
我经常去该在线品牌社区是因为使用该品牌的产品是一种社会地位的象征	1	2	3	4	5
我经常去该在线品牌社区是因为该品牌的产品是我认可的名人推荐的	1	2	3	4	5
我经常去该在线品牌社区是为了在线交友	1	2	3	4	5
我经常去该在线品牌社区是为了遇到相似的人	1	2	3	4	5
我经常去该在线品牌社区是为了缓解孤独感	1	2	3	4	5
我经常去该在线品牌社区是为了获得支持和鼓励	1	2	3	4	5
我经常去该在线品牌社区是为了了解自己和他人	1	2	3	4	5

续表

	非常不同意—	——	—非常同意		
我经常去该在线品牌社区是为了深入洞察自我	1	2	3	4	5
我打算积极参与品牌社区的互动活动	1	2	3	4	5
我积极参与该社区	1	2	3	4	5
我尽最大努力刺激其他成员参与该社区的活跃性	1	2	3	4	5
我经常为该品牌社区成员提供有用的信息/内容	1	2	3	4	5
我积极回应该品牌社区中其他成员寻求帮助的帖子	1	2	3	4	5
我关心该品牌社区中的其他成员	1	2	3	4	5
我经常帮助该品牌社区中的成员解决问题	1	2	3	4	5
对我重要的人认为我应该使用该社交网站	1	2	3	4	5
对我的行为有影响的人认为我应该使用该社交网站	1	2	3	4	5
我的自我形象与我感知的团体的形象具有较高程度的重叠	1	2	3	4	5
当我成为团体成员并参加团体活动时，我的个人认同与团体认同具有较高程度的重叠	1	2	3	4	5
我对团体具有较强的依附感	1	2	3	4	5
我对团体具有较强的归属感	1	2	3	4	5
我非常喜欢作为此社区中的一员	1	2	3	4	5
我是该团体一个有价值的成员	1	2	3	4	5
我是该团体一个重要的成员	1	2	3	4	5

续表

	非常不同意———非常同意				
假设你所在的团体两周后进行一个交互活动，这是团体的共同目标。请问：					
请估计你自我坚守共同目标的力度	1	2	3	4	5
请估计团队其他成员坚守共同目标的平均力度	1	2	3	4	5